·安徽师范大学文学院学术文库·

佛典语言研究论集

FODIAN YUYAN YANJIU LUNJI

储泰松 著

安徽师范大学出版社
·芜湖·

责任编辑:潘　安
装帧设计:杨　群　欧阳显根
责任印制:郭行洲

图书在版编目(CIP)数据

佛典语言研究论集 / 储泰松著.—芜湖:安徽师范大学出版社,2014.12
(安徽师范大学文学院学术文库)
ISBN 978-7-5676-1148-1
Ⅰ.①佛… Ⅱ.①储… Ⅲ.①佛教-名词术语-汉语-中古语音(魏晋南北朝隋唐语音)-文集 Ⅳ.①H111

中国版本图书馆CIP数据核字(2014)第001578号

本书由安徽师范大学教育基金会宝文基金资助出版

佛典语言研究论集
储泰松　著

出版发行:安徽师范大学出版社
芜湖市九华南路189号安徽师范大学花津校区　邮政编码:241002
网　　址:http://www.ahnupress.com/
发 行 部:0553-3883578　5910327　5910310(传真)　E-mail:asdcbsfxb@126.com
印　　刷:安徽芜湖新华印务有限责任公司
版　　次:2014年12月第1版
印　　次:2014年12月第1次印刷
规　　格:700 mm × 1000 mm　1/16
印　　张:19.25
字　　数:300千
书　　号:ISBN 978-7-5676-1148-1
定　　价:38.50元

总 序

安徽师范大学文学院的前身是1928年建立的省立安徽大学中国文学系，是安徽省高校办学历史最悠久的四个院系之一。这里人才荟萃，刘文典、郁达夫、苏雪林、周予同、潘重规、卫仲璠、宛敏灏、张涤华、祖保泉等著名学者都曾在此工作过，他们高尚的师德、杰出的学术成就凝固成了我院的优良传统，培养出了一大批出类拔萃的各类人才。

文学院现设有汉语言文学、汉语言、秘书学、汉语国际教育等4个本科专业；文学研究所、语言研究所、古籍整理研究所、美育与审美文化研究所、艺术文化学研究中心等5个研究所（中心）。拥有中国语言文学博士后科研流动站，中国语言文学一级学科博士点，中国语言文学、艺术学理论2个一级学科硕士学位点；设有中国古代文学等10个硕士学位二级学科授权点和学科教学（语文）、汉语国际教育两个专业学位点；有1个安徽省A类重点学科（中国语言文学），3个安徽省B类重点学科（中国古代文学、汉语言文字学、中国现当代文学）；1个国家级特色专业建设点（汉语言文学专业），1个国家级教学团队（中国古代文学），2门国家级精品课程（文学理论、大学语文），1个省级刊物（《学语文》）。

文学院师资科研力量雄厚，现有专任教师82人，其中教授26人，副教授40人，博士51人。2009年以来，本学科共主持省部级以上科研项目74项，其中国家社科基金项目20项（含重大招标项目1项），获得省部级以上奖励13项。教师中，有国家首届教学名师1人，享受国务院特殊津贴12人，皖江学者3人，二级教授8人，5人入选省级学术和技术带头人，6人入选省级学术和技术带头人后备人选。

走过80多年的风雨征程，目前中文学科方向齐全，拥有很多相对稳定、特色鲜明的研究领域。唐诗研究、“二陆”研究、宋辽金文学研究、词学研究、现代小说及理论批评研究、当代文学现象研究、《文心雕龙》研究、古典诗歌接受史研究、梵汉对音研究、句法语义接口研究、儿童语言习得研究等在全国居于领先地位或在学术界有较大影响。特别是李商隐研究的系列成果已成为传世经典，国务院学位委员会委员、北京大学教授袁行霈先生说，本学科的李商隐研究，直接推动了《中国文学史》的改写。

经过几代人的薪火相传，中文学科养成了严谨扎实的学术传统，培育了开拓创新的学术精神，打造了精诚合作的学术团队，形成了理论研究与服务社会相结合、扎根传统与关注当下相结合、立足本位与学科交融相结合、历代书面文献与当代口传文献并重的学科特色。

新世纪以来，随着老一辈学者相继退休，中文学科逐渐进入了新老交替的时期，如何继承、弘扬老一辈学者的学术传统，如何开启中文学科的新篇章，成了摆在我们面前的迫切任务。基于这一初衷，我们特编选了这套丛书，名之为“安徽师范大学文学院学术文库”，计划做成开放式丛书，一直出版下去。我们认为对过去的学术成果进行阶段性归纳汇集，很有必要，也很有意义，可以向学界整体推介我院的学术研究，展现学术影响力。

现在呈现在读者眼前的是第一辑，文集作者均是资深教授或博士生导师，有年高德劭的老一辈专家，有能独当一面的中年学术骨干，有崭露头角的青年才俊，可以反映出文学院近年科研的研究特点与研究范式。

新时代，新篇章。文学院经过八十余年的风雨砥砺，取得了辉煌的成就。赭塔晴岚见证了我们的发展，花津水韵预示着我们会更上层楼；“傍青冥而颉颃白日，出幽谷而翱翔碧云”。我们坚信，承载着八十多年的历史积淀，文学院的各项事业必将走向更大的辉煌！

我们拭目以待……

丁　放　　储泰松

2014年8月

目　录

第五部分 《可洪音义》研究

第六部分 其 他

附 录

第一部分
梵汉对音理论与实践

梵汉对音概说

1 引 言

1.0 对音（Transcription，亦译 Transliteration）

对音是指用汉语音译外语名词术语或成段语料，或用外语音译汉语名词术语或成段语料，借此考订各个时期的汉语语音系统。就材料可利用的现状而言，对音主要是指汉译外语，外语译汉由于材料限制还没有人系统研究过（个别语言除外）①。一般来说，对音是随着翻译外文出现的。除中古的梵汉对音以外，唐朝还有回鹘（Uighur script）汉译音、日译汉音和吴音（Kan-on and Go-on）、汉越语（Sino-Vietanam）、朝汉（Sino-Korean）、藏汉（Tibetan-Chinese）译音材料，宋有西夏文（Chinese-Tangut and Tangut-Chinese）、女真文（Jurchen script）与汉语的译音，元有蒙（hpags-pa script）汉对音，清有满（Manchu script）汉对音，如果对这些材料作一番深入、系统而综合的研究，我们不难从中理出一个汉语语音发展的脉络。

1.1 梵汉对音（Sanskrit-Chinese transcription）

梵汉对音，亦称华梵对音（Sino-Sanskrit transcription），是指用汉语音译梵文名词术语或陀罗尼（Dhāraṇī）密咒。自汉代翻译佛经始至宋初止，其间历魏晋南北朝隋唐诸朝，每一朝代均留下了大量的梵汉对音材料。遗憾的是，梵汉对音的研究到目前还停留在归纳整理个别译主的译音系统上，而对其做系统的共时或历时的分析还没人做过，

① 参考《中国大百科全书·语言文字》；徐通锵、叶蜚声：《译音对勘与汉语的音韵研究》，《北京大学学报》1980年第3期。

这不仅仅是因为梵文不易掌握，而且还因为这种研究方法和研究材料，目前还缺乏从理论上对其作出科学合理的阐释，所以在实践中还存在这样或那样的问题。本文试图对此作一初步探讨，只是笔者学识浅陋，不当之处在所难免，唯意在抛砖引玉，宇内方家幸不以为过，祈望教焉。

2　与对音有关的梵文语音知识

2.0 文字体系

梵文早期使用伽罗斯底字母(kharosthi)和婆罗谜(brāhmī)字母书写，前者又称佉卢文、驴唇文，前五世纪传入印度，至公元三世纪盛行于印度西部，后者是前七世纪形成的半字母、半拼音文字体系，至七世纪形成天城体(devanāgarī)梵文字母。汉传佛教大多数使用的是形成于四至六世纪的悉昙体(siddham)字母。

2.1 书写形式

梵文的拼法是以音节为单位，把元音和辅音拼合起来写的，词与词之间一般不分开，即连写在一起，一句话说完了才分开。

元音进入音节以后，都要使用代用符号，除非它处于音节开头或者在另一个元音之前，否则不用原形，但短a没有代用符号。

2.2 字母表及个别字母发音说明

梵文有49个字母，其中元音14个，辅音35个，外加鼻音(anusvāra)符号(·)和送气音(visarga)符号(：)两个，总共是51个。见下表。

玄奘《大唐西域记》卷二说："详其文字，梵天所制，原始垂则，四十七言。"47字母，是指古典梵文即梵文雅语说的。表中元音栏的ḷ、ḹ和辅音栏的ḷ、ḷh一般只出现在吠陀梵语里，除去这四个，即是所谓的"四十七言"。只除掉辅音的ḷ、ḷh，就是人们常说的四十九根本字。

元音		辅音			
字母	拉丁文转写	字母	拉丁字转写	字母	拉丁文转写
𑖀	a	𑖎	k	𑖟	d
𑖁	ā	𑖏	kh	𑖠	dh
𑖂	i	𑖐	g	𑖡	n
𑖃	ī	𑖑	gh	𑖢	p
𑖄	u	𑖒	ñ	𑖣	ph
𑖅	ū	𑖓	c	𑖤	b
𑖆	ṛ	𑖔	ch	𑖥	bh
𑖇	ṝ	𑖕	j	𑖦	m
𑖈	ḷ	𑖖	jh	𑖧	y
𑖉	ḹ	𑖗	ñ	𑖨	r
𑖊	e	𑖘	ṭ	𑖩	l
𑖋	āi	𑖙	ṭh	ळ	ḷ
𑖌	o	𑖚	ḍ	ळ्ह	ḷh
𑖍	āu	𑖛	ḍh	𑖪	v
𑖀𑖽/𑖀𑖼	ṁ	𑖜	ṇ	𑖫	ś
𑖀𑖾	ḥ	𑖝	t	𑖬	ṣ
		𑖞	th	𑖭	s
				𑖮	h

元音有十四个，除去ḷ、ḹ不计，前面8个元音是4对长短音，多数西方学者将短a与长ā读作[ɑ][ɑː]，因为波你尼语法就是这样区分的。但实质上长短a的音值并不反映长短之别。据金克木先生考证①，短a与长ā的区别应是[o]与[ɑ]，或者是[ʌ]（或[ə]）与[ɑ]的分别；俞敏先生以为是[ɐ]与[ɑ]的分别。今天的印地语短a读[ə]，孟加拉语读[ɔ]，可以支持金、俞两位先生的说法。

元音读ṛ读[ri]，发音时舌尖卷起，接触齿龈，相当于英语rich中的ri，但无圆唇动作。

·（anusvāra）汉名太空点，是个圆点，写在辅音字母或一个音节的上面或下面，转写作ṁ或ṅ。它本来是两个：·和 ◡，前者表示鼻音，随其后的辅音不同而改变，代表五个鼻辅音：如果其后的辅音是喉音就

① 金克木：《梵语语法〈波你尼经〉概述》，《语言学论丛》第七辑，商务印书馆1981年版，第211-280页，又见其《印度文化论集》，中国社会科学出版社1983年版。俞敏：《后汉三国梵汉对音谱》，《中国语文学论文选》，日本光生馆1984年版。

代表鼻音ṅ;如果是腭音,就代表鼻音ñ;如果是顶音,就代表鼻音ṇ;如果是齿音就代表鼻音n;如果是唇音就代表鼻音m。后者表示鼻化元音,也叫半鼻音。这两类鼻音只在诵读"吠陀"(veda)经文时才使用,梵文雅语并不加以区分,加上这两种符号书写起来极易混淆,所以西方学者从不强加区别,而统一作前者。

:(visarga)汉名涅槃点,表示送气音,转写作ḥ,读作喉擦音[h],对音时常把它当作喉塞音[ʔ]。它不是梵文固有的音,而是来自词末的s或r。梵文音变原则规定:以s、r结尾的词,如果处在一句话的最末或者单独出现,或出现在塞音k、kh、p、ph和擦音ś、ṣ、s之前,不管它们是在同一单词之中还是在下一单词的起首字母,s和r都变成ḥ,如:vadatas punar变成vadataḥ punaḥ。

梵文的辅音可分成八类:喉音、腭音、顶音、齿音、唇音、半元音、咝音和气音。前面五类统称比声,每类五个字母,按不送气清塞音、送气清塞音、不送气浊塞音、送气浊塞音、鼻音的顺序排列;后三类统称超声。

喉音指k、kh、g、gh、ṅ,是舌根音,读[k]等;腭音指c、ch、j、jh、ñ,是舌面前塞擦音,其中jh在所有古代语言里出现不超过六次,《梨俱吠陀》(*Ṛgveda*)只出现一次,ñ只出现在同类辅音之前或之后。

顶音指ṭ、ṭh、ḍ、ḍh、ṇ,国内梵文学者将其读作舌尖后塞音,而欧洲学者则读作[t]等,因为它是从t组演变来的:①t组处于ṣ之后变成ṭ组;②n处于ṣ、r、ṛ、ṝ之后而且紧接在n、m、y、v之前时变成ṇ。

半元音指y、r、v、l四个,这是传统的分法,其实r是颤音,读[r],l是边音,v是唇擦音,读[v],只在个别情况下读[w](如在一个音节里v位于一辅音之前),只有y才是真正的半元音,读[j]。这四个半元音都是浊音。

咝音指ś、ṣ、s三个,ś是腭音,读[ʃ](也有读[ɕ]的);ṣ是顶音,读[ʂ];s读[s]。

送气音指h,一般把它当作清擦音[x]或[h],但它真正的音值应是浊音。

以上是单辅音,在对音实践中还常常碰到两个复辅音,它们是kṣ和ts。由于咝音ṣ、s发音时呼出的气流很强,当它们分别和塞音k、t凝固在一起的时候,快念起来在听觉上便好象是一个送气音,一般认为

kṣ是舌尖后(或舌叶)清送气塞擦音,ts是舌尖前清送气塞擦音。

2.3 音节的长短(long and short)与轻重(light and heavy)

梵文的音节是由辅音加元音构成的。从韵律角度来说,音节(非元音)有轻重之分。如果一个音节的元音是长的,或者是短元音但后面却接有一个以上的辅音,就是重音节,Visarga和anusvāra算完全辅音。轻重与长短不同,它只是韵律术语,不是说话的语调,多见于念诵吠陀经文和佛教梵呗时所使用的歌唱调中,如buddha(佛陀)中的u是短音,却在ddh两个相连的辅音之前,就算是重音节,和长音一样。

2.4 音　调

历代印度语法学家都认为重音(accent)是依附于音调(tone)或音高(pitch)变化的现象,它是一种乐调重音,只有在吠陀文献里才见到,使用于诵读的场合,在古典梵文中已不分,而现代印度人梵文发音中的重音主要是力度(强势)重音(ictus-accents)。乐调重音的基本音调有两个:高调(udātta, acute or raised)和低调(anudatta, grave or not raised),重音音节是高调,非重音音节为低调。第三个调叫中调,也叫降调(svarita, circumflex),它是一个过渡性滑音,并非一个正式的调子,一般是一个高调与一个低调结合在一起构成的,很少出现在由真正的长元音或二合元音构成的音节上,而是常出现在由y或v(从元音i、u变来)与元音构成的音节上,不管它是长元音还是短元音。

2.5 音变(sandhi)规则:连音变化

梵文辅音和元音间的连音变化比较多,在所有的元音变化中,最常见而且最规则的是所谓的guṇa和vṛddhi两种,它们常发生在词的派生形式和曲折变化之中。通俗一点说,guṇa(德,品德)是一个词的正常重音形式,是在单元音的基础上加短a构成;vrddhi(增)是加强重音形式,是由guṇa加a构成。各元音变化如下:

	a	ā	i/ī	u/ū	ṛ	ḷ
guṇa	a	ā	e	o	ar	al
vṛddhi	ā		āi	āu	ār	

从理论上说，元音ṝ应有和ṛ同样的变化，ḷ的vṛddhi形式该是āl，但实际情况根本不清楚，因为在古代文献中根本没出现过，ḷ的guṇa形式是al，但它只出现在一个词根上：kḷp→kalp（倾向于，导致）。

在guṇa的变化过程中，a保持不变，即a就是自身的guṇa形式；不管是guṇa还是vṛddhi，长ā都保持不变。

除极少数例外，guṇa不出现在以辅音结尾的重音节上，如cit可变为cet，但cint就不许变成cent。

梵文没有二合元音ai、au，所以āi、āu常简写作ai、au。o、e、au、ai就是梵文的四个二合元音，前两个在很早的时候就丢失了复合元音的特征，变成了长元音：e(<a+i)念[e]，o(<a+u)读[o]。只有ai、au是真正的二合元音，读做[ai]、[au]。

两词之间元音相连的和谐律：

a/ā+a/ā = ā　　a/ā+i/ī = e

a/ā+u/ū = o　　a/ā+ṛ = ar

a/ā+e/ai = ai　　a/ā+o/au = au

这个元音和谐律不同于guṇa和vṛddhi，它不是发生在同一个词的内部，而是出现在相连的两词之间，即上一词的最末一个字母与下一词的起首字母相连时发生的变化，这在对音中常碰到，如见到汉梵不一致的地方，它是提供答案的线索之一。如avalokita（观）iśvara（自在），意译是观世音（菩萨），音译做“阿缚卢枳多伊湿伐罗”，对应整齐；唐玄奘译作“阿缚卢枳低湿伐罗”，“低”对的就是te（<ta+i，avalokiteśvara）。①

3　汉译佛经的译音条例

经过将近一千年的译经实践，人们对梵文音节有了充分认识，译音方法由粗疏到细密，逐渐建立起一个完善的系统。一般来说，一个梵文音节用一个汉字去对，如lambā蓝婆，asaṁge阿僧祇（鸠摩罗什，

---

① 以上梵文知识，重点参考了：Edward D.Perry：*A Sanskrit Primer.* Columbia University，1936；W. D. Whitney：*The Sanskrit Grammar.* Leipzig，1879；T. Burrow：*The Sanskrit Language.*Faber and Faber Ltd，1965。另参罗世方：《梵语课本》，商务印书馆1990年版；函阔：《西藏文字与悉昙梵字的比较研究》，《少数民族语文论集(一)》，中华书局1958年版。

以下简称鸠），devadatta 提婆达多（支谦），lumbinī岚毗尼（般若），但由于梵文音节并不单纯是由一个辅音加一个元音构成，所以历代译经高僧都创立了一些处理特殊梵文音节的规则。

3.1 对梵文复辅音分割的原则和方法

一般来说，后汉以后汉语语音系统里已无复辅音，这是人所共知的事实，所以每当遇到梵文复辅音构成的音节，译经者就不得不以其他的方法来处理。

3.1.1 塞音+塞音+元音

这种音节有两种处理方法：a）将第一个塞音划归上一音节，用汉语入声字对，第二个塞音作下一音节的起首辅音。如：ukke（uk + ke）郁枳，mukta（muk + ta）目多（鸠），siddha（sid + dha）膝陀（阇那崛多，以下简称阇）。b）译作两个汉字的声母，主要出现在玄奘以后（前代也有这样译法，但不成系统）。如：pudgala（pu + d + ga + la）补特伽罗（玄奘），yukte（yu + k + te）欲讫帝（施护）。

3.1.2 鼻音+塞音+元音

将鼻音归上一音节，用阳声韵字对，塞音作下一汉字的声母。如：gandhāri（gan + dhā + ri）乾陀利（鸠），pañcaśikha（pañ + ca + śi + kha）般遮尸弃（支谦），sundau（sun + dau）孙陶（昙无谶），kalavinnaka（ka + la + viṅ + ka）羯罗频迦（玄奘）。

3.1.3 流音（擦音、半元音）+塞音或鼻音+元音

要么将流音归上一音节，早期阴声字、入声字对，中晚期用入声字对；要么对两个汉字。如：mānastabdha（mā+nas+tab+dha）摩那答陀（支谦），vṛṣṇi 弼瑟腻（昙无谶），akaniṣṭha（a+ka+niṣ+ṭha）阿迦尼吒，kāśmīra（kāś + mīr）罽宾（求那跋陀罗），dharma（dhar + ma）达摩（阇），rtha 剌他（玄奘）。

3.1.4 塞音+流音+元音

一般对两个汉字的声母，但逢 v，y，ṛ（=r+i）时也对一个汉字，以流音充当汉字的介音。如：jyoti 树提（昙无谶），vajra 跋阇罗（地婆诃罗），jvala 什筏罗（玄奘），siddhyantu（sid+ dhyan+ to）悉钿睹（义净），alidvara（a + 1i + dva + ra）阿哩揬哩（施护）。

3.1.5 流音+流音+元音

这一类译法比较混乱，可以是将第一个流音作为上一音节的入声韵尾，第二个流音作下一个汉字的声母，如：malli（mal+li）末利（鸠），sasvasattvāṇām（sas + va + sat + tvā + nām）萨婆萨埵喃（义净）；可以是对两个汉字的声母，如：arhat阿罗汉（支谦），śvā湿婆（玄奘），hrīḥ纥哩（法护）；可以是对一个汉字，将第二个流音作为介音出现，如：vṛji（vṛij+ ri+ji）佛栗氏（玄奘），śvete税帝（义净）。

3.2 单辅音的前后兼用

僧徒译经，虽然文字工拙有异，但是对音极力求真，用字极为谨慎，以免亵渎神灵，这是历代译经家一致追求的目标。求真的有效方法，就是将梵文的单辅音前后兼用，也就是说，一个辅音既作为上一音节的韵尾，又作为下一音节的声母，正如古代译经家所说：以上字终响作为下字头响，这在翻译学上称之为连声之法。如：sumana（su + man + na）须曼那，akṣaya（ak + kṣa）恶叉冶，umāraka（rak + ka）乌摩勒伽（鸠），atimuktaka（tak + ka）阿地目得迦（慧琳），upāsaka（sak+ ka）邬波索迦（玄奘），daha（dah+ha）捺贺（施护）。上文我们虽然说过，入声字对独立的塞音、流音尾，像buddha佛陀（鸠），以bud对佛，anavatapta阿那婆达多（慧琳），以tap对达，但这种情况毕竟是少数，主流还是单辅音前后兼用，尤其是唐代以后。

3.3 固定译音用字

随着译经事业的发展，人们对梵文的认识不断清晰，从译经技巧上说，前代译经家为后代译经家积累了丰富的经验；就译经方法来说，后代译经家较前代译经家有了较大的选择余地。到不空以后，对咒文中常出现的术语一般用固定的汉字去译，不随便换译。这不仅在同一译主的译经中是这样，而且在不同时代不同译主的译经中也是如此。（它不是一般所说的沿译。）如：ka/kā、ga/gā这四个音节早期译经是迦、伽混对，而施护截然分开，前两个对“迦”，后两个对“伽”；vajra是密咒里出现率较高的一个词，金刚智译作“跋折啰二合”，施护译为“嚩日啰二合”。下面我们从《波若波罗蜜多心经》里选一句话，看看各家的译法（材料来源：《大正藏》卷8）。（为学术研究的需要，本书适当沿用一些繁体字、异体字。）

译者	gategate	pāragate	pārasamgate	bodhi	svāhā
玄奘	揭谛揭谛	波罗揭谛	波罗僧揭谛	菩提	萨婆河
法月	揭谛揭谛	波罗揭谛	波罗僧揭谛	菩提	莎婆诃
般若、利言	蘗谛蘗谛	波罗蘗谛	波罗僧蘗谛	菩提	娑苏纥反婆诃
智慧轮	誐帝誐帝	播引罗誐帝	播引罗散誐帝	冒引地	娑缚贺引
法成	峨帝峨帝	波啰峨帝	波锣僧峨帝	菩提	莎诃
施护	誐帝誐帝	播引啰誐帝	播引啰僧誐帝	冒提	莎引诃引

从这里我们可以看到固定用字的具体情形。

3.4 辅助条例

汉语、梵语不是同一语系的语言，为了使两种语言表达的意义更加接近，历代译经家都采取了一些辅助手段，以便让自己的汉译最大限度地体现梵文原文的真实情形。

3.4.1 加注反切

译音中某个音节一时找不到合适的汉字去对，只能拿一个音近的汉字来救急，只是加注反切，表明这个汉字的改读，以与梵文音节的音读相符，它是由鸠摩罗什首先采用的。如：**kauśalya** 憍舍略来加反（鸠），**itime** 壹底都弃反迷（阇），**nirghoṣe** 你哩躯二合使史曳切（施护）。到了宋代，译音更加精密，从反切又衍生出“切身”的注法，它是指一个梵文音节用两个汉字（写成一个字）来对，前半（上字）取声，后半（下字）取韵和调，即译音用字本身构成一个反切，所以叫切身，由不空首先应用。如：**buddhya** 没⿰亨夜切身/没⿰孛也切身（施护），**bhaumya** 抱⿰麻也切身（天息灾），汉语没有 **dhya**、**mya** 这样的音节，所以只好用“⿰亨夜”、“⿰麻也”来注明，从例子可以看出，这种注法常常出现在梵文“辅音+y+元音”这种音节上。

3.4.2 双行小字夹注

一般用来说明汉语所没有的语音现象，如梵文有些音素，汉语没有，就需要说明它的发音特征；另外梵文以轻重音为其特征，而汉语是以声调为特征，如要表明梵文某个音节是重音，就只能用汉语声调来作类似的比喻并加注汉字说明。如：**ṛ** 乙（上声，微弹舌）；**o** 污（袄固反），大开牙，引声；**ra** 罗字上声，兼弹舌声（慧琳）；**purṇā** 布转舌上啰拏二合引（天息灾），**svāhā** 莎呵诸莎则长声，呵则去声（阇）；**suddhe** 舜入提重（杜行觊）。另外玄奘好用小注表明旧译的讹误（实是语音的发展变化所致），如：subuti 苏部底旧曰须扶提……讹也，sindhu 信度河旧曰辛头河，讹也，upadeśa 邬波第铄论旧日优波提舍论，讹也。

3.4.3 表明长音的“引”字

梵文元音分长短，而汉语没有这种区别，所以逢元音是长音的音节，译音时就在汉字下加注“引”字，以求精密。它最早出现在阇那崛多译《大云轮请雨品》第64：“以其咒文中字……注引字者，皆须引声读之。”以后译家多仿此，但较随意，到不空以后，才严格执行，原文是长元音，译文肯定有“引”字。

3.4.4 “二合”及元音的共用与失落

“二合”是指逢梵文复辅音构成的音节时要用两个汉字去对，汉字的声母与梵文的辅音相当。一般来说，凡译音标明“二合”字样的，无论前一个汉字是开音节还是闭音节，它的主元音都要与第二个汉字的主元音相同或相近，也就是说与所译梵文音节的元音相同或相近，而且若第一个汉字是闭音节（入声字），其韵尾辅音还要与梵文第二个辅音相同或相近。当然也有例外，只对声母而不顾及韵母是否相同。它是由阇那崛多译《一向出生菩萨经》时首先使用的，但真正对它加以说明并大量用于译文的是杜行觊所译《佛顶尊胜陀罗尼经》：“注二合者，半上字连声读。”无名氏译《佛顶尊胜陀罗尼真言》说得更明白：“所注二合者，两字相合，一时急呼，是为二合也。”不过在译文中全面使用它的却是密教三大士金刚智、善无畏、不空之后的事。在玄奘以前，对复辅音的处理除上文所说外也有与此相同的，只不过没有标明“二合”字样而已。如：mantra 曼哆啰（鸠），rtha 剌他（玄奘），brahma 没罗二合憾摩二合（慧琳），sthire 悉弟二合哩，kurvantu 俱哩晚二合睹，splīm 飒疋零三合引，sphru（s+ph+ru）飒颇二合噜（施护）。

早期译经与中晚期相比，略嫌粗糙。有时为了照顾汉语的韵尾辅音，常将梵文下一音节的元音丢掉不管。如：uruvela 郁鞞罗（佛陀耶舍），ur 对郁，ru 音节的 u 丢掉了，gautama 瞿昙（支谦），āraṇyaka 阿兰若（昙无谶），pūraṇa 不兰（瞿昙僧伽提婆）。

3.4.5 半　音

这是译经晚期对处于音节末尾的单辅音的处理规则。音节末尾辅音，早、中期译经家均是用入声字对，到晚期却改用单个汉字来对，由于对的只是这个汉字的声母，所以加注“半音”字样。它最早出现在初唐杜行凯译《佛顶尊胜陀罗尼经》里：om 乌牟半音，中唐善无畏也用过，但唐代所见不多，主要出现在宋代。如：phaṭ 发吒半音（施护）。

3.4.6 增　字

这主要是为处理梵文ṛ、r而设的译音规则。汉语没有颤舌音，所以要准确译出带r的音节，就必须用辅助手段，即夹注和增字。有关r的夹注上文说过（3.4.2），多是“弹舌呼之”、“转声读”之类，不常见；常见的是增字。它包括两方面：加字和加偏旁。加字是指在汉译中多加一个字，放在音节之首，以模拟r发音时的起势，都是喉音字，而以匣纽字为常，这有点象拿“俄罗斯”去译русский，“俄”是增字一样；加偏旁是指加口字旁，也就是说，加口旁的字对的是带r的音节。此例由鸠摩罗什首创。如：ruta 邮楼多（鸠）/户嚕多（阇），rāhu 曷逻呼，revata 颉/褐丽伐多，sarvārtha 萨婆曷剌他（玄奘），raudrī喝喽姪唎（义净），ṛṣi 乙栗二合史（不空）。

4　研究梵汉对音的步骤

4.1 梵汉对音小史

汉译佛经的历史绵延将近千年，如果不考虑其他因素，单从译音方面来说，可以将其分为三个阶段。①

早期：后汉至西晋，本期译经常是“审得本旨，了不加饰”，推崇“弃文存质”（《高僧传》卷三），一般都采用直译法，但音译较少，而且比较粗糙，随意性强，如支谦就不主张在所译经文中夹有梵字音译。本期译经名家有：支娄迦谶、支谦、康僧会、竺法护等。

中期：东晋至隋，以意译为主，译经由个人翻译转入集体翻译（即由私译转入官译），由于东传佛经内容的多样化和翻译的系统化，致使译音逐步精密，并有一定的条例可寻。本期著名的译经家有：鸠摩罗什、法显、僧伽婆罗、真谛、阇那崛多等。

晚期：唐至宋初，译音体系趋于严密、完善，各种译音技巧完全定型并得到广泛应用。本期译经名家有：地婆诃罗、玄奘、义净、善无畏、

① 参马祖毅：《中国翻译简史》，中国对外翻译出版公司1984年版。

金刚智、不空(以上唐代)、施护、天息灾、惟净(以上宋代)等。

4.2 研究梵汉对音的步骤

要研究梵汉对音,首先当然要懂梵文,其次对梵汉对音材料的构成与收集、整理、分析的步骤和方法要了然于胸。

4.2.1 材料的构成与收集

研究梵汉对音的材料是梵文名词术语和陀罗尼密咒。而目前获取它们的途径主要是依据《大正新修大藏经》(简称《大正藏》)经文下所附的梵文以及存世的梵文、藏文佛经经卷。收集的方法是:先抄下小注中的梵文,然后找到正文中与之对应的汉语音译,汉文的摘录要全,不要遗漏,包括正文中的双行小注及页末的校勘,这是梵汉对音的主体材料。除此以外,还可注意下述材料:

A. 大藏经的文字品、字母品

这就是常说的圆明字轮或四十九根本字的译音。它们是:《佛本行集经》习学技艺品、《大方广庄严经》入天祠品、《大方广佛华严经》入法界品、《摩诃般若波罗蜜多经》广乘品、《大方广华严经》普现行愿品(般若译)、《光赞经》观品、《放光般若经》摩诃波若波罗蜜陀邻尼品、《佛说大般泥洹经》文字品、《大般涅槃经》如来性品、《大方等大集经》海慧菩萨品、《文殊师利问经》字母品、《大毗卢遮那经》布字品、百字成就持诵品(善无畏译)、曼荼罗品(法全译)、阿阇梨真实智品阿字观门(惟谨译)、《瑜伽金刚顶经》释字母品、《守护国界主陀罗尼经》陀罗尼品、《佛说大悲空智金刚大教王仪轨经》、《大日经》字轮品、《大智度论释》四念处品,可查《佛藏子目引得》。

B. 悉昙书

悉昙是梵文 siddham 译音,它是一种音节练习表,以供童子识字的时候用。用汉语写的悉昙书很多,大致可以分成两类:一是对音式,功能与印度完全相同,如鸠摩罗什《悉昙章》、智广《悉昙字记》、惟净《天竺字源》、玄昭《悉昙略记》;二是释义型的,如安然《悉昙藏》、《悉昙十二例》、净严《悉昙三密钞》、明觉《悉昙要诀》、淳祐《悉昙集记》、了尊《悉昙轮略图抄》、空海《梵字悉昙字母并释义》。

C. 音义书

对经文中的疑难词语加以注音并释义的著作。如:玄应《一切经音义》、慧琳《一切经音义》、希麟《续一切经音义》等，法云《翻译名义集》也可归入此类。

D.《大正藏》

正文中的对音材料，主要在密教部，大都是密咒，附在本经末尾，以悉昙体书写，没有拉丁文转写，按正文中汉译顺序排列，如僧伽婆罗译《孔雀王咒经》、善无畏译《苏悉地揭罗供养法》等。另外还可注意同经异译的经文，以作共时的或历时的比较，如《妙法莲华经》，西晋竺法护、后秦鸠摩罗什、隋阇那崛多与笈多都译过；《佛顶尊胜陀罗尼经》唐代就有佛陀波利、杜行觊、地婆诃罗、义净、善无畏等九个译本，这类材料有待进一步发掘、研究。

E. 佛经梵文写本

近百年来，大批的梵文及其佛经写本被发现，如《妙法莲花经》、《孔雀王咒经》等，使得梵汉对音的进一步深入研究有了可能。[①]

F. 游记书

主要是历史上三大求法高僧的著作，即法显的《佛国记》、玄奘的《大唐西域记》、义净的《南海寄归内法传》。

4.2.2 材料的校勘

梵文音节抄下来以后，首先要对它进行校勘，即将梵文词与有关工具书进行对勘，看看有无错误。目前常用的工具书有：*The sanskrit Grammar*（W.D.Whitney），*Sanskrit-English Dictionary*（M.M.Willams），*Sanskrit-English Dictionary*（Arthur A.Macdonell）等。《佛学大辞典》（丁福保）、《佛教语大词典》（中村元）、《佛教大辞典》（望月信亨）、《梵和大辞典》（荻原云来）、*The Sanskrit Language*（T.Burrow）也可参考。

4.2.3 材料的整理

梵文词语经过校勘以后，接下来就要对材料进行整理，可分成两个步骤：第一，分离梵文词，根据汉译，将其分析成几个音节，每个音节后写上相应的对应汉字。如mañjūśrī文殊师利，可将其分离成四个音节：mañ文，ju殊，śī师，rī利；同样，śūlaṁgama首楞严：śū首，laṁ$_g$(>lañ)

① 相关情况请参阅：李炜：《早期汉译佛经的来源与翻译方法初探》，中华书局2011年版；刘震：《禅定与苦修》，上海古籍出版社2010年版；山田龙城：《梵语佛典导论》，华宇出版社1988年版；朱庆之主编：《佛教汉语研究》，商务印书馆2009年版；Jan Nattier：*A Guid to the Earliest Chinese Buddhist Translations*：*Texts from the Eastern Han and Three Kingdoms Period*，The International Research Institute for Advanced Buddhology，2008。

楞，gam 严；udumbara 乌昙跋：u 乌，dum 昙，bar 跋；mahoraga 莫呼咯伽：mah 莫，ho 呼，rag 洛，ga 伽。再将每个音节制成卡片，每张卡片上都要注明材料来源，包括经名、卷数、页码、正文中的夹注（如反切）、校勘、以便查找；第二，将汉字注上中古音韵地位，尤其要注意又音。如：耨，《广韵》奴豆、内沃两切，《汉字古音手册》只标奴豆切。《广韵》"内沃切"云："释典云：阿耨。"宋代译音，流摄字不对 u，碰到 manu 对"摩耨"就无法解释，如知道它有"内沃切"的音就不存在问题了。最后将这些卡片按照一定的方式编排，如梵文字母表的顺序或十六摄的顺序均可，再根据卡片整理出声母、韵母对音表并作分析，这样根据材料整理出的译音系统就完成了。

5　研究梵汉对音应注意的问题

5.1 梵本的真伪问题

这是个争论已久的问题。笔者另有专文讨论，此处不赘述。

5.2 名词术语的前后沿译

一个术语只要流传开来，为人所接受，那么后代在翻译这个名词时就往往沿用不改，而不管这个形式他自己是否觉得合适，所以玄奘的"五不翻"原则中就订有"顺古故"一条。

上文说过，研究译音的材料是术语和密咒，就可搜集的材料现状而言，无论是研究单个译主还是整个时代的译音系统，其主体材料都是密咒（例外很少），这就可以把密咒作为参照物将沿译分成两类：一是古今语音相同而沿译，二是古今语音有别而沿译。如果与密咒反映的译音系统相同，则可视为非沿译，只是碰巧用了同一形式而已；如果与密咒的体系不同，这才是真正的沿译，在整理材料时径行将其剔除，否则就会影响结论的可靠性。

5.3 译主的方言问题

在考察译主的译音系统之前，首先要考察译主的语言习惯形成的地点，可以参考各种《高僧传》及其他传记，参考各经前面的译序。一般来说，译主一般使用他自己汉语习惯形成地的方音来译经，当然也要考虑其他因素，如译主行踪不定，随处译经；译主的汉语水平，笔受者的方言习惯、领悟能力，等等。目前我们对魏晋南北朝隋唐宋时期汉语方言差异的具体情形不甚清楚，因此不必过分地拘泥这个问题，只要弄清译主活动的大致范围，再根据这个范围作出分析即可。

这是目前一般通行的看法，虽然它勉强符合早期译经的情形，但是拿它来说明中晚期的译经就显得捉襟见肘：第一，中晚期译经几乎都是集体翻译，译经时分几道工序。如译主、证义、证文、书字、笔受、缀文、参译等等，每种职务往往由几人承担，这些人大多是从全国各地聚集到一起的（有的是征召来的），如来自外地，他们的方言习惯就有可能与译主不同，而且也不一定会说译经地的方言。第二，译经，是为了让佛教教义流播各地，译主追求的目标肯定不只是让译经地的信徒看懂，而是要让普天下的信徒都能看懂。鉴于这两点，我们认为译主译经时用的是流行于当地的通语。只有通语才能解释上面这两种情况。通语是发展的，其基础方音也是随着朝代更替、国都易地而改变的。粗略地说，汉末、魏、西晋译经使用的是以洛阳音为基础音系的通语；东晋、南朝、隋代是以洛阳音为基础音系并夹有吴语色彩的通语；五胡十六国、北朝是以洛阳音为基础音系并带有西部方音色彩的通语；唐初通语是以洛阳音为基础音系并带有长安方音特征；中唐至宋初通语的基础音系是长安方音。由此可见，异时异地不同译主的译音系统出现相似的情形，是可以解释的，并非偶然沿译。

5.4 正确认识和利用译音材料

这是译音结论能否取信于人的关键问题。众所周知，汉语、梵语是分属不同语系的两种语言，语音系统及语音的组合规则各有其特征，因此，对音只能做到近似，完全相同是不可能的，从译音材料中归纳大的语音系统框架，没有人怀疑；但要用它来证明汉语语音史上一些悬而未决的问题，如重纽问题，就需要特别小心。译音材料可能会提供解决这些问题的某些线索，不可企图从中找到问题的答案，因为它只是音韵学研究众多材料中的一种，它不是万能的，其作用是有限的。那种不管讨论什么问题都从译音中寻找证据的做法是不可取的，这只会削弱对音这种研究方法的科学性和价值。

[附记]本文是在南京大学汉语史专业诸位导师、博士的鼓励和帮助下写成的，谨致谢忱。

（原载《古汉语研究》1995 年第 1 期第 4-13 页）

梵汉对音与中古音研究

1　梵汉对音研究小史

运用传统的方法、材料研究汉语音韵学，到清儒那儿已臻极致。要想有所发展，就必须拓宽研究视野、方法，挖掘新的材料。正因为这种时代要求，1923年北大《国学季刊》发刊词提出“用梵文原本来对照汉文译音的文字，很可以帮助我们解决古音学上的许多困难问题”，加上外国学者马伯乐、钢和泰等人的研究成果相继介绍到国内，终于导致了音韵学史上古音研究的一场大辩论，掀起这场辩论的是汪荣宝《歌戈鱼虞模古读考》，后来钱玄同、林语堂、唐钺、章炳麟、徐震都加入了辩论的行列。大辨论的结果，使得“梵汉对音是研究音韵学的重要材料”这一观念为人普遍接受，[①]但这一时期的研究忽略了一个重大的原则问题，即所采用的材料与所考证的古音时代有参差，如钢和泰用唐宋时的译音材料来论证上古汉语语音，这显然违背了常理，所以罗常培认为应用梵汉对音考证汉语古音的方法有相当的限度，但他又认为用它来推证守温字母的音值，比较用别的方法还更靠得住一点。[②]罗氏的这个意见影响了后来的一大批人，人们运用梵汉对音材料只是为了考订某些声母的音值，或考察个别韵部的古今沿革，像陆志韦的《古音说略》、李荣的《切韵音系》、邵荣芬的《切韵研究》等，都是如此。直到1979年俞敏先生发表《后汉三国梵汉对音谱》之后，梵汉对音的研究才出现新局面，人们开始用这些材料来考察断代语音系统或某一地域的方音系统，深度有所加强，视野也较前期开阔。

国外学者研究梵汉对音也经历了一个曲折过程。早期学者只是

① 徐通锵、叶蜚声：《译音对勘与汉语的音韵研究》，《北京大学学报》1980年第3期。

② 罗常培：《梵文颚音五母的藏汉对音研究》，《史语所集刊》1931年3本第2分。

注意到梵汉对音的拼法，并没有用它来考订古音；高本汉利用过很多译音材料，唯独对梵汉对音材料怀疑有加；[①]马伯乐注意到密咒对考证语音系统的功效，[②]到1923年钢和泰发表《音译梵书与中国古音》才正式从理论上论述了利用梵汉对音材料考证汉语古音系统的可行性，由于是草创，这个理论还不完备，后人多有修订，罗杰瑞就认为域外借音只是邻国所用的交际媒介，服从于他国语言内部发展的历史规律，只有对译音进行系统研究之后才可作为构拟古音系统的参考。[③]但这些学者都没有对译音材料作过具体分析，真正致力于整理梵汉对音材料、进行深入的专题研究，较早的有日本的水谷真成和加拿大的蒲立本，而近期则唯有美国的柯蔚南独撑大局。这三位的研究涉及梵汉对音的方方面面，对上中古汉语语音系统多有阐发。但他们也有个致命的弱点：过分相信材料，把有些可能是校勘上的问题极力解释成汉语语音上的某种特殊现象，大大降低了结论的可信性。

2　对中古音系的发明及质疑

2.1.0 声母的音值

2.1.1 梵文c组对音的参差与汉语精庄章三组的分合

c组的音值，前后分为两大部分，不空之前对译汉语的章组，不空之后改对精组，标准梵文的c读[tɕ]，与前贤的章组拟音相合；对精组，表明其音值变成了[ts]等，这确实令人疑惑不解，因为从语音学上说，ts > tɕ容易，而tɕ > ts这样的演变在今天的方言中很少见。[④]究其原因，罗常培认为是梵文方音不同抑或是宗派的关系所致，水谷真成也认为读精是北天竺一系的方音。[⑤]对于这种改读，简单地归之于梵文方音不同有失偏颇，它可能与当时的西部方音不无关系。目前学界流

① 高本汉：《中国音韵学研究》，商务印书馆1940/1994年版；《中上古汉语音韵纲要》(聂鸿音译)，齐鲁书社1987年版，第22页。

② 马伯乐：《唐代长安方音考》，BEFEO，XX，N0.2.1920，中译本中华书局2005年版。

③ 罗杰瑞：《汉语概说》(张惠英译)，语文出版社1995年版，第37页。

④ 云南、山东方言中有这种演变，见何大安：《云南汉语方言中与颚化音有关诸声母的演变》，《史语所集刊》1985年56本第2分；张光宇：《汉语方言见系二等文白读的几种类型》，《清华学报》1992年22卷第4期。

⑤ 罗常培：《梵文颚音五母的藏汉对音研究》，《史语所集刊》1931年3本第2分。水谷真成：《慧琳的语言谱系》，见《汉语史研究》，三省堂1994年版。

行的意见是，承认这种现象的存在，但汉语方言中精章仍然有别，精是舌头音，章是舌面音。

船、禅的音值与传统的说法不一样：禅组对jh、j，船组僧伽婆罗（东晋）与周隋经师同对j，不空、施护、惟净对ś，所以陆志韦认为唐朝方言里一定有分不清楚的，《切韵》系统里禅是塞擦音，船是擦音，[①]这与同期的反切材料相吻合：《玉篇》《经典释文》有禅无船，《集韵》船禅相混，另外守温字母有禅无船，唐五代藏汉对音材料床审禅不分。[②]从对音看，唐中叶以前船禅位置颠倒，陆志韦之说大抵可信，到宋初某些方言里船审禅合一。

先看看历代经师c组对音的情况：

<table>
<tr><th></th><th>c</th><th>ch</th><th>j</th><th>jh</th><th>ś</th><th>sh</th></tr>
<tr><td>鸠摩罗什</td><td rowspan="2">章</td><td rowspan="2">昌</td><td rowspan="2">禅</td><td rowspan="2">禅</td><td rowspan="3">书</td><td rowspan="5">生</td></tr>
<tr><td>法显</td></tr>
<tr><td>阇那崛多</td><td>章</td><td>昌</td><td>禅/船</td><td></td></tr>
<tr><td>玄奘</td><td rowspan="2">章</td><td rowspan="2">昌</td><td rowspan="2">禅</td><td></td><td>书/生</td></tr>
<tr><td>义净</td><td></td><td>书</td></tr>
<tr><td>不空</td><td rowspan="2">精/章</td><td rowspan="2">清/昌</td><td rowspan="2">日/从/禅</td><td>从</td><td>书/船</td><td rowspan="2">生</td></tr>
<tr><td>慧琳</td><td></td><td>书</td></tr>
<tr><td>施护</td><td rowspan="2">精</td><td rowspan="2">清</td><td rowspan="2">日</td><td rowspan="2">从</td><td rowspan="2">书/生/船</td><td rowspan="2">书/生</td></tr>
<tr><td>惟净</td></tr>
</table>

从对音看，照系二、三等在宋以前有别，c组对章组，ksh对初组，sh对生组，ś对书组。到宋初，ksh对昌初二组，sh、ś混对生、书二组。可见此时照系二三等已合流，但与知组有别，因为ṭh只对彻组，从不对昌、初二组。

2.1.2 知端两组的混用与分化

后汉三国两组混用不分。在鸠摩罗什译音里，情况比较复杂：一方面，从译经来看，ṭ对知组、来组，ṭh对透组，ḍ对定、来、澄组，ḍh对定组，ṇ对泥、娘、日组；另一方面，《悉昙章》字母译音里，t组是端知混对，如ṭa/ṭā吒。ṭu/ṭū嘟，ṭhai/ṭhe虿，ḍu/ḍū啶，ṇi/nī尼，ṇu/ṇū呶，ṇe/ṇai耐。从这种情形看起来，端知合中有分的大势，也就是说知组已开始

① 陆志韦：《古音说略》，中华书局1985年版，第10-12页。

② 罗常培：《唐五代西北方音》，科学出版社1961年版；罗常培：《经典释文和原本玉篇反切中的匣于两组》，《史语所集刊》1937年8本第1分。

了分化。除了上面的证据以外，还有两点可以证明：①圆明字轮译音ṭa对吒，ṇa对拏，ṭha对咃；②ṭ组译端组，不混入知组字，而且对ṭ组的端组字多加口字旁，表明与端组有异，但又没有适当的用字。到周隋以后的译经里，端知两组塞音完全分用，只是泥娘两组有参差；周隋经师完全区分，玄奘虽有混用但分势明显，不空以后分用不混。

2.1.3 轻重唇音的分化时间

历代对唇音的是p组及半元音v。周隋以前p组轻重唇音混对，v对匣组合口、喻$_{三}$、帮系（主要是帮、並、奉三组）。唐以后，p组对帮组，v的对音情况是：玄奘对並奉两组，不空对非奉微（非又对ph，奉微又对b），义净对並奉，施护对明奉微，惟净只对微组。古吠陀语b、v可互换，所以v可对並组。从对音看，玄奘以前还找不到轻重唇分化的痕迹。玄奘译音对前代的改译，一个重要内容就是把前代拿p等对轻唇的字都改为重唇，如subhuti苏部底，“旧曰须扶提，讹也”。

据此，施向东认为七世纪轻重唇已有别，稍后的于阗文转写《金刚经》中，帮组对p、ph、b、m，非组对hv、v，绝不相混，轻重唇已然分开。[①]不空以后，由于v主要对奉微，非组对ph，而惟净只对微组，据此推测，非组音值该是[pf]一类。

2.1.4 晓匣喻音值的变迁

后汉三国晓组对h，匣组合口、喻$_{三}$对v，匣组开口对g，喻$_{四}$对y，鸠摩罗什的译经格局相同，到周隋经师那里，晓组与匣组开口对h，匣组合口与喻$_{三}$对v，喻$_{四}$对y，到玄奘以后，晓匣都对h，喻$_{四}$对y，喻$_{三}$不出现。由此可见，晓组一直是[x]，而匣组却经历了一个“二合一”的变化过程：

$$\left.\begin{matrix} g \\ v \end{matrix}\right\} x$$

也就是说，中古匣组的上古来源有两个：一是读g类，一是读v类，这与罗常培、邵荣芬的考证相合。[②]

① 张清常：《唐五代西北方音的一项参考材料》，《内蒙古大学学报》1963年第2期；水谷真成：《Brahmī文字转写“罗什译金刚经”的汉字音》，见《汉语史研究》，三省堂1994年版；高田时雄：《于阗文文书里的汉语词汇》，见《汉语史诸问题》，京都大学人文科学研究所1988年版。

② 罗常培：《经典释文和原本玉篇反切中的匣于两纽》，《史语所集刊》1937年8本第1分；邵荣芬：《匣母字上古一分为二试析》，《语言研究》1991年1期。

现在的问题是要确定匣组合口与喻三的音值。对音的参差表明两者之间关系非浅,柯蔚南认为v是一个强擦音w,[1]可以把匣组合口与喻三当作是同一音素的两个音位变体:[ɦʷ]喻三和[ɣʷ]匣合。俞敏认为两者都是w:"看起来这些字从来没经过[ɣw]一阶段。到唐朝,人们把它们和另外一部分来源不同的音合成一个匣组,那是两支合流。"[2]王力认为中唐以前(836AD)匣组、喻三读同ɣ,晚唐以后喻三并入喻四,读j,匣组读浊擦音ɦ。[3]

仔细考察历代对音材料,我们发现译音中出现的喻三组字也全是合口字,但偶尔也有对h的,如rāhul罗云(支谦),bṛhatphala 惟于潘(支谶),据此,可将匣合、喻三合拟做[ɦʷ],到唐中叶,匣组开合口合流,进而与晓组合并:

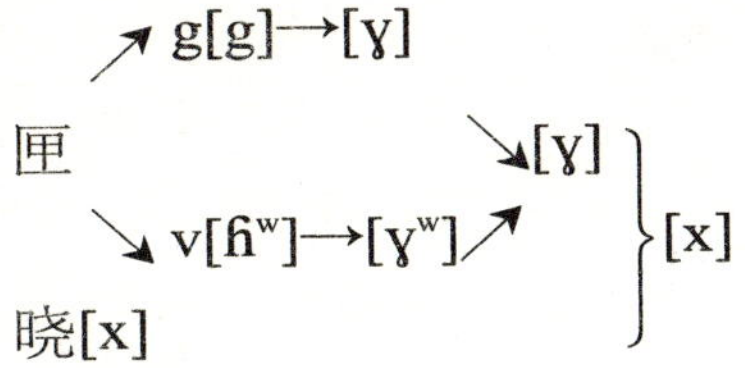

$$
匣 \begin{array}{c} \nearrow g[g]\rightarrow[\gamma] \searrow [\gamma] \\ \searrow v[ɦʷ]\rightarrow[\gamma^ʷ] \nearrow \end{array} \Big\} [x]
$$

晓[x]

而喻三组合口的演变是[ɦʷ] > w(它是个强擦音,也可作 v),可能从来没有并入过喻四组(至少在译音方言里如此),因为中唐以后ɣ都用喻四对,从不夹进一个喻三组字,唐五代藏汉对音也是喻三合口对ɦw,喻三开口和喻四对ɣ。[4]另外,下列材料也能说明匣、喻三的参差及其音值:[5]

a)Uigur(维吾尔):《魏书》称袁纥、乌护、乌纥,《隋书》称韦纥、回纥,《旧唐书》称回绝,唐中叶改称回鹘,元代碑记则称卫兀、伟吾尔。袁韦卫伟是喻三,回护给鹘是匣组。

b)Awar:《大唐西域记》译活国,《旧唐书》译遏换城,《新唐书》译阿缓城。活换缓皆匣组。

c)Waxs:《大唐西域记》译镬沙。镬是匣组。

① 柯蔚南:BTD Revisited- A Reconsideration of the Han Buddhist Transcriptional Dialect,《史语所集刊》1993年63本第4分,第888 - 890页。

② 俞敏:《后汉三国梵汉对音谱》,见《俞敏语言学论文集》,商务印书馆1999年版,第15-16页。

③ 王力:《汉语语音史》,中国社会科学出版社1985年版。

④ 罗常培:《唐五代西北方音》,科学出版社1961年版。

⑤ 引自冯承钧:《西域地名》,中华书局1982年版,季羡林:《论儿郎伟》,见《庆祝饶宗颐教授七十五岁论文集》,中华书局(香港)1993年版。

d）楼钥《攻媿集》卷七十二：上梁文必言“儿郎伟”，旧不晓其义……“懑”本音闷，俗音门，犹言辈也。独秦州李德一案云：“自家伟不如今夜去”云……所谓儿郎伟者，犹言儿郎懑，盖呼而告之，此关中方言也。

“伟”是喻$_{三}$纽字（唐代又作“弥、弭”，见《因话录》卷4），“懑”是明纽字，两者之间要构成音近关系，只有喻$_{三}$是w或v，读同微纽，而在中古的西北方音里（秦州即今甘肃天水），m（明纽）读^{m}b，《阿弥陀经》藏汉对音`bwaŋ正是用“往”字对，今甘肃甘谷县（属天水）称崖为va^{22}，又音wɣua，还可看到其演变痕迹。①

2.1.5 泥娘疑早期混用的面貌及日纽音值

	泥	娘	疑	日
鸿摩罗什	n ṇ	n ṇ	ñ	ñ(n)
阇那崛多	n	ṇ	ñ	ñ
玄奘	n(ṇ)	ṇ(n)	ñ	ñ
不空	n d	ṇ ḍ ñ	ñ g	j(ñ)
施护	n d	ṇ ḍ	g ñ ñ	j
惟净	n d	ṇ ḍ	g ñ	j

上文说过，n对泥，ṇ对娘，在周隋以后的对音里一直维持这种格局。ñ的对音，分成两类：玄奘以前对日纽，不空对娘纽、日纽，施护、惟净对疑纽，天息灾对日纽。前后颇有不同，施护对ñ的是“研倪”两个四等字，惟净ñ对的是“誐岩谔”，一二等字；“嶷诣虞”，三四等字；对ñ的是“倪$_{倪也切}$语尧”，有音无字的均加注以倪为切上字的反切，②除ñai外，全是三四等字，三四等有i介音，易使前面的ŋ发音部位前移，变成ȵ，这与今天很多方言古疑母字逢齐齿呼读ȵ一致，可见这种现象可上溯到宋初。

中古日纽的音值，王力认为是颤舌音，正好与梵文r相合，若日纽是r，则梵文r应对日纽字，可实际情形是对来纽，所以日纽不是颤音、卷舌音。日纽早期对ñ，其音值是ȵ，后来改对j，读作[ndz]>[nz]。

2.1.6 鼻冠浊声母问题

中唐以后，对音出现了一些不同于前代的变化：汉语的疑日娘泥

① 何天贞、王天佐：《甘谷咀头话里的藏缅语底层》，《民族语文》1995年第1期。

② 储泰松：《施护译音研究》，见谢纪锋编《薪火编》，山西高校联合出版社1996年版。

明五纽既用来对梵文浊塞音g、j、ḍ、d、b，又用来对鼻音ñ、ñ、ṇ、n、m。这种现象是马伯乐1920年在研究不空的梵汉对音时首次发现的。他看到不空用鼻音尾的鼻声母汉字对梵文鼻辅音，用无鼻音尾的鼻声母汉字对梵文的浊不送气塞音，如na曩、ba麽，据此他认为汉语的鼻音通常在除阻时带有一个塞音，如n>nd，m>mb，但如果这个音节带鼻音韵尾，那么在鼻音的影响下，整个音节就会产生鼻化，不再保留鼻声母除阻时的塞音。十多年后罗常培根据唐五代的藏汉对音材料和厦门方言印证了马伯乐的观点，后来陆志韦在研究唐佛陀波利译《佛顶尊胜陀罗尼经》（仪凤四年，679年）时发现佛陀波利就已应用了不空系统，所以他认为唐初的长安音就已有了上述现象。但不久周法高通过不同版本对勘，发现只有高丽本大藏经和法崇《佛顶尊胜陀罗尼经疏》所载属不空系统，而宋本、明本大藏经是玄奘系统，唐代石刻此经咒文多与宋本、明本同，而法崇曾游学于不空三藏门，鉴于此，周氏也倾向于马伯乐的说法。[①]根据刘广和的研究，马伯乐对不空译音中这种现象的考察是极其片面的，其结论有待推敲。于是人们提出新的解释：聂鸿音根据《悉昙字记》认为这是梵语方音的反映；刘广和认为中古的长安方言鼻声母有浊塞音成分，有鼻音尾的鼻声母字因为共鸣作用而鼻音成分突出，所以较多地对梵文鼻辅音；[②]尉迟治平认为这是古汉语鼻塞复辅音声母流变的结果，因为鼻塞复辅音声母的分化要经历一个鼻音和浊塞音自由变读的阶段，中唐以前，次浊字仍为鼻塞复辅音，大约鼻音成分明显，所以用来对梵文的鼻音；而在八世纪前后的西北方言中，次浊字进入了自由变读的阶段，所以不空学派既用以对鼻音，又用以对塞音。[③]

以上三种解释，第一种梵语方音的反映，我们曾经提出过异议；[④]刘先生之说与马伯乐并无本质区别，但他没有说明不空时期的长安音为何突然出现这种现象，因为在此之前很多在长安译经的僧人并没有以鼻声母对浊塞音，尉迟先生以鼻音成分强弱与自由变读解决了这个

① 周法高：《古音中的三等韵兼论古音的写法》，《史语所集刊》1948年19本。

② 刘广和：《不空密咒与唐代八世纪长安音》，北京师范大学硕士论文1982年；聂鸿音：《慧琳译音研究》，《中央民族学院学报》1985年第1期。

③ 尉迟治平：《古汉语鼻-塞复辅音声母的模式及其流变》，《音韵学研究》第2辑，中华书局1988年版；《论隋唐长安音和洛阳音的声母系统》，《语言研究》1985年第2期。

④ 储泰松：《鸠摩罗什译音研究》，《语言研究》1996年增刊。

问题，但这个说法似乎要依赖下面这个前提：中唐以前的方言中这种鼻塞音都是鼻音成分强于浊塞成分，首先在西北方言里进入自由变读阶段，因为在此之前无论是在南方还是在北方的译音中都没出现过鼻声母的这种两对现象，不过这个说法仍有很大的解释力。

我们认为这种现象是原始汉藏母语在汉语中的遗留，西北地区由于多民族长期杂居，民族间交流频繁，使得它有可能更多地保留原始母语的特点。随着唐代国力的逐渐强盛，文明远播，长安音逐步取代中原音成为通语的基础方音，而译音采用的正是通语，因而盛唐以后不空系统逐渐推而广之。据我们观察，这种对音现象始出自隋阇那崛多，中经唐善无畏、金刚智，至不空而臻其极，这正好反映了长安音取得通语地位的曲折过程。据此，对音反映出的这种鼻声母音值是：

疑[^{ŋ}g]　泥[^{n}d]　娘[^{ɳ}ɖ]　日[^{n}dz]（>[nz]）　明[^{m}b]

2.2.0 韵母的音值

梵文元音不像辅音那样丰富，总共只有14个，而常出现的实际上只有11个，再除去长短的音素，梵文的元音就显得更加贫乏。而根据前贤的研究，中古汉语的韵母是相当丰富的，这种对比悬殊，给我们全面探讨韵母的音值带来诸多不便，但是大的发展脉络还是一清二楚的。

2.2.1 辅音韵尾的格局及其变化

从鸠摩罗什到宋初三大士施护、天息灾、法天，对音反映出来的汉语辅音韵尾面貌如下：

	入声韵			阳声韵		
	舌头	舌根	双唇	舌头	舌根	双唇
鸠摩罗什	t、d、l、r	k	p	n、ñ、ṇ	n̄	m
僧伽婆罗	t、d、l、r、s、c、j	k、g、h	p	ñ、n、ṇ、o	n̄、ṃ	m、ṃ、n
阇那崛多	t、d、l、r、s、j	k、o	p、b、o	n、ṇ	n̄、ṃ	m、ṃ
玄　奘	t、d、r、l、s、c、o	k、g、h、ḥ、o	p、b、v	n、ṇ、ñ	n̄、n、o	m
义　净	t、d、r、l、s、o	k、g、h	p、v	n、ṇ、ñ	n̄、n、ṃ	m
不　空	t、d、r、l、s、c	k、h、ḥ、s	p、b、v、r	n、ṇ、ñ、o	n̄、n、o	m、n、o
慧　琳	t、d、r、l、c、o	k、h	p、v	n、ṇ	n̄、o	m
施　护	t、d、r、o	k、ḥ、o	p、b、v	n、ṇ、o	n̄、n、o	m、n、o
天息灾	t、d、r、l、c、o	k、h、t	p、v	n、ṇ、o	n̄、n	m、n、o

说明：ṇ、ñ与n音值相近，ṃ随其后辅音发音部位而变化；o指对的是开音节。[①]

可以看出，对音虽然有点混乱，但是-p、-t、-k与-m、-n、-ŋ相配的面貌还是整齐的，混乱还不足以动摇三分天下的格局。入声尾里，只有唇音尾比较完整而单一，看起来它是最顽强的。收舌尾从鸠摩罗什开始就有不同程度的混乱，反映出它的消变和弱化过程很早就已开始，其中又以-t尾变化幅度最大，变化早期可能只是个别词的脱落，到晚期才是成批成系统的，折射出入声尾由塞音到喉塞再到开音节的变化步骤。阳声尾对音不像入声那样混乱，可以看到唇音尾消变的轨迹。舌根鼻音的脱落以及对前鼻音-n，只出现在宕摄、梗摄清青韵、曾摄登韵，这可与同期的汉文材料如敦煌别字异文相印证。

2.2.2 介音的类别及音值

由于梵文音节构成是辅音永远冠于音节之首，多数音节都是一个辅音加一个元音构成，译音时也是用一个汉字去对一个梵文音节，这样从对音中来考察汉语的介音就显得相对困难，但也有两种音节的对音让我们窥测到汉语介音的某些蛛丝马迹：

①辅音+y+元音

用三四等字对译，四等字常是阳声韵先、添韵字。从比例上看，三等占绝对多数，鸠摩罗什不用四等字，据此推测，三等韵有j介音，四等没有j介音，用来对这种音节是受元音的影响（ya平化是e）。三等字也有不对这种音节的，但起首辅音限于k组、c组、ś等几类，除k组外，这些辅音都容易衍生出元音i。以i为主元音的韵也没有j介音。另外，遇流通三摄和臻摄合口韵的三等字也从不对带y的音节，特别是唇音字和舌音字。到不空以后，这种音节三四等字混对，可能反映出汉语语音的变化导致音素的重新组合，因而研究对音的诸家都认为中唐以后三四等合流。

②辅音+v+元音

这种音节只对合口字，看来合口字有u介音，但在下列情况下，合

---

① 材料引自储泰松：《鸠摩罗什译音的韵母研究》，《安徽师范大学学报》1999年第1期；Cobin, W. South: *Notes on Sanghabhara's Mahāmāyūrī Transcription*, CLAO,V19(2), 1990；尉迟治平：《周隋长安方音初探》，《语言研究》1982年第2期；施向东：《玄奘译著中的梵汉对音和唐初中原方音》，《语言研究》1983年第1期；柯蔚南：《义净梵汉对音探讨》，《语言研究》1991年第1期；刘广和：《不空密咒与唐代八世纪长安音》，北京师范大学硕士论文1982年；聂鸿音：《慧琳译音研究》，《中央民族学院学报》1985年第1期；储泰松：《施护译音研究》；张福平：《天息灾译著的梵汉对音研究与宋初语音系统》，见谢纪锋、刘广和主编《薪火编》，山西高校联合出版社1996年版。

口字没有u介音：第一，主元音是u的；第二，唇音字；第三，匣组合口字和喻$_{\text{三}}$纽字（周隋以前）。从对音看，唇音字不存在开合口对立，因为除了带v的这种音节和u、o元音对合口字外，一般不出现合口字，只有唇音字例外，开合口字交替出现，看不到明确的分野。

③重纽介音

说重纽介音不同，主要是受到下面三个方面的启发：第一，梵文r、r̄、l、l̄四个元音本是拿响辅音（liquid）作主元音用，汉语没有这种音，翻译时分成两派：一派译鲁流卢楼（谢灵运《十四音训叙》），带有u音色，这是南印学派，多见于隋以前；另一派译乙$_{\text{上}}$乙$_{\text{去}}$力$_{\text{上}}$力$_{\text{去}}$（慧琳《一切经音义》），这是中印学派，见于唐以后。[①]诸家从ri（<r）对乙$_{\text{上}}$、rī（<r̄）对乙$_{\text{去}}$推测，重纽三等有介音[ɹ]；第二，上文说到，“辅音+y+元音”音节主要用三等字对，零星地用四等字对，但在重纽韵里，却调换了位置：带y的音节只用重纽四等字对，而从不用重纽三等字对，这个规律无例外（玄奘、不空）；第三，对音中出现了重纽三四等的对立：kṣi 绮器/khi 企弃（不空、义净），grid 姞 krit 讫 grān 乾 vrij 佛/khya 企 ki 吉（玄奘）；第四，藏汉对音出现了类似情形：źaṅk'ribźer：尚绮立热（唐蕃会盟碑），绮是重纽三等字，对k' ri。综上四点，各家都认为中古北部方言里存在r介音，出现在重纽三等韵，这样重纽三四等的区别就是介音r、j的区别。这种对立到宋代译音里已不复出现。

2.2.3 各摄主元音的变异

各摄对音用字数量参差不齐，有些韵对音用字很多，而有些韵字则干脆不出现，同一韵，不同的译主用字数量也不相同。

各摄韵类分合的大致情形如下：

山摄、咸摄主要对a，四等先韵又对i、e，仙韵僧伽波罗，不空也对e。僧伽婆罗又以u对覃、谈，义净以u对覃、凡，颇与后汉三国对音格局相同。

梗摄庚耕韵各家均对a，三等隋代对i，唐初四等对e，唐中叶以后三四等合流，对i。

曾摄历代对音比较一致，一等登韵对a，三等蒸韵对i。

① 俞敏：《等韵溯源》，《音韵学研究》第1辑，中华书局1984年版；饶宗颐：《梵学集》，上海古籍出版社1993年版，第190，199-202页。

	山	咸	梗	曾	深	臻	止	蟹	遇	通	流
鸠摩罗什	$a(i_4)$	a	a	a_1,i_3		i(e)真 u文魂	i(e)脂 e(i)支 i微	i(e)齐 e,ai祭 泰e卦	u,o(a鱼)	u(o)	
僧加婆罗	a,e_4	a,u_1	a	a_1,i_3	i	i开口 u、o文魂	e支 i脂之	e齐咍a 佳e,ai 祭泰	o,u虞 u鱼 o模	u(o)	
阇那崛多	a,e_4	a	a_2 i_3	a_1,i_3	i	i臻欣 e臻 u合口	i(e)	$e,ai(i_4)$	u、o	u	
玄奘	$a,e(i)_4$	a	$a(,e_4)$	a(i) $i(a)_1$	i,u	i(a,o)开口 u(o)合口	i	e,ai	u(o)模 u、o鱼模	u	u(o)
义净	a, $i(ai)_4$	a,u 覃凡	$a,i_{3、4}$	a_1,a_3	i,u	i开口 u合口 (a痕u欣)	i(e)	i,e,ai	o,u	u(o)	u
不空	a,e_4	a	a, $i,e_{3、4}$	a_1,i_3	i,u	i开口 u合口	i(e)	$e,ai(i_4)$	o,u虞模 u鱼	u(o)	
慧琳	a	a	$i_{3、4}$	a_1		i开口 u合口	i(e)	e(i),ai	u(o)	u	
施护	a	a(o)	$i(e)_{3、4}$	a_1、i_3	i	i开口 u合口(e栉a痕)	i,e	e(i),ai	u,o	u(o)	u

说明：①字母右下方数字表示等，如i_4表示i只对四等；②a、i、u均包括各自的长音ā、ī、ū；③括号中的元音表示出现的次数极少；④效摄对au、av(、<au)，果麻宕江四摄历代对a、ā，故略。

深摄对i，但唐代玄奘、义净、不空又对u，出现在阳声韵字上。另，隋南天竺僧人达磨笈多，梵名dharmagupta，gup译笈，是隋代缉韵也可对u，这也与后汉三国相同。

臻摄开口一般对i，偶或有对e的。其中痕韵有对a、o，臻韵字历代各家几乎不出现，只有阇那崛多与施护用se译瑟；合口一般对u，偶尔也对o。

止摄与蟹摄：两晋南北朝时期两摄多相混，隋代以后分野逐渐清晰。鸠摩罗什与僧伽婆罗颇为相似，支韵、齐韵主要对e，偶尔有对i

的,脂之微(罗什无之韵字,婆罗无微韵字)对i,脂韵个别字罗什i、e两对,祭泰废韵对ai、ac(> ai,c代表辅音)。隋以后,止摄主要对i,蟹摄主要对e、ai。

遇摄与流摄:遇摄模虞韵历代均对u、o,而鱼韵字则很少出现,后汉三国译音鱼部、歌部多有牵涉,晋以后鱼韵对a,也是这种现象的遗留(至少存留在某些方言中);流摄多对u。

(原载《古汉语研究》1998年第1期第45-52页,《语言文字学》1998年第6期全文转载)

梵汉对音与上古音研究

——兼评后汉三国梵汉对音研究

梵汉对音材料最早见于后汉三国，所以这里说的上古音只能指后汉三国而言。首先对其作系统研究的是俞敏先生《后汉三国梵汉对音谱》，美国的柯蔚南（W. S. Coblin）*BTD Revisited- A Reconsideration of the Han Buddhist Transcriptional Dialect*也做过材料的整理工作。严格地说，后汉三国的语音系统不属于上古音范畴，只是中古前期，是上古音到中古音的过渡时期，弄清它的面貌可以帮助我们加深对上古音的认识。不过，我们今天看到的《诗经》也只是"汉末三国郑玄和王肃的本子，宗周鼎那样的西周铜器用韵并不按韵谱押"。[①] 从汉代的诗文用韵看，两汉音系与先秦音系比较接近，其差异主要是：

①先秦脂质真、微物文两汉合为脂质真三部；

②先秦侯鱼两部西汉合为鱼部；

③先秦之部"牛丘龟"等字两汉归幽部；

④西汉鱼部的麻韵字转入东汉歌部，西汉歌部的支韵字转入东汉支部；

⑤西汉蒸部的东韵字转入东汉冬部，西汉阳部庚韵字转入东汉耕部。

王力《汉语语音史》不承认①②两项的合并，则差异更小。这种变化也得到声训、音义资料的支持。

下面我们结合时贤的研究，看看译音资料对上古音系的发明及质疑。要说明的是，这里只谈有争议的问题，希望梵汉对音能为这些问题的解决提供一点线索；对上古音中的一些有定论的问题，如轻重唇不分，舌头舌上不分，以及上文提到的诗文押韵反映出来的现象，虽然对音中有明确的认同表现，本文一般不涉及，有兴趣的可参考俞敏先

① 俞敏：《〈古音说略〉序》，见《古音说略》，中华书局1985年版。

生《后汉三国梵汉对音谱》文。笔者才疏学浅，祈盼方家教正。

1 入声韵尾的清浊与阴声韵尾的有无

高本汉在研究上古音时，阴声韵、入声韵都构拟了形式上的辅音尾，入声是清塞音尾，阴声是浊塞音尾，但歌、鱼、侯三部的部分字除外；后来董同龢进一步将鱼侯两部拟作浊音尾，陆志韦、李方桂又将歌部拟为浊音尾，这样古音系统就全是闭音节了。丁邦新通过研究两汉以前诗文的异调相押现象后认为，阴声韵收浊音尾符合音理，而且也能得到语言实践的支持。[①]周祖谟在《魏晋音与齐梁音》一文中也说："上古时代阴声韵与入声韵相承，应该是有韵尾辅音的，有的韵部有-g尾（如之幽鱼侯），有的韵部有-d尾（如脂微祭），后来-g尾失落变为-i或-u，-d尾失落变为-i，由闭切音变为开切音。"[②]对这种构拟，王力先生持完全否定态度，认为没有开音节的语言是无法想象的，而且汉语的辅音尾是唯闭音，唯闭音很难分辨清浊，所以他将阴声韵拟作开音节，入声韵收清辅音尾，很多人支持这一看法。下面看看这两点在对音中的反映。

先看入声的收尾辅音。对音中的情形是（P.指巴利文，括号内的人名指该音译词出现在该人的译经中）：

maudgalyāyana（P.moggalana）目揵连，samadhi 三昧（安世高），siddhasiddha 悉达膝，avolo 廅楼，akshobhya 阿閦，abhisambuddha 阿惟三佛（支娄迦谶），posadha 布萨（昙谛），badagni 婆特尼（竺律炎），mahoraga 摩休勒，suppabuddha 须波佛（竺大力、康孟详）

以上目 maud（>mog）、昧 madh、悉膝 sid，廅 av，閦 kshobh，萨 sadh，特 dag，佛 bud 这些入声字对的都是浊塞音。也有对清音的例子：

gupta 掘多，kaśyapa 迦葉（安世高），thupa 塔，campaka 占匐，upāsaka 优婆塞，āmalaka 阿摩勒，nayuta 那术多，bhadra-kalpa 婆罗劫（支娄迦谶）

掘 gup，葉 śyap，塔 thup，匐 pak，塞 sak，术 yut，劫 kalp，等等，都对

① 丁邦新：《上古阴声字具辅音韵尾说补证》，《声韵论丛》（一），1994年。

② 周祖谟：《周祖谟学术论著自选集》，北京师范学院出版社1991年版，第185页。

清音。即便如此,主流仍是对浊音,俞敏先生据此论定入声收浊音尾。后汉收浊音,古音就不能收清音,不然,就得承认清—浊—清这样的特别演变史。

说入声收浊塞音尾,主要是基于以下两点考虑:

①-g尾易脱落,弱化变成喉擦音,而-k尾比较顽强,不易丢。这样易解释上古阴入通押尤其是幽宵侯三部的阴入通押现象,也可以说明对音中出现的以收舌根音入声字对梵文h的现象,如莫对-ḥ(maḥ)。

②-d易变弱成-l,可以解释中古收舌头尾的入声字在对音中的特殊表现,这类字在后汉译音中可对-t,-d(dh),-j,-l,-r,-s。[①]如:

rakshasa罗刹(安世高),ayutada阿喻达,avivartika阿惟越致,sāgaramata沙竭末,ajātaśatru阿阇世,udumbara优昙钵,kosala骄萨罗(支娄迦谶),magadha摩揭提(康孟详),pushya弗沙(支谦)

刹kshas,达tad,越var,竭gar,世sat,钵bar,萨sal,揭gadh,弗push,等等,都是臻、山两摄的入声字,只有将其韵尾拟为-d,这种变异才能得到合理解释,因为只有-d变-l最容易,就像闽南话收舌头尾字的后面加上a后缀就变成浊音一样。在其他的译音材料里这种现象比比皆是:唐五代藏汉对音对-d,-l,-r,和阗文书对-r,高丽译音一律用-l;uighur(维吾尔)《魏书》称袁纥、乌纥,隋唐译韦纥、回鹘。[②]

再看看阴声韵的收尾音问题。从对音看,它只出现在与-n尾相配的脂微歌三部上:歌部对-l,脂部对-r,微部也有对-r的,据此,俞敏先生认为这三部有辅音尾-l、-r,汉藏比较也可以支持这种构拟。[③]这三部带辅音尾,可以解释对音中的许多混乱现象,尤其是歌鱼、侯幽的界限不清,均是由于歌部-l尾脱落引起的:

上古	歌al	鱼a	侯o	幽u	
后汉		歌a	鱼o	侯u	幽ʉ

到三国以后,对音中这种混淆情况基本不再出现。[④]

单纯从后汉的梵汉对音资料来看,入声收浊音尾、阴声收擦音(-l实是边音)的主张是科学的,解释也是完整的。但有人肯定会提出这

① 梵文s、r常互换,l、r音色相近,见Whitney,W.D.:*Sanskrit Grammar*,§164,Leipzig,1879。
② 参储泰松:《梵汉对音与中古音研究》,《古汉语研究》1998年第1期。
③ 俞敏:《汉藏同源字谱》,《民族语文》1989年第12期。
④ 储泰松:《梵汉对音与中古音研究》,《古汉语研究》1998年第1期。

样的问题：从历史演变看，后汉入声收浊，阴声收擦，由于浊音易变擦音，则上古就有可能阴、入均收浊音，这就无法解释为何同样是收浊音尾，后来一部分仍保留浊尾，一部分却失去浊尾。这就牵涉对上古音系的认识以及构拟体系、构拟理据的问题，比较复杂。从表面上看，这个问题是客观存在的，但恐怕它有更古的来源，中古的祭泰夬废四韵在上古就属入声韵。上文说过，后汉去古未远，音系没有太大的变化，先秦阴声韵完全有可能收-l、-r尾。

2　去声与-s韵尾的关系

上古音音系里有无去声，一直是个悬而未决的公案。从押韵与谐声来说，重其合，则可谓无去声；重其分，则当有去声。1954年，Haudricourt在研究古汉越语的汉语借字时，发现汉语的去声相当于越语的“问声”和“跌声”。而此前马伯乐已证明汉越语的这两个声调源于韵尾-h，而-h又是从-s变来的，所以他提出上古汉语去声调源于韵尾-s。①

Haudricourt的这个观点，把汉语的声调起源与韵部的韵尾演变这两个性质根本不同的问题混为一谈，因而受到了很多人的批评。

从韵尾演变角度看，中古去声韵字与入声韵字在上古关系密切。在后汉三国梵汉对音里，中古属去声韵的字对-s所在皆有，除去世人认为有问题的对音，这种现象仍很普遍，但它只出现在月、物、质三部上。蒲立本通过研究僧伽婆罗的梵汉对音系统，也发现了类似现象，他进而认为这种去声的-s尾在六世纪的南方方言里还存在，在四世纪初的北方方言里才出现弱化的迹象（-s ＞-i），最后认定Haudricourt的结论是可信的。②

我们认为，韵母的演变虽然与声调的产生有关系，但这应该是较古的现象，因为从《诗经》以后的诗文押韵看，平上去入基本上是各自独押的：平自韵平，上自韵上，去自韵去，入自韵入。声调是以调值的

① 丁邦新：《汉语声调源于韵尾说之检讨》，载《国际汉学会议论文集·语言文字组》，台北“中央研究院”1981年。罗杰瑞：《汉语概说》（张惠英译），语文出版社1995年版，第50-51页。

② Pulleyblank，E.G.（蒲立本）：*Some Further Evidence regarding Old Chinese -s and its time of Disappearance*，*BSOAS*，*36*，1973。

高低为其主要特征，韵部是以元音与辅音的不同组合为特征，二者性质截然不同，将其糅合在一起得出的结论，自然令人怀疑。

-s不能产生去声调，但去声韵部却与-s韵尾有着密切的关系。最早发现这一现象的是俞敏先生。[①]先生早年研究古汉语新词派生时，发现了盍叶质物没五部间的通转现象，认为-b型动词可派生出-s型动词、名词（多为中古去声字），旁证就是梵汉对音和汉藏比较，其演变路线是：

$$*\text{-bs}\rightarrow *\text{-ds}\begin{cases}\rightarrow \text{-s}\rightarrow \text{-i}\\ \rightarrow \text{-d}\end{cases}$$

它们的原始韵尾是-bs，逆同化成-ds，到先秦分化成-d、-s两类，到《切韵》时期，-s类变成-i，属去声字，-d类维持不变，属入声字。

从对音看，上文已说过收舌头尾入声字对音比较混乱，但对-s、-r的主要集中在中古至祭泰夬废霁六韵。可见这类字可能来源于-s韵尾，s浊化就是y（梵文元音中间的s浊化变y，-s变-i、-y也是藏文重要的音变现象）。如：

nas奈（vārānasī波罗奈）>nay

dar躠（sudarśana须躠袛耨）>das>day

vās卫（suddhāvāsa首陀卫）>vay

vas会（avasvara阿会亘修）>vay

这就是-s尾入声字变成中古去声字的真相，它表明这些中古去声字（上古属入声）在上古可能有-d或-s类韵尾，也表明与其相配的阴声韵可能有辅音尾。所以俞敏先生将这几部的上古音构拟为：

歌al	泰ad，as	元an
脂i，ir	至id，ed，is	真in，en
（微）	队ud，us	谆un

我们还可以从先秦两汉魏晋南北朝时期诗文用韵中阴入通押为这一现象找到佐证：西汉以前阴入通押，入声以收-g尾为多，而自东汉以后，则以收-d尾占绝对多数。魏晋时期去入通押86次（祭月54，祭质2，脂质22，皆质1，泰曷6，泰月1），而平上声与入声不通押；南北朝

① 俞敏：《论古音合帖屑没曷五部之通转》，《燕京学报》1948年第34期；《古汉语派生新词的模式》，见《中国语文学论文选》，日本光生馆1984年版；《汉藏文献学相互为用一例》，《语言研究》1991年第1期。

时期也是如此，而去入通押达79次，其中74例是收舌尾的，部分去声字主要是霁祭韵字与入声字押韵。[①]

3 同韵部则同元音说质疑

构拟古音，学者们一般都认为同韵部的字一定同元音，甚至有人主张-n尾前不拟后元音，-ng尾前不拟前元音。对此俞敏先生在《后汉三国梵汉对音谱》里提出质疑，他认为从押韵字归纳韵类，是汉人的独创，但它有很大的局限。如果把古代诗人作诗视同明清人做试帖诗押官韵，这就走向了极端。明清以后民间文艺押十三辙，一般是一辙到底，字少的就要合辙，如中东辙就包括《中原音韵》的东钟、庚清两韵，主元音有ə、i、u三个。宋代诗词押韵通语系统入声只有四部，用一个韵部一个主元音是无法解释的，更不用说诗文押韵还常常受到作者方言因素的干扰。可见，诗文押韵不一定主元音必相同，而只要相近即可。近来，郑张尚芳、白一平（Baxter, William Hubbard）两位在各自的古音体系里将歌月元、微物文、侵谈等韵部都构拟了两个或两个以上的主元音。

梵汉对音能证明某些韵部不止一个主元音：

因in　　天hin　　填den　　深śim　　涉jiv　　金kum

三sum　　合gup　　庵om　　閦kshobh

还可以见到：

门man（sumanā须门）　文man/mun（mañjuśrī文殊师利，śakyamuni释迦文）　邠pun/pin（puṇṇamantāni邠漫陀尼，anāthapiṇḍika阿难邠坻）　频ban（bandhumā频头）　昙暂dum（udumbara优昙钵，乌暂婆利）　旬jan（yojana踰旬）

可以看出，真（文）部主元音是i、e，闭口九韵虽然古人用者绝少，但对音表明可分三部：侵$_{甲}$是i，侵$_{乙}$是u、o，谈部是a，汉藏比较也能证明这种分部。先秦韵文押韵冬侵合韵还可以看出侵部有两个主元音的痕迹。

---

① 丁邦新：《上古阴声字具辅音韵尾说补证》，《声韵论丛》（一），1994年。

古今方言里我们都能找到这种现象的珠丝马迹：[1]

唐末人说"作(做)么生"，南宋变成"怎生"，"舅母"合音变成"妗"，"怎"、"妗"的主元音有可能是u或o。

今通泰、赣方言谈覃韵的主元音比较特殊：

	谈韵		覃韵	
	舌齿	牙喉	舌齿	牙喉
泰州	ɛ	u	u	u
如皋	e	u	u	u
余干	a	o	o	o
临川	ɑ	o	ɑ	o

这表明谈、覃在古代可能有两个主元音。

另外，侵韵在今本《韵镜》中标为合口，《磨光韵镜》云：闭口呼，一本作开，非矣。反映的也可能是这个事实，玄奘、义净、不空的梵汉对音材料中，侵韵确有零星对u的。

(原载《南京师大学报(社会科学版)》1999年第1期第132-136页，《语言文字学》1999年第5期全文转载)

① 俞敏：《后汉三国梵汉对音谱》，见《中国语文学论文选》，日本光生馆1984年版。鲁国尧：《寒桓与覃谈》，《第三十届国际汉藏语会议论文摘要》，北京，1997年。

鸠摩罗什译音研究

1 引 言

鸠摩罗什(Kumārajīva,343—413),祖籍天竺,生于龟兹,7岁随母出家,9岁随母至罽宾,拜王弟盘头达多为师,13岁回到龟兹时已名扬西域。41岁(384),龟兹国破,为吕光所掳,滞居凉州17年,后秦弘始三年(401)为姚兴迎入长安,开始了他的译经生涯,时年已58岁,至弘始十五年(413)病逝于长安,其间共译经35部294卷,是我国古代四大译经家之一。[①]

据记载,罗什祖出婆罗门种,祖父达多,名重于国,父鸠摩罗炎,将嗣相位,辞避出家,东度葱岭,入龟兹,娶王女,其母笃信佛教,在什幼年即出家为尼,"什之在胎,其母慧解倍常,往雀梨大寺听经,忽自通天竺语……及什生后,还忘前语"。[②]可以推想在这种环境中,罗什会说一口流利的梵语,[③]《高僧传》云什公在沙勒时寻访并博览《四韦陀》典及五明诸论,[④]就是说他不但会说梵语,还研习梵文法及梵文经典《四韦陀》。敦煌写卷有一残卷题曰《鸠摩罗什法师通韵》,据饶宗颐考证,此即罗什所作,[⑤]文中阐述的梵文规则与我们今天见到的梵文无不相合,并且说:"大秦小秦,胡梵汉而超间,胡音汉音,取舍任意。"可见罗什的梵文修养很高,而且认为梵汉对译是可行的。《晋书·姚兴载记》说

① 参任继愈主编:《中国佛教史》(二),中国社会科学出版社1985年版。

② 僧祐:《出三藏记集》卷十四《鸠摩罗什传》,苏晋仁、萧錬子点校,中华书局1995年版,第530页。

③ 梵文在当时西域僧人中比较流行,据法显《佛国记·鄯善国》记载:"诸国俗人及沙门尽行天竺法。唯国国胡语不同。然出家人皆习天竺书、天竺语。"《宋高僧传·释慧智》云智"本既梵人,善闲天竺书语,生于唐国,复练此土方言"。

④ 参慧皎:《高僧传·晋长安鸠摩罗什》,汤用彤、汤一介点校,中华书局1992年版,第47页。

⑤ 饶宗颐:《梵学集》,上海古籍出版社1993年版,第121页。

罗什"通辩夏言，寻览旧经，多有乖谬，不与胡本相应，"① 僧叡《大品经序》说罗什译经时，"手执胡本，口宣秦言，两释异音，交辩文旨"，"胡音失者，正之以天竺；秦名谬者，定之以字义。不可变者，即而书之，是以异名斌然，胡音殆半"。② 可见，罗什对前人的翻译是重新整理的，改正的既有原文，也有汉译。

罗什自入中土，没有走出过凉州、长安两地，他说的汉语，也应该是在这两地学会的。有关记载显示，同罗什交往的都是上层人士，学的汉语也该是雅语，随罗什学习的弟子，遍及北方，还有来自江左和庐山的，③ 著名的弟子中，关中人少，关外人多，《高僧传·译经论》说："时有生、融、影、睿、严、观、恒、肇，皆领悟言前，词润珠玉，执笔承旨，任在伊人"，④ 表明译经时使用的不会是方言。罗什在凉州生活十七年，《大品经序》说他已"善方言"，但到长安译经时，僧肇《百论序》说"方言犹未融"，僧叡《大智释论序》说"法师于秦语大格，唯译识一法；方言殊好，犹隔而未通"；僧叡《思益经序》认为罗什将visesacinta译为思益不妥，究其根源，"良由未备秦言，名实之变故也"。⑤ 没过多久，"转能汉言，音译流便"。⑥ 这些记载都能表明译经采用的是通语，不然在凉州时已"善方言"的罗什，至长安译经时又怎会"方言未融"呢？⑦

说译经用通语，我们还基于以下考虑：⑧

第一，民族杂居：西晋灭亡，衣冠南渡以后，北方进入了长期的混乱状态，史称五胡十六国，先后于西部建国的有：匈奴（前赵318—329、夏407—431）、鲜卑（南凉397—414、西秦385—431）、氐（前秦351—394、后凉385—403）、羌（后秦384—417）、卢水胡（北凉401—439）、汉（前凉345—376、西凉400—421），计六个民族十一国。大体

① 见《晋书·姚兴载记》，中华书局1974年版，第2984页。

② 见《出三藏记集》卷八，中华书局1995年版，第292-293页。

③ 汤用彤：《汉魏晋南北朝佛教史》，中华书局1983年版，第209页。

④ 见《高僧传·译经论》，中华书局1992年版，第142页。

⑤ 见《出三藏记集》卷八，中华书局1995年版，第308页。

⑥ 见《高僧传·晋长安鸠摩罗什》，中华书局1992年版，第52页。

⑦ 这些记载恐怕并不能表明凉州话与长安话不同。《高僧传·僧肇传》："后罗什至姑臧，肇自远从之。"肇，京兆人，可见，跟随在罗什身边的，并非都是凉州人。《高僧传·译经论》说罗什"历游中土，备悉方言"，言过其实。

⑧ 下文的写作参考了钱穆《国史大纲》，商务印书馆1994年版。我们在《梵汉对音概说》（《古汉语研究》1995年第4期）里从佛教的传播方式、传承的社会对象等方面谈过这个问题。

上来说，在关中建国的是秦，在陇右建国的是凉，从这些国家的兴亡史可以看到，当时的西部多民族杂居，“秦地戎夷混并，风俗不同”(《魏书·崔浩传》)，而这些杂居一处的民族，如果没有一种交际语是不可想象的。

第二，西部虽遭诸国混战之劫，却能秦凉相继，局势相对平稳，经济文化得以正常发展，而当时的中原地区，“自丧乱已来，六十余年，苍生殄灭，百不遗一。河洛丘墟，函夏萧条”(《晋书·孙绰传》)，导致志士文人只得南奔西走，关中地区因而英才毕集，即如甘陇地区，东汉以来，民物富庶，与中州不殊，晋代自张轨(255—314)以后，吕光、秃发、沮渠迭据建国，经制文物，俱能仿效中华，[1]正如《魏书·释老志》所言：“凉州自张轨后，世信佛教，敦煌地接西域，道俗交得其旧式，村坞相属，多有塔寺。”安定繁荣的地方，自然为人向往。

第三，胡秦崇汉化：西部虽长期受胡秦统治，但汉学传统未曾断绝，史载刘渊“幼好学，师事上党崔游，习《毛诗》、京氏《易》、马氏《尚书》，尤好《春秋左氏传》、《孙吴兵法》，略皆诵之；《史》《汉》诸子，无不综览。”[2]至苻秦，西部文教大盛，“及(苻)坚之僭，学校渐兴。关陇清晏，百姓丰乐”；“广修学官，召郡国学生通一经以上充之”(《晋书·苻坚载记》)；诸经均置博士，惟缺《周礼》，请太常韦逞母传其音读(《晋书·列女传》)。姚秦时，宿儒姜龛、淳于岐、郭高教学长安，诸生自远而至；凉州胡辩讲授洛阳，关中诸生云集听讲；而姚兴常与姜龛等讲论道艺，姚泓受经于淳于岐，“岐病，泓亲诣省疾，拜于床下”(《晋书·姚泓载记》)，于是“学者咸劝，儒风盛焉。”(《晋书·姚兴载记》)

第四，在《高僧传》中，我们可以看到对“汉语”的称呼是随着朝代的更替而改变的，后汉三国时称汉言、汉语、华言，两晋南北朝称晋文、汉言、华语、夏言、秦言、宋语、宋言、齐文、梁言、陈言、魏言，隋称隋言，唐以后多称华言，这些称名都不是指某一地方的方言而言，而是代表朝代或国号，只有华语(言)、夏言是笼统称呼。译经中“汉语”译名的这种参差，表明译音不太可能用方言，而是用通语，因为僧人使用译经语言遵循的原则是“以千载之上微言，使合百王之下末俗”(道安《摩诃钵罗若波罗蜜经抄序》)，要用雅语，尽量避免使用俗语，“言不关典，非

① 参钱穆：《国史大纲》，商务印书馆1994年版，第501页。
② 见《晋书·刘元海载纪》，中华书局1974年版，第2645页。

子史之言，用其翻对，岂可以委巷之谈而糅于中耶？”(《高僧传·译经论》)对音所用主体材料是密咒，而密咒的翻译更不可用鄙俗之音，否则亵渎神灵，有违译经传道的本质。

当然译主译经时虽然采用通语，但在实际操作过程中，由于各种因素的影响，夹进方言成份是不可避免的。

本文所用材料主要摘自《大正藏》，包括音译词语、咒语译音、圆明字轮对音，适当参考《涅槃经悉昙章》，[①]所有材料均与梵英词典、佛教词典校对过，明显有误的地方径行改正。

2　罗什译音的声母系统

在罗什译音材料中，梵语辅音的对音情况如下：

k：憍迦劫拘吉紧鸠究枳俱甄军歌犍见纽骞溪纽求伽群纽薰晓纽

按，kunduruka 薰陆（T9：53b），此系沿译，梵文又作 kundu，kundura，或说译自阿拉伯语 kundur。

kh：弃佉呿溪纽

g：伽揵乾祇瞿耆犍群纽憍见纽

按，gavāṃpati 憍梵波提（T9：1c；T12：346c），憍 gav<gau，《集韵》居妖切，又音渠娇切。

gh：伽求瞿群纽

c：质栴旃瞻遮旨真章纽阇禅纽

ch：车昌纽

j：阇殊痤誓螺反什禅逸阎喻四

按，jambū阎浮（T9：21b）、ajita 阿逸多（T9：41a），均系沿译，梵文 y 在东北印度方言里变 j。[②]

ñ：如日

ṭ：吒緻猪履反咤知剃定罗梨来

ṭh：絺彻咃透

ḍ：陈澄荼陀头地定罗隶履卢来

① 《涅槃经悉昙章》，上虞罗氏刻本。从对音系统看，作者当是鸠摩罗什。

② 柯蔚南：*Notes on the Dialect of the Han Buddhist Transcription*，见《国际汉学会议论文集·语言文字组》，台湾“中央研究院”1981 年，第 126 页。

ḍh：荼定

ṇ：那奈祢泥腻尼拏娘若日

t：多德兜帝哆单底埵端提蹬地达陀第驮剃定旃蔗遮章致知墀澄

th：他拕透

d：檀陀提堕达地昙定伽群梨来

按，pilindavatsa 毕陵伽婆蹉（T9：1c），梵文不误，唐义净译作毕邻陀婆蹉，da 译伽，恐系误译。

dh：驮头陀地达堕定闼透亶知禅禅

按，abhyanta 阿亶多（T9：58b），bhyan 对亶，不合，梵文 bh、dh 字形极似，易混，应是 dh，隋阇那崛多正译颠。亶，《广韵》多旱切又遮连切，余迺永校作张连切，[①] 依梵文 yan，当是张连切。

n：那难祢泥涅泥如若尔日柅尼娘

p：波毕钵簸宾帮富弗非婆跋毗槃蒱並

ph：颇滂

b：薄婆频並梵浮佛奉钵帮

bh：菩跋鞞婆便毗槃並颇滂

m：蜜弥摩目木母魔末曼咩牟磨泯麽明文微履来

“履”字多对 me，如 same 娑履（T9：58b），《佛学大辞典》作“娑弭”，或是“靡”字误。śami 赊履（T9：58b），“履”下注作“网稚反”，也可证“履”字是笔误。

y：耶夜延裔冶夷喻四舍书

按，bhayābhaya 婆舍婆舍（T9：58b）：阇那崛多译作“跋耶跋夜”，yā/ya 对舍，据梵文音变规则，元音中间的 ś 易浊化成 y，则 yā/ya 本作 śā/śa。

r：罗梨楼利离练陆逻隶勒履兰来

l：逻连罗螺陵路利卢隶略蓝留来柅娘稚澄

按，vrūsali 浮楼莎柅（T9：59a），li 对柅，可能是笔误，或是西部方音的反映。balin 婆稚（T9：2a），季羡林认为这是个俗语形式，雅语应是 baḍī。[②]

v：越纬韦卫喻三桓和华匣惟喻四波簸帮毗婆频鼻鞞跋薄並梵浮奉履来

① 余迺永：《新校互注宋本广韵》，香港中文大学出版社 1993 年版，又，上海人民出版社 2009 年版。

② 季羡林：《论梵文 ṭ ḍ 的音译》，见《中印文化关系史论文集》，三联书店 1982 年版，第 337-377 页。

ś:舍输释书尸叔羶赊葉湿絁书师沙生周章

按，śuddhipaṃthaka周梨槃陀迦（T12:346c），季羡林校作cūḍapanthaka，是；[①]则“周”对的是cū。另，梵文元音中间的d、dh易变成ḍ、ḍh。

ṣ:沙师生

s:修须孙娑脩斯桑三僧莎辛萨相心尸设赊首书常禅醝从

按，saṃkule常求利（T9:59a），常或是赏字误。圆明字轮ysa醝，s受前面半元音y的影响念成浊音。

h:诃醯火晓睺匣阿影

kṣ:羼叉阕差杀初耆群

ts:蹉清

o:阿忧优因安恶郁伊乌沤影

我们不难发现罗什译音系统声母方面的特点：

①禅纽是个塞擦音，而不是擦音，前代的谐声、通假字、异文、读若、直音，[②]后代的《玉篇》反切，都能支持这一对音现象。

②端知不分：ṭ组对音比较乱，特异的是对来纽，罗常培、陆志韦均对此提出过疑问，周法高认为魏晋南北朝时期端知已略有差别，但知组还没有完全分化出来，只好借助l的卷舌作用来表现。[③]对此，季羡林以印度语言学史为根据，提出反驳，他看到在巴利文里梵文ḍ、ḍh在两元音中间变成ḷ、ḷh，在古代俗语里也有ḍ>l现象，在婆罗迷铭文里还有几个ṭ>ḍ>l的例子，在梵文雅语如《梨俱吠陀》里也有与巴利文相同的音变现象，从《阿闼婆吠陀》以后，ḍ多半变成l。也就是说，不管是雅语还是俗语里，都有ḍ>ḷ>l现象，ṭ>l则少见。[④]但检查魏晋时期的译经，我们却发现ṭ、ḍ对来纽均很普遍，数量上难分伯仲。季先生所举25例中，竟有14例是ṭ对来纽，结论与现象不符，所以我们还是比较倾向于周法高的意见，唐人归三十字母例、五代刻本《切韵》均以“知彻澄来”为一组，大概不是空穴来风。说知端开始分化，从罗什译音中也可找到蛛丝马迹：第一，ṭ组对端组频见，而t组对知组少而又少；第二，圆

① 季羡林：《论梵文ṭḍ的音译》，见《中印文化关系史论文集》，三联书店1982年版，第357页。

② 参邵荣芬：《试论上古音中的常船两声母》，见《罗常培纪念论文集》，商务印书馆1984年版。

③ 罗常培：《知彻澄娘音值考》，《史语所集刊》1931年3本第1分；陆志韦：《试拟切韵声母之韵值并论唐代长安语之声母》，《燕京学报》1940年第28期；陆志韦：《古音说略》，中华书局1982年版；周法高《梵文ṭḍ的对音》，《史语所集刊》1948年第14本。

④ 季羡林：《论梵文ṭḍ的音译》，见《中印文化关系史论文集》，三联书店1982年版，第337-377页。

明字轮ṭha对咃①，按梵汉对音的译音条例，表明“他”与ṭh不太相合，所以加口字旁。另外，《悉昙章》ṭ组多对知组，用端组字多加口字旁。据此，我们认为端知不分，但知组已有分化迹象。娘日泥三组也如此，合中有分。

③章组与端组关系非浅：黄侃认为古音章组归端，从对音看，后汉三国c组对音混乱，俞敏先生认为后汉这组音还在端音位里，②罗什译音中，章组占绝对多数，可见已游离出端组，只是还有部分字仍与端组纠缠在一起，而且所对梵文音节均是“y+元音”（如tya遮），表明它的来源及分化条件。

④轻重唇音不分：p组对帮系（非组字较少），v用来对帮系的也主要是帮、并组，奉组只出现两个字，可见直至晋末，轻重唇不分的学说仍大致可信。

⑤匣组合口与喻三不分：v的对音除去帮系字，只有匣组和喻组。喻四组的“惟”对vi，惟，《切韵》残卷（P3696）作洧悲切，正是喻三。匣喻三同译v，与后汉三国、周隋经师译音相同。关于其音值，译音中已露端倪：ruta邮楼哆（T9：58c），梵文r是个颤音，汉语没有这个音，因而借用“邮”的声母来描绘发r音时的起势。v是个强擦音，因此其音值应是[ɦw]。

⑥影组非零声母：影组如是零声母，则其细音易与喻四组混，而对音中两组绝然分开，如i伊/yi夷，喻四是[j]，影组就该是[ʔ]。siṃha辛阿（T9：61b），以ha对阿，亦可证。

下面将罗什译音的声母系统表列如下：

牙音	见k[k]	溪kh[k‘]	群g、gh[g]	疑	
舌音	端t[t]	透th[t‘]	定d、dh[d]	泥日n ñ ṇ[n]	来l、r[l]
齿音	庄	初kṣ[tʂ‘]	崇		生ṣ[ʂ]
	章c[tɕ]	昌ch[tɕ‘]	禅j[dʑ]		书ś[ɕ]
	精	清ts[ts‘]	从		心s[s]
唇音	帮p[p]	滂ph[p‘]	并b、bh[b]	明m[m]	
喉音	影0[ʔ]	晓h[x]	匣合喻三v[ɦw]		喻四[j]

① 咃，《玉篇·口部》：“吐多切，出陀罗尼。”

② 俞敏：《中国语文学论文选》，日本光生馆1984年版，第279页。

3 罗什译音的韵母系统

译音的韵母系统研究不同于声母系统的研究，虽然使用的材料、方法与声母研究相同，但由于梵文与汉语属于两个不同语系的语言，加上梵文元音相当贫乏，要想通过译音考察译经语言的韵母是特别困难的。鉴于此，本文旨在通过整理、分析罗什译音材料，主要考察用来对译梵文十二元音的汉字部属及其反映出的当时语言的韵类特征，但并不试图建立韵母系统，只从材料看问题，不作过多推断。

3.1 韵尾与介音

（1）入声尾。三类韵尾分立划然，入声存在。汉语舌根韵尾对梵文-k，个别对-g；汉语唇音韵尾对-p；但汉语舌头尾韵对音颇为乱杂，对-t、-d、-r、-s、-l五个，从出现的频率来说，-r的出现率最高，这在对音（梵汉、藏汉）中是常见现象。

（2）阳声尾。从对音看，汉语阳声韵尾有三个：-m、-n、-ng，它们各自对应的韵与韵书分布相同，如：sam三，kin紧，tañ蹬；但也有不同的：lin陵，san相，gul群，这类很少，当属例外或与梵文音节的曲折变化有关。

（3）介音。从对音看，汉语三四等字多对梵文“y+元音”的音节，但见系、章系字除外（k组、c组易滋生j介音），如：dhyan禅、lyan连、ya冶、cam占、kan骞。合口字多对“v+元音”的音节，但唇音字除外，如：hva火、dhva堕、pal钵。可见，介音有两类：三四等介音j和合口介音u，但主元音是i、u的，没有这两类介音。

3.2 主元音

（1）果假摄：两摄都对a、ā，从对音看，a、ā并没有什么特别的分工，同期诗人押韵歌戈麻也混用不分，[①]因此可将其订为[a]。

（2）山咸摄：这两摄主要对a、ā，主元音当是[a]。对音中两摄表现出一个共同的分类倾向：“辅音（不含k组、c组、s）+ a/ā +n/m”音节用

① 本文所说诗文押韵，主要依据周祖谟：《魏晋宋时期诗文韵部研究》，见《周祖谟学术论著自选集》，北京师范学院出版社1991年版；丁邦新：《魏晋音韵研究》，《史语所集刊》第65种，1975年。

一二等字对(二等山摄只出现谏韵字,咸摄没有出现);"辅音+y+a/ā+n/m"音节和"辅音(k组、c组、s)+a/ā/+n/m"音节用三四等字对,同期诗文押韵寒桓删为一部,山先仙为一部,咸摄覃谈与盐添衔严分用,颇与对音情况相合。罗什的一条反切更能加深我们对这个问题的认识:am 揜乌甘反,是琰韵字,属三等,改读成谈韵,原因恐即在此,an 正是用一等寒韵"安"字对。

(3)曾宕二摄音值:登韵(举平赅上去,下同)对 a,德韵勒字对 rey、rak,登韵当是[ə],蒸韵职韵对 i,蒸当是[i]。阳唐及其入声均对 a,可订阳唐为[a]。同期诗文押韵表明,阳唐韵与江韵的舒声不押韵,而入声觉韵与药铎、屋沃押,僧肇《什法师诔》叶"邈漠作溺",又叶"俗朴录族岳足",对音也看得出蛛丝马迹:myak 藐无灼反,是觉读入药韵。

(4)止蟹两摄的参差:两摄对梵文 i、ī、e、ai 四个元音,在梵文里,e 是 i、ī的次重音形式,ai 是 i、ī的强重音形式,e、ai 字形又极其相似,这样,对音时产生参差不可避免。从对音看,微韵对 i,脂韵主要对 i,个别字 i、e 两对,支韵主要对 e,个别字对 i 或 i、e 两对。据此,脂微是[i],支韵是[ei]。之韵字没有出现,在僧肇《什法师诔》中以"为羁驰时规施摛"押韵,除"时"是之韵字外,余皆支韵字,但从同期总的押韵情况看,支之分押,支是 ei,之可以是[əi]。

对音中支齐祭泰佳韵字颇有参差:齐韵对 e,也对 i、ya(<ye),例多不举。译音中出现的其他几韵字是:祭韵:ye 裔,vya(巴利文作 vey)弊,sai 世,vas 卫;泰韵:nas 奈,se 娑苏奈反;卦韵:dhe/de 地途卖反;怪韵:vi/bhi 惫皮拜反。梵文的 s 在元音中间易浊化成 y,即 vas>vay,nas>nay。泰韵心纽无常用字,只能借字注音,至韵不读 e,卦韵也无定纽字,"地"只能改读(在同期诗文押韵中,"地"只与支佳齐韵押,或许"地"已读入卦韵),凡此种种,导致这几韵的参差现象。另,《悉昙章》元音 e、ai 主要对霁、祭韵,个别音节对咍韵字,而不夹进泰韵字,由此可见,这种对音格局颇与同期诗文押韵相仿佛。据此,祭是[ai],泰是[ɑi],皆是[ɒi]。蒲立本、丁邦新先生认为魏晋时期祭泰两部均有-d 尾,后来-d 变-i,变成去声,[①] 这种现象在罗什译音中几乎没有反映,我们不采用此说。

---

① Pulleyblank,E.G.*Some further evidence regarding Old Chinese and its time of disappearance*, *BSOAS*,*46*,1973。丁邦新:《魏晋音韵研究》,《史语所集刊》第65种,1975年。

(5)臻摄的主元音:本摄主要对梵文的i、u,具体情况是真臻对i(真韵泯字对men),文韵对u,魂韵对u、o,谆欣痕三韵没有出现,在《切韵》里,文欣、魂痕是开合韵,根据对音有:真谆臻[in],文欣[ən](<[uən]<[un]),魂痕[on],这与同期诗文押韵情况相合。

(6)遇流二摄的音值:这两摄主要对梵文的u、o、au,o、au分别是u的次重音和强重音形式。两摄在后汉分属之、鱼、幽三部,从对音看,这两摄的分部已渐向《切韵》靠拢,尤侯(幽韵字没有出现)韵几乎没有例外地对u,虞模韵多是u、o两对,鱼韵字少,对o。据《艺文类聚》卷76载罗什《十喻诗》,叶"喻处住去",这是虞鱼通押,同期诗文两摄各自通押,据此,侯是[u],鱼是[o]。

(7)其他韵摄的对音:效摄只出现宵韵字,对au,通摄只出现屋韵字,全部对u,梗摄只出现昔韵字,对a(śak释),深摄对i。

将上面的分析归纳起来,我们可以看到下表(加括号的韵表示没有出现或不能肯定):

阴声韵	阳声韵	入声韵	阴声韵	阳声韵	入声韵
之əi	德ək	登əŋ	脂i	质it	真in
	职ik	蒸iŋ		物ət	文ən
支ei	(锡)	(耕)	皆ɒi		
歌a	铎ak	阳aŋ		没ot	魂on
模o			泰ɑi	曷ɑt	寒ɑn
宵au			祭ai	(月at)	(元an)
侯u	屋uk	(东uŋ)		缉ip	侵im
				盍ap	谈am
				(葉)	(盐)

(本文原为两篇并分开发表的,"声母部分"原载《语言研究》1996年增刊,韵母部分原载《语言研究》1998年增刊,又见《安徽师范大学学报》1999年第1期。施向东先生有《鸠摩罗什译经与后秦长安音》(《芝兰集》,人民教育出版社1999年第203-217页),后出转精,可参看。)

施护译音研究*

1 引 言

1.1 对 音

广义上，对音是指以汉语对译外族语言，或以外族语言对译汉语；狭义上，对音指用汉语对译外语，即"搜罗、选取古代的音译外语名词，取中外两种文字对照，考求历代汉语的语音系统"。[①]自汉代翻译佛经始，至宋初止，其间历魏晋南北朝隋唐诸朝，每一朝代都留下了大量的梵汉对音材料，而且唐朝还有回鹘汉对音以及日译汉音和吴音、汉越语、朝鲜汉译音材料；宋有西夏文、女真文与汉语的译音；往后，元有蒙汉、清有满汉对音。从这些材料中，我们不难理出一个汉语语音发展的线索。近一个世纪来，专家们对中古、近古语音的构拟以及对等韵学理的研究，都或多或少地参考了对音材料，其方法和结论大体上都得到了学界的承认。本文的目的，就是试图通过施护译经中的梵汉对音材料探讨一下目前研究比较薄弱的宋初汴洛方音的语音系统。

1.2 施护(?—1017)

施护是北天竺乌填曩国人，[②]或说是北天竺迦湿弥罗国人，乌填曩国帝

---

*本文为笔者的硕士论文，是在导师俞敏先生的直接指导下完成的，后蒙答辩委员会邵荣芬、杨耐思、曹述敬、谢纪锋、刘广和诸先生教正多处，修改时又承鲁国尧先生斧正。对诸位先生的教诲，谨致谢意。

① 谢纪锋：《音韵学概要》，广西师范大学出版社1992年版，第86页。

② 见《宋史·外国列传·天竺》卷490；汤用彤：《隋唐佛教史稿》，中华书局1982年版，第299页。另，《大正藏》篇下的译者籍贯也主此说。

释宫寺僧,[1]于宋太平兴国五年(980)二月携梵本至宋都汴京。两年后开始译经,至1017年圆寂为止,历35年之久,共译经101部计217卷,另与人合译12部22卷,是有宋一代译经数量最多、时间最长的一位译经家。

1.3 施护译经

施护译经是以汴洛方言为基础的,因为唐末以后的五代,建国均在中原地区,定都不越汴梁、洛阳二城。宋承旧制,建都汴梁,并以洛阳为西都。由此推测,当时中原地区通行的共同交际语不会越过汴洛方音之外,因为即便是在唐代,汴洛方音也为人倍加推崇。李涪《刊误》说:"凡中华音切,莫过东都,盖居天地之中,禀气特正。"而其时长安凋零,陇右衰落,这样,自陆路而来的施护学习汉语自然要以汴洛方音为标准。他的汉语听说读写的水平很高,令朝官显贵佩服不已。[2]

1.4 汉译佛经

至宋代,汉译佛经已接近尾声。当时人们对梵文的认识更加清晰,这使得施护的译音尤其是音译密咒更精确,更符合原文,具体表现是:①出现频率高的梵文音节固定汉文用字,如ka对迦,ga、gha对伽。另外一些专用词语的翻译不出现换译,如vajra只用"嚩日啰二合"译。②对译梵文长元音,汉译一律用小字"引"标明,换句话说,凡汉译有小"引"字的地方,梵文一定是长元音,如khāhi佉引呬。③出现"半音"译法。所谓半音是指当梵文的一个音节的末尾是辅音时,一改前代以入声字对的译法,而单以一个汉字去对译,使末尾辅音与汉字声母相当,如dhṛk特哩二合俱半音。

1.5 密　咒

本文所用对音材料绝大部分是密咒,一小部分是梵词,全部采自《大正新修大藏经》,梵文一一验之于*Sanskrit-English Dictionary*(Williams)、*Sanskrit English Dictionary*(A.A.Macdonell),同时用中村元《佛教语大词典》核对。另外,我们还参考了惟净《景祐天竺字源》,因惟净长期担任施护笔受和证文,他们的译音系统大体上应是一致

① 这是吕澂先生的说法,见《中国佛教(二)》,知识出版社1989年,第233页。

② 见志磐《佛祖统记》卷43,《大正藏》49册。

的。[①]

2 梵语辅音与汴洛方音的声母系统

2.1 梵文辅音

梵文辅音包括半元音在内，共有34个，这与学者们构拟的中古音声母系统的数目大致相似。这样译经者的选择余地就比较大，因而辅音的对音很严谨，例外很少。详细的情况请看下表。[②]

梵文辅音	汉语声组	译音用字	例　外
k	见	恭供枳俱矩酤计髻紧吉军讫骨建羯揭乾葛憍迦岗经剑劫歌哥	乞$_{\text{溪}}$健$_{\text{群}}$
kh	溪	驱齲契朅康亢欠苦	
g	群、疑	瞿竭憍伽殑$_{\text{群}}$疑儗拟虞吾五倪屹仡诣钀彦誐昂五$_{\text{疑}}$	
gh	群	祇具覲伽	驱齲屈躯$_{\text{溪}}$
c	精	综祖济唧尊赞拶煎左作昝	支止旃遮质$_{\text{照三}}$
ch	清	妻砌亲蹉	
j	日	[口尔]祖日惹弱入攘尔祖$_{\text{仁祖切}}$	昝$_{\text{精}}$
ñ	疑	研倪	
ṭ	知	智胝致[illegible]吒鸲	跓$_{\text{澄}}$
ṭh	彻	絺姹	
ḍ	澄、娘	茶$_{\text{澄}}$拏$_{\text{娘}}$	姹$_{\text{知}}$
ṇ	娘	尼抳[口攵]拏腻	
t	端	单冻睹底帝带咄旦怛多顶得灯兜担埵	陀啗$_{\text{定}}$
th	透	体他汤	弟地$_{\text{定}}$
d	定、泥	达堕亭檀陀$_{\text{定}}$ 你努祢讷难捺闹那诺能耨宁捼$_{\text{泥}}$	
dh	定	地度提定达钿驮陀亭特邓弟	至$_{\text{照三}}$

① 惟净：俗姓李，南唐李煜之侄，李从谦子。太平兴国五年(980)以童子入译经院习梵文，史称“口受梵章，即晓其义，岁余度为僧。”(《佛祖统记》)南唐灭国是975年，惟净以童子入选，其童年当主要在汴梁度过，学的方音当是汴洛方音。

② 个别字的声韵地位谨依施护反切。

续 表

梵文辅音	汉语声组	译音用字	例外
n	泥	你努泥祢乃难赧那曩顡耨南宁	
p	帮	卑比补布闭宾必奔半钵波跛播谤并冰	膊滂跋並
ph	滂	普疋颇	发非
b	並、明	婆並 没冒麽明 勿嚩微	
bh	並	毗鼻部步陛陪频勃伴畔婆薄菩	颇普滂腹非
m	明	矇目弥弭谟每味密蜜没曼满末鬘缅摩磨魔麽忙莽莫铭母铪瞢	
y	喻四	欲以踰俞瑜喻曳延演耶野也夜炀药	
r	来	啰哩噜栗㘓啰嘲囕隷隸丽赖梨利哢	
l	来	梨利卢鲁路黎嚟礼隷隸赖罗攞逻洛力零凌陵愣览蓝篮	
kṣ	穿	阕刹叉穿二 嗤叱称穿三	
ś	审	晒沙爽率审二 尸殊输戍室扇说设奢舍商烁识首湿摄审三	秫床三
ṣ	审	史使数晒瑟杀沙洒爽衫审二 始尸室舍审三	
s	心	枲苏细洗碎信悉孙窣散萨娑莎傞写星须素斯僧塞修三飒	说葉审三阇禅
h	晓、匣	呬呼虎醯昏罕喝诃欱吽郝晓 护恨纥何贺恒憾睺匣	
v	奉微明	吠嚩奉 微尾晚罔鍐吠嚩微 没末满摩哞麽明	闭帮 勃频並
ø	影	伊乌翳噎安奥阿盎恶唵暗瓮	

2.2 关于声母几个问题的讨论

2.2.1 中古全浊声母送气不送气的问题

高本汉在《中国音韵学研究》里，首先提出全浊声母送气，对此国内学者纷纷提出批评，认为浊音不送气。请看看下面的对音材料：

施护		惟净	
g:疑组、群组	gh:群组	g:疑组	gh:群组
j:日组		j:日组	jh:从组
ḍ:娘组、澄组		ḍ:娘组	ḍh:澄组
d:泥组、定组	dh:定组	d:泥组	dh:定组
b:明组、並组	bh:並组	b:明组	bh:並组

施护、惟净对译浊辅音的处理规则是：施护以不送气浊音对汉语的鼻音和全浊声母，而且以鼻音声母为主；以送气浊音对汉语的全浊声母，惟净以不送气浊音对汉语鼻音声母，送气浊音对汉语全浊声母。①据此我们认为中古汴洛方音全浊声母送气。

说浊音送气，我们还基于以下两点考虑：①从音理上说，只有浊音送气才好解释浊声母在今天方言中的演变：北京话变清音，仄声不送气，平声送气；客家话变清音全作送气；吴方言保留浊音全作不送气。梵文浊送气的浊气流强而显，中古汉语也应是如此，因为在今天的吴方言中，浊音虽然标作不送气，但在发音时带有一种较强的浊流，中古汉语的强浊气流后来渐渐变弱，毕竟发浊气流很不方便，变弱导致两个结果：要么强浊气流变成弱清气流，要么失去浊气流，只保留发浊气流的起势。这样前者就变成今天的客家话那样，后者如同湘方言的双峰话。②②在唐五代北方通语作品里，平声字中全清与次清字出现率是6∶1(29∶5)。全浊变清，把声带颤动改成送气，造成新同音字引起误解的机会少得多，否则误解的机会就会多至六倍。在当时语音发生急剧变化的时候，浊音送气是交际的需要。③

2.2.2 鼻冠浊声母问题

所谓鼻冠浊声母，是指浊音带上同部位的鼻音。根据对音，我们相信，中古汉语的某些方言存在着鼻冠浊声母。

系统地以梵文浊音对汉语鼻音声母，首先自唐不空开始，其后慧琳、智广等均有类似的记载。奇怪的是《切韵》系韵书没有鼻冠浊音的记录，因此有人推测这是一种梵语方言在汉译中的遗留。其根据是采用这种对译方法的主要是不空学派，这些译经师都是北天竺人或与北天竺有着很深的渊源关系的人，并进一步引智广《悉昙字记》为证。其书云："ga迦，余国有音疑可反；ḍa茶，余国有音搦下反；ba婆，余国有音麼。"但这"余国音"并不成系统，该书在da陀下说："大下反，余国有音陀可反。"陀属定纽，是d，既然g、ḍ、b都带有鼻音成分，而复现率很高的d却不带，由此看来，这"余国音"似不指某一方言而言。据《悉昙

① 施护译音中jh，ḍh没有出现，这两个辅音在梵文文献里极少出现，jh在所有古代语言里只有六见。参W. D. Whitney：*Sanskrit Grammar*，Leipzig.1879：16-17。

② 本文所引方言材料如不特别注明，均据袁家骅：《汉语方言概要》，文字改革出版社1983年版；北大中文系编：《汉语方音字汇》，文字改革出版社1982年版。

③ 参俞敏：《北京话全浊平声送气解》，《方言》1987年第1期。

字记》记载，智广学的是南天竺音，那么“余国音”应是指中天竺或北天竺音，这是其一；其二，不空学的音并非北天竺音，而是南天竺音，[①]而且与施护同时的法天（中天竺那烂陀寺僧）等人也以汉语鼻音对梵文浊不送气音；其三，从对音角度看，玄昭《悉昙略记》认为：“中天、北天多用汉音而少用吴音，南天音以吴音得呼梵音，若以汉音不得梵音。”也就是说，中天竺、北天竺系音与汉音相当，南天竺系音与吴音相当。据玄昭所举例，中天竺音 g、j、ḍ、d、b 与汉语的疑、日、娘、泥、明诸纽相当，南天竺音则对群、禅、澄、定、並诸纽，而中天竺音“特为详正，辞调和雅……为人规则。”[②]以上种种，都说明梵文浊音对汉语鼻音声母与梵语方言关系不大。

从上文玄昭的话推测，长安音应该有鼻冠浊音。我们认为鼻冠音是原始汉藏语的共同形式，鼻冠浊声母是原始汉藏母语在汉语北方方言中的遗留：①与汉语同源的藏缅语族的所有语支（包括藏、彝、羌、景颇四个语支）的语言或其方言里都有这种辅音形式。②从汉语内部来说，唐五代的西北方音、唐宋时期的汴洛方音都存在过鼻冠浊声母；[③]今山西文水、兴县、甘肃平阳、陕北安塞、米脂、延川等地方言也有类似的声母。[④]另外，从汉字谐声系统看，鼻音声母字常和同部位的塞音、塞擦音声母字相谐，也说明原始汉语语音系统中有鼻冠声母的可能。[⑤]

从发生学上说，鼻冠浊音都是由鼻音加浊的塞音、塞擦音组成，鼻音的发音部位同后面的辅音一致，[⑥]它是一个复辅音，其演变无外乎两个方向：要么由前一辅音决定，要么由后一辅音决定。根据同语系的其他语言和汉语方言，我们可以推测出它的发展层次：①鼻音很强，感觉明显，是一个辅音丛，因为它毕竟是由两个辅音长期结合凝固而成的；②鼻音减弱，后面的浊音变得很软，听得忽略一点，就容易误认

① 见刘广和：《不空密咒与唐代八世纪长安音》，北京师范大学硕士论文，1982年。

② 《大唐西域记》卷二。

③ 罗常培：《唐五代西北方音》，科学出版社1961年版，第15-30页。周祖谟：《问学集》，中华书局1958年版，第587页。

④ 同上罗书第29页，白涤洲：《关中方音调查报告》，中国科学院1954年版。

⑤ 陆志韦：《古音说略》，中华书局1985年版，第251-255页。

⑥ 在同语系语言里，鼻冠音的范围是比较广泛的，不仅有鼻音加浊音，还有加清音形式，而且不一定是同部位的。参马学良主编：《汉藏语概论》，北京大学出版社1989年版；《藏缅语语音和词汇》编写组：《藏缅语语音和词汇》，中国社会科学出版社1991年版。

作鼻音，听得认真一点，即是浊音，就像厦门话那样；③鼻音继续减弱，只剩鼻音发音时的起势（如潮州话念b为${}^{m}b$），以后变成带先喉音成分，如同独龙语那样；或者浊音变弱，鼻音占主导地位；④鼻音完全脱落，与浊音合流；或者丢掉浊音，只留鼻音。以b为例，概括如下：

*mb → ${}^{m}b$ → ${}^{?}b$ → b 如厦门话

*mb → m^{b} → m 如汉语大部分方言

根据这个推论，再参考2.1和2.2.1，我们可以拟测出鼻音声母的音值：疑[ŋ][${}^{ŋ}g$]泥[n][${}^{n}d$]明[m][${}^{m}b$]。

但[ŋ][${}^{ŋ}g$]等并不算两个音位，[①]看下表：

	虞	诣	誐	尼	南	诺	冒	末	弥	莫
施护	gu	gī	ga	ṇī	nāñ	dak	bo	ma	mi	ma
惟净	ñū	ñī	ña	ḍī	daṃ	naḥ	mau	ba	be	baḥ

同一个字，施护、惟净一对鼻音一对浊音。更能说明问题的是，同一个字，施护既拿它对鼻音又拿它对浊音，如“拏你努祢难那宁耨没麼”等字。这正说明在宋初的汴洛方音中这种鼻冠音正处于行将消失的阶段。佛教徒念咒讲究字正腔圆，要准确无误，所以分别得比较明显，当时一般人可能已不容易分辨这种差别而读为纯鼻音了，就像今天某些方言里n、l不分一样。

从唐代玄奘译音看，汴洛方音并没有这种鼻冠音，[②]究其原因，恐怕要从译经者身上寻找答案。不空以后来华传教的印度僧侣，不是取道西域经西北入中原，就是取道南海经沿海地区（广州）入中原。从现有材料看，这两个地方方言原来都有鼻冠音：①传统的方块壮字，目前学术界一般认为主要借自唐宋时期，既借字又借音，其塞音声母有读作鼻冠音的，如板mbanj；②西北地区作为藏汉两族发源、分化之地，使得它的土语层有可能保留更多的原始母语特征，声母有鼻冠音是其显著特色。[③]施护由西域来中国，西北方音对他应有所影响，宋初的

① 尉迟治平先生早持类似观点，见《古汉语鼻-塞复辅音声母的模式及其流变》，《音韵学研究》第2辑，中华书局1988年版，笔者在本文写好后才看到此文，特此说明。

② 只有四处例外：kumbhīra 矩陛罗，kumbhaṇḍa 鸠畔荼，anataste 頞捺捺悉谛，niṣpanani 昵涩波达尼。玄奘是译经大家，精通梵文，这些例外应有所据。参施向东：《玄奘译著中的梵汉对音研究》，北京师范大学硕士论文，1982年。

③ 参中国民族古文字研究会编：《中国民族古文字》，天津古籍出版社1987年版，第65页。俞敏：《藏汉两族人和话同源探索》，见《俞敏语言学论集》，黑龙江人民出版社1989年版，第262页。

汴洛地区经过唐五代的人口大迁移,有可能导致汴洛音带上西北方音的特征。邵雍《声音倡和图》将鼻音分成清浊,或许就是这种现象的遗留罢。

2.2.3 知庄章三组音值①

看 2.1,kṣ 对穿组二三等,ś、ṣ 对审组二三等,看来穿审两组的二三等已合流。照$_{三}$组出现了五个字都对 c,均系沿译(详附录),剩下一个"至"字对 dh(实是 ḍh),由此推测照组与知组音近,《声音倡和图》将知组列于照组后,可见与照组关系近,但依其体例照知不混,对音中也是 kṣ、ṭh 判然有别,穿与彻之间也应保持着差别。ṭ 组对知组,其音值一般认为是舌尖后音,据此订照组为舌叶音。

再看床禅两组。床$_{三}$有 śud 秫字,惟净有 śu 术字。禅组有 syā(kalisyāmaka 歌利阇摩),根据梵文音变规则,s 在 i 元音后变为 ṣ,即 ṣyā变成 syā,这样床禅审就混而为一了,这与同期的许多汉文材料一致。据罗常培推测,这三组先是床禅不分,再由禅变审,② 考虑到对音是个别现象,将床禅与审分列。

2.2.4 精组与泥娘疑日的音值

梵文 c 组字母,玄奘以前的译经家都对正齿音和半齿音,而自不空以后改对齿头音、半齿音和疑。③ 从音理上说,由[ts]变成[tɕ]顺理成章,但由[tɕ]变成[ts]就比较少见。清组字在不空以前都是用二合辅音[ts]来对,而施护对 ch,看来精组是[ts]等。

日组对 j,根据 2.2.2 和上文的讨论,应读作[ndz],念马虎一点就是[nz]。日组字今客家读ȵ,福州读 n,成都读 z,苏州文读是ȵ,白读是 z,在中古它有读[nz]的可能。

疑娘两组的参差。ñ在宋以前对日组或娘妞,到宋代却改对疑组。材料中只出现两个四等字:研倪,而历来对疑组的 n̄ 在施护译音中没有出现。下面看看惟净处理这两个辅音的方法(反切前的○表示

① 这三组对的梵文是 ṭ 组和 kṣ、ś、ṣ,关于其音值,一般认为 ṭ 组是舌尖后塞音(顶音)[ʈ],ś是[ɕ],ṣ是[ʂ],二合辅音 kṣ 是[tʂ‘],ts(2.2.4)是[ts‘]。

② 罗常培:《唐五代西北方音》,科学出版社 1961 年版,第 22 页。

③ c 组译音的这种参差,可能与方音有关。标准梵文里的 j 到 Atharva-veda 里变成 z,见 Thomas Burrow The Sanskrit Language,p77-78,Faber and Faber,1965。喜马拉雅山南麓的印度人也把 c 组念成 ts 组,见 H.A.Jäschke Tibetan Grammar,p2,Trübner & Company,1883。可参考罗常培:《梵文颚音五母的藏汉对音研究》,见《罗常培语言学论文集》,中华书局 1963 年版。

有音无字）：

ñ̄a 誐迎可切　ñ̄ā誐引　ñ̄i 嶷　ñ̄ī诣　ñ̄u○虞律切　ñ̄ū虞引　ñ̄e○倪止切　ñ̄ai○倪来切

ñ̄o○倪古切　ñ̄au○倪高切　ñ̄aṃ 岩　ñ̄aḥ 谔

ña 倪倪也切　ñā○倪夜切　ñi○倪逸切　ñī○倪志切　ñu○倪屈切　ñū○倪祛切　ñe○倪礼切

ñai○倪来切　ño 语上声　ñau 尧　ñaṃ○倪占切　ñaḥ○倪灼切

ñ̄、ñ都对疑纽，看不出有什么分别，大致的分野是ñ̄对一二等，ñ全对三四等字，可见今天许多方言古疑纽字逢齐齿呼读ȵ，在宋初就已见端倪，大概三四等字的i介音使ŋ的发音部位前移而导致这种结果。疑纽的音值上文已讨论（2.2.2），对ñ的字数极少，它应是个别现象。

泥娘两组施护能分清，n对泥组，ṇ对娘组，相混的极少，看来汴洛方言泥娘分用不成问题。根据前文讨论，娘是舌尖后鼻音，跟它相配的韵母都带有前元音，使得它的发音部位易前移变成n，这就是今天汴洛方音娘组读n的原因。

2.2.5 晓匣影喻的音值

晓匣都对h，可见已无清浊之别。它是个舌根清擦音。

影纽对零辅音，喻四纽对半元音y，有一个“孕”字iṃ（siddhiṃ悉提孕二合），“二合”表明对的只是韵母，可见两者有别，影纽是零声母，喻四是[j]，这样拟音两组也能分开，译音中有例证：i／ī对伊，yi对以。

2.2.6 轻唇音非组音值

梵文没有唇齿音，但p组对音中除发、腹两字外也没有出现非组字，可见轻重唇有分别，同期的其他很多材料都证明重唇、轻唇已分化。

看非组对音：非ph、bh；奉b、v；微b、v。梵文v来源有三：主体是半元音v，再就是根据“两元音之间的u变v”这一sandhi规则由u变来的，三是来自古吠陀语的b、v互换现象。在各种梵文字母表里，v都属于半元音，列于辅音类塞音后，它应该是一个擦音。对v的主要是微纽字，“吠嚩”两字按译音规则应算奉纽，看来奉纽是bv，微是v。考虑到“嚩”字，《正字通》入微纽，施护也作过“va嚩，无钵切，ve吠，无每切”这样的注音，《字源》全部用微纽字对v。唐玄奘译音中v只对奉、微两组，所以将微组改作w。与bv同部位的清音是pf，如果非是pf，那么用“发腹”对ph、bh也就可以理解了。

2.3 宋初汴洛方音声母系统

根据上文的讨论，宋初汴洛方音的声母系统如下（推测的加上括号）：

见[k]	溪[k‘]	群[g‘]	疑[ŋ ᵑg]	
照[ʧ]	穿[ʧ‘]	床禅[dʒ‘]		审[ʃ]
精[ts]	清[ts‘]	（从）[dz‘]	日[nz]	心[s]（邪）
知[ʈ]	彻[ʈ‘]	澄[ɖ‘]	娘[ɳ ⁿɖ]	
端[t]	透[t‘]	定[d‘]	泥[n ⁿd]	
帮[p]	滂[p‘]	並[b‘]	明[m ᵐb]	
非（敷）[pf]		奉[bv]		微[w]
影[ø]				晓匣[x]
				喻四[j]
				（喻三）
				来[l]

3 梵语元音和宋初汴洛方音的韵母系统

3.1 汉语的韵母系统

汉语韵母系统包括介音、主元音、韵尾三个层次，下面我们就从这三个方面来讨论施护译音所反映的汴洛音的韵母系统。

3.2 韵尾辅音的参差及弱化

先看下表（具体的对音情况请参考附录译音用字表，下同）：

《广韵》韵类	阳声韵	对开音节占本类字比率(两对的不计)	入声韵	对开音节占本类字比率	
				不计两对	计入两对
收唇诸韵	m、ṃ、n、ñ、ø	0	p、b、v	0	
收舌头诸韵	n、ṇ、ñ、ṃ、ø	2.4%	t、d、r、ṭ、ø	43%	75%
收舌根诸韵	n̄、ṃ、n、ñ、ø	8.3%	k、ḥ、ø	30%	45%

说明：梵文的鼻化音ṃ常随下一音节的开头辅音而变化，如逢k组辅音和ḥ变n̄，逢t组辅音变n。ñ常出现在c组辅音之前。“两对”是指既对开音节又对闭音节的字。

阳声韵对音比较整齐，虽然m尾有向n尾转变的趋势，而且三类韵尾都有不同程度的脱落现象，但还难以动摇-m、-n、-ŋ三分天下的格局。

北方方音鼻音尾脱落以及-ŋ变-n由来已久，施护译音如此，西夏文、藏文与汉语对音如此，还有很多材料都能证明这一点：①东汉佛经译音以rahula对罗云（云hul），以brhalphala对惟于潘（潘phal）；②从汉字谐声看，以an谐a的字很多，如：乱—亂，般—槃，酸—梭，番—皤，难—傩；③《汉书》卷九十“寺门桓东”如淳注：“陈宋之俗，言桓声如和”，张衡《东京赋》也有以“和”代“桓”的情形；④宋赵令畤（字德麟）《元微之崔莺莺商调蝶恋花词》有以“散眼懒郎惄便遣浅”押韵的例子（见《侯鲭录》卷五）；⑤《广韵》“何”字注：“音以韩为何字。”[①]

入声韵尾比较乱，将其简化一下就是：唇：-p、-b；舌头：-t、-d、-r；舌根：-k、-ʔ。其中收舌头、舌根尾都有不同程度的脱落，另外，施护以phaṭ译发吒半音，以ālolik译阿引卢力俱半音：“元音+ḥ”音节以收舌根尾字对，惟净多以短a对收舌头尾字。长a对歌戈麻诸韵字，可见舌头、舌根尾已不存在或读成喉塞音。考虑到同期的汉文材料这种纪录不多，我们认为-k尾、-t尾都已脱落，变为喉塞音，这样汴洛方音里传统的阴阳入相配整齐的格局被打破了。

3.3 介　音

3.3.1 颚介音

梵文i在元音中间变成半元音y[j]，在对音里，i都是作主元音，出现在三等韵里；带y的音节，如syā阇、sya舍、cyan煎、myan缅、dye提、dhyan钿，除后二字是四等外，其余都对三等韵，据此，我们认为汴洛方音三四等介音相同，读[i]。

3.3.2 合口介音

纯合口韵都对u、v，其中u只对主元音是u的韵，如鱼虞模东等韵，“辅音+v+元音”音节出现的情况是：

dvā堕／挼　svā莎　svā说　sve碎

“堕挼莎”是戈韵字，“碎”是队韵字，《广韵》均属合口，“说”是薛韵字，《广韵》属开合韵中的合口，可见纯合口韵（以u为主元音的韵除

① 此点蒙鲁国尧先生见告，特此致谢。

外)、开合韵中的合口都带有合口介音,我们将其订为[u]。

3.4 主要元音的音色及其变异

3.4.1 梵文元音的变换规则

梵文中最常见且最有规则的元音变化是guṇa和vṛddhi,它们常发生在词的派生和屈折形式中,即词根中的元音原始形式(轻音形式)在正常重音形式guṇa和强重音形式vṛddhi中的变化,详列如下:

原始形式	a	i	u	ṛ
guṇa	ā	e	o	ar
vṛddhi	ā	āi	āu	ār

弄清这个变化规则,对下文的对音说明很重要。

3.4.2 梵文元音a、ā的对音

对汉语的韵有果假江宕咸山曾七摄。

a、ā是梵文复现率最高的元音,据Whitney统计,占全部音节的30%。复现率过高,易导致元音音色的改变。关于它们的音值,西方学者认为是同一元音的长短之别,金克木先生考证后认为,其实际发音是[o](实是[ɔ]或[ɒ])和[ɑ],或是[ʌ]或[ə]和[ɑ]。[①]在施护译音中,它们被当做一对长短音,从果假两摄上看不出它们的分别。照音理,果摄对a,假摄对ā,《字源》大体反映了这种格局:ā主要对假摄,a对果摄和山摄入声,与《声音倡和图·正声图》第一图第一位以"多可个舌"同列相同。据此,定歌戈为[ɒ],麻为[a],即一等是ɒ,二三等是a,施护以oṃ对唵、moṃ对𫓧可证。这个结论也符合山咸江宕四摄。

山摄七韵在同期的韵文里通押,赵令畤(德麟)《元微之崔莺莺商调蝶恋花词》以"惯看断管远遍鸾雁绻乱,殿间乱盼见便散浅怨"为韵可证,另外,先仙都对-ya-,可知四等也是a。

宕江摄。江摄本无字,从"kaṭaṃ揭鸧吒江切、kharāṅgi佉啷啰江切疑"这两个改读上,可知宕江摄读同一类。江韵《四声等子》、《切韵指南》均分开合,与《韵镜》不同,可能与它的主元音[ɒ]具有圆唇性质有关。两摄的入声,《字源》混对aḥ,并且以bo对摸,可见这三韵已读同一类而音色近铎,据此将两摄入声拟为[ɒ]。

① 见金克木:《印度文化论集》,中国社会科学出版社1983年版,第259-260页。

3.4.3 梵文i元音的对音

止摄、臻摄真欣两韵都对i，看来它们的主元音是i，梵文ś、j常常带i音色，所以深摄主元音也是i。对i的还有梗摄青韵，其中“并铭经”三字均带有以“孕”为切下字的反切，表明青韵读同曾摄，曾摄是a、i两对，可见曾摄应是ə，青韵是i，庚耕清韵可以是e。

3.4.4 梵文e元音的对音

对e的主要是蟹摄齐祭韵。另外，这两韵和止摄都出现了不少i、e两对的字，而且“体髻诣”三字只对i，“智至”只对e，这虽然可用3.4.1的元音变化来解释，但汉语元音没有guṇa规则，前代的e至宋初有可能读i。对音能证明：ki枳/髻，thi地/体，gī儗/诣，更能说明问题的是ghoṣe驱使史曳切，kharañgi佉嘲疑疑闟切，之祭互注，可见音近。由于对音中没有出现合口字，所以仍将齐祭韵合口单列，读e。

3.4.5 梵文ai元音的对音

ai对灰咍泰废四韵。有几个例外：sve碎，ṣe晒，ṭī𪍿，这从元音变化上可以得到解释，而且梵文e与ai字形上极其相似，抄手误写不可避免，《字源》正是ṣai对晒，ṭai对𪍿。另，废韵《韵镜》与微同列，译音表明它们有别：vaiśra吠无每切室罗二合，可见废与贿同，与微别。

3.4.6 梵文u元音的对音

出现的韵是通摄、流摄、遇摄及臻摄的谆文魂三韵。

臻摄。谆文魂对u，主元音当是[u]，真欣是[i]（见3.4.3）。痕对a，纥韵对ī，臻对e、i，看来臻痕主元音是[ə]。

遇摄与流摄。遇摄对u、o，而u占绝对优势，流摄也对u，除“母”字外，均系沿译，看几个改译的例子：

utpala优钵罗/乌怛钵攞　asura阿修罗/阿苏哩（asurī）

“优修”是流摄字，“乌苏”是遇摄字，可见宋代遇摄是u，而流摄不是u。玄奘译音表明唐代流摄是ou，ou与u、o音色都相近，所以宋代流摄也是ou。“母”字对u，凡七见，都出现于咒语中，大概宋初流摄唇音字已读为u。

3.4.7 梵文au元音的对音

译au的有宵、效、号三韵，有个例外：bodhi冒地，bo对冒，这是元音变化所致，而且梵文o、au字形极相似，偶尔疏忽是可能的，《字源》正是以mau对冒。

效摄四韵唐元结《五弦弹》诗互押，宋代汴洛文人诗文混用不分，《字源》au元音也是这四韵混对，可证宋初效摄读同一类。

3.5 汴洛方音韵母系统

ɒ/a类

ɒ(歌)　uɒ(戈)　a、ia、ua(麻)

ai类

ai(咍皆泰废佳夬)　uai(灰皆泰废佳夬)

au类

au(豪肴)　iau(宵萧)

i类

i(支脂之微、齐祭开口)　ui(支脂微)

e类

iue(齐祭合口)

u类

u(模)　iu(鱼虞)

ou类

ou(侯)　iou(尤幽)

ɒn/an类

ɒn(寒)　uɒn(桓)　an/uan(删山)　ian/iuan(元先仙)

ɒŋ/aŋ类

ɒŋ/uɒŋ(唐江)　iaŋ/iuaŋ(阳)

ɒm/am类

ɒm(覃谈)　am(咸衔)　iam(盐添严凡)

in类　in(真欣)

iŋ类　iŋ/iuŋ(青)

im类　im(侵)

ən类　ən(痕臻)

əŋ类　əŋ/uəŋ(登)　iəŋ(蒸)

eŋ类　eŋ/ueŋ(庚耕)　ieŋ/iueŋ(清)

un类　un(魂)　iun(谆文)

uŋ类　uŋ(东冬)　iuŋ(东钟)

ɒʔ/aʔ类

ɒʔ(曷铎烛觉) uɒʔ/(末铎烛觉) iɒʔ/iuɒʔ(药)

aʔ/uaʔ(黠) iaʔ/iuəʔ(月薛屑)

ɒp/ap类

ɒp(合盍) ap(狎洽) iap(业帖叶乏)

iʔ类

iʔ(质迄锡) uiʔ(锡)

ip类

ip(缉)

əʔ类

əʔ(德栉) uəʔ(德) iəʔ/iuəʔ(职)

eʔ类

eʔ/ueʔ(陌麦) ieʔ/iueʔ(昔)

uʔ类

uʔ(屋沃没) iuʔ(屋烛术物)

4 从对音看汴洛方音声调的长短

从梵汉对音来考察汉语的四声是极其困难的,因为梵语、汉语毕竟是两种语言,汉语以声调为其显著特征,梵语以轻重音为特征,因此不可能从对音中观察到汉语声调的具体情形,而只能窥测其大致面貌。

长短:施护译音用字共376个,四声的分布是:平声138,上声82,去声84,入声72。各调中对译长元音的情况是(不含既对长音又对短音的音节):平声28,上声14,去声25,入声7。从四声对译长音节占长音节总字数的百分比看,各调音长的排列顺序是:①平声,②去声,③上声,④入声。这个顺序同《字源》译音一致:长音多用平去声字对,而短音多用入声字对。

本文的译音材料几乎全是密咒,它们的具体意义今天已无从知晓,导致划分这些密咒音节困难重重,因此汉语声调的高低、升降也就无从讨论,只好阙如。

5 余 论

5.1 一般表现

上面通过对施护译音材料的分析研究，宋初以汴洛方音为代表的北方方音的声韵调系统也就有了一个大致的轮廓。我们不难发现，这个系统是唐代汴洛音的直接发展，主要表现在：①

声母方面，唐代照组二三等有别，而宋代合而为一；唐代轻唇音奉纽是浊擦音 v，而宋代是浊塞擦音 bv；唐代影纽是喉塞音，宋代已丢掉喉塞成为零声母。韵母方面，唐代三类入声塞音尾虽有脱落，但没有丢失，至宋代只剩两类，-p 尾保存完好，-t 尾、-k 尾合一变为喉塞音，而且宕摄、梗摄青韵阳声韵尾有脱落现象；唐代重纽三四等的区别表现为重纽三等有[ɻ]介音，而宋代已不复有这种区别；唐代主元音四等音色有别，而宋代四等的界限已混淆，已能看到《中原音韵》十九部的大致框架。这些差异，正反映了汴洛方音在唐宋时期的演化。

5.2 个别现象

宋代个别语音现象从唐代的汴洛音上找不到根据，并且在后来的《中原音韵》系统上也没有留下痕迹，相反却与唐代的长安音类似，如宋代全浊声母送气，鼻音有塞音成分，导致这种参差的原因很复杂，下面做一点粗浅的探讨。

5.2.1 宋初的唐代遗风

自赵匡胤建立宋朝以来，深感唐末五代祸乱频仍渊源于藩镇割据，于是采取扬文抑武的策略。虽然没有一点文治基础，但还是连开科考，中榜之士即予授官，但无奈污垢方浓，荡涤难净。政治、思想、文化等领域依然承袭着唐人传统，带有宋代烙印的学术思想、时代精神到真宗时才培育形成。从这一点推测，宋初汴洛人说的话也可能带有唐代特征。

① 唐代汴洛音据玄奘译音系统，见施向东：《玄奘译著中的梵汉对音研究》，北京师范大学硕士论文，1982年；长安音据不空译音系统，见刘广和：《不空密咒与唐代八世纪长安音》，北京师范大学硕士论文，1982年。

5.2.2 长安的地位更替

唐末残破最甚的要算黄河以南的唐代两京地区，而长安是周秦汉唐诸朝最昌盛繁华的地方，不但是各朝的政治中心，而且也是中国文化的集大成之地，至唐末破败，再难恢复往日的地位。五代时，中国的政治文化中心被迫东移，导致长安方音失去其往日交际标准语的地位，而为汴洛方音所取代，在这种替代的过程中，长安音肯定在汴洛音中留下了自己的影子。

5.2.3 大规模的人口迁移

据《旧唐书·昭宗纪》记载，天复三年底(904)，朱全忠强劫昭宗和后妃公主、百官赴洛阳，“令长安居人，按籍迁居，撤屋木，自渭浮河而下，连甍号哭，月余不息”，长安自此成为废墟。如此众多的人迁往洛阳，长安音势必给汴洛音以直接影响(隋唐两代洛阳均为陪都，这两个方言大概没有天壤之别)。

5.2.4 众多的民族接触

纵观五代诸朝，连年征战，造成人口的频繁迁移，同时地处西部边陲的吐蕃、北部的契丹、女真渐渐发达起来，与中原汉人时战时和，交往频繁，建立后唐的李存勗、后晋的石敬瑭、后汉的刘知远就是沙陀族(西突厥的一支，据有河北)人。在当时的中原地区，各民族杂居，新旧《唐书》均有迁胡人于关内、迁高丽人于山东的记载。人口迁移和民族接触必然导致不同的语言或方言间不同程度的融合，这我们可以在少数民族语言的发展中得到印证：壮语武鸣话央元音ə是借入汉语后增加的；由于汉语的借入，景颇、傈僳、哈尼、佤、苗等族语言出现了唇齿清擦音f；-p、-t、-k等塞音尾是受壮语影响才产生的。

附　录

译音用字表

通　摄

东 muṃ 矇 ruṃ 哢 huṃ/hūṃ 吽《字汇补》晓东切

送 tu 冻 uṃ 瓮

屋 mu/muk 目 bho 腹 rū/rūḥ 嚕 kṣo 閦

宋 cūṃ 综

沃 nu/du 耨

钟 kuṃ$_k$ 恭/供

烛 yuk 欲

江　摄

江 ṭaṃ$_k$ 鵮$_{\text{吒江切}}$ rañ 啷$_{\text{啰江切}}$

止　摄

支 ghi/ghī 祇 ci 支 pāy/pi 卑 mi 弥 si 斯

纸 ki/kī 枳 ji/jī 哜 ja 尔 ṇi/ṇī/ṇe/ḍi 抳 mi/me 弭 vyā 哔

置 ṭe 智

之 gi 疑 kṣī 嗤

止 gi/gī/ge 儗 gi/ge 拟 ci 止 ni/nī/ne/di/dī 你 ṣe 使 si/se 枲 ṣi 始
史 yi 以

志 rī/re 哩

脂 ṭi/ṭe 胝 ṭhi 絺 ṇi/ṇī/ṇe 尼 bhi/bhī/vai 毗 re/li 梨 śi/ṣi 尸 i/ī 伊

旨 pi 比

至 ṭi/ṭī/ṭe 致 ṇī 腻 thi/dhi/dhī 地 dhe 至 bhī/bhe 鼻 hi/hī/he 呬
rī/li 利

微 vi 微

尾 vi/vī/ve 尾

遇　摄

语 ṇu 哝

虞 ku/ko 俱 ghu/ghū/gho/khu 驱 ghū/gho 躯 go 瞿 gu 虞 śu/śū/
śo 输 śo 殊 su 须 yu 俞 yū 瑜 yū/yo 踰

麌 kho/gho 龋 ku 矩 ṭo 跓 ṣo 数

遇 gho 具 śu/śū 戍 yu /yo 喻

模 ku/ko 酤 gv 吾 bhū 菩 mū/mo 谟 su/sū/so 苏 lu/lū 卢 hū 呼
u 乌

姥 khu 苦 gu 五 co/ju 祖 jo 咀 tu/to 睹 nu/du 努 pu/pū 补 phu/
pho/bhū 普 bhu/bhū 部 ru/rū/ro 噜 lu 鲁 hu/hū/ho 虎

暮 pu/pū 布 bhū 步 dhu/dhū 度 hu/ho 护 su/sū 素 lo 路

蟹　摄

齐 ge 倪 che 妻 dhye/dhi 提 ne 泥 lī/le 黎 lī/le 嚟 hi/he 醯

荠 ti/tī/te 底 thi 体 di/de/ne 祢 dhe/thi 弟 bhe 陛 li/le 礼 se 洗

霁 kī/ke 计 ki 髻 khe 契 gi 诣 ce 济 che 砌 te/ti/tī 帝 pi/pī/pe/vi 闭 li/re 丽 li/le/re 隸隷 se 细 e 翳噎

祭 gi 疑$_{疑厕切}$ ji 吢$_{仁际切}$ ye/yai 曳 śe/śai 势 se 使$_{史曳切}$

泰 tai 带 rai/lay/le 赖

灰 bhai 陪

贿 mai 每

队 may 昧 sve 碎

咍 gai 皑

海 nai 乃

废 ve/vai 吠

卦 śe/ṣe 晒

皆 ṭī 觫

臻　摄

真 pin 宾 bhin/viṃ 频 chin 亲

轸 kim$_c$/kiṃ$_n$ 紧

震 sin 信

质 ki 吉 ci 质 cit/ci/cik 唧 j- 日 pi 必 phi 疋 mit 密蜜 si/sid 悉 kṣi 叱 ṣit/śi/śe 室 rit 栗

术 śud 秫 śu 率

文 kuṇ$_ḍ$ 军

物 ghuṭ/ghud 屈

栉 ṣi/ṣe 瑟

恨 han 恨

迄 kī/ke/kit 讫 ki 乞 gī 屹 gi/ge 仡

魂 cun 尊 hu 昏

恩 puṃ/puṇ 奔 suṃ$_b$ 逊

没 kū/ko/kūḥ 骨 de/dā 讷 bud/b- 没 hī/hīḥ 纥 su/sut 窣 tu 咄

山　摄

寒 kan 乾 tan 单 dan 檀 rān 囒 an 安

旱 saṃ$_j$/san 散 haṃ 罕

翰 can/can$_d$ 赞 tan/tān 旦 nan/nāñ$_c$/dan/naṃ$_d$ 难

曷 kar/kār 葛 ta 怛 dar/dha 达 da 捺 sar/sa 萨 ha 喝

桓 man/mañ$_j$ 曼

缓 bhaṃ$_j$ 伴 man/māṃ/van 满

换 pān/paṃ/paṇ$_d$/pāñ$_c$ 半 bhañ 畔

末 ca/cat 拶 pa/pā/par/va 钵 pa 跋 ma/mva/va 末 va 嚩$_{\text{无钵切}}$

删 mān 鬘

潸 nan/nāṃ 赧

黠 ṣaṭ 杀

鎋 kṣa/kṣat 刹

阮 van 晚

愿 kan/kaṇ 建 kan 健

月 ka/kar 羯 ka 揭 gar 竭 phaṭ 发

先 ñan 研

霰 dhyan 钿

仙 gan/gaṇ$_d$ 巘 can 旃 cyan 煎 myan 缅 yan 延 yāṃ 演

线 gan/gaṃ$_d$ 彦 śān 扇

薛 kha 朅 $_a$sva/śvā 说 śa/śā/śat 设

效　摄

宵 kau/gau 憍

效 dau 闹

号 bo 冒 au 奥

果　摄

歌 ka 哥歌 ga/gā 諴 tsa/tsya/cha 蹉 ta/tā 多 tha/thā 他 dā 傩 dha /dhā 驮陀 nā 那 ba/va/ vā 嚩 hā 何 ha/hā 诃 la/lā 罗攞逻 ra/ rā/lā/ro 啰 a/ā 阿

哿 ca/cā 左 ja/jā 惹

箇 na/nā/da/dā 那 ha/hā 贺

戈 ka/kā 迦 kha/khā/ga 佉 gha/ghā/ga 伽 dvā 捘 pa/pā 波 pa 跛 bha/bhā 婆 ma/mā/va 摩 ma/mā/bā 麽 ma 磨/魔 sve/svā 莎 sa/sā/so 娑 sa 傞

果 tva 埵 dvā 堕 pha/bha 颇

过 pa/pā 播

假　摄

麻 ca 遮此系沿译，如T18-470vairocana毘卢遮那，T18-485改译吠鲁左 ka/kā 迦 ḍa/ḍā/ṇa/ṇā 拏 ḍa 茶 ṣā/śa 沙 syā 阇 śa 奢 ya 耶 kṣa 叉

马 śa/śya/śā/ṣa 舍 sya 写 ṣa/ṣā 洒 ya 野 ya/yā 也

禡 ṭa/ṭā 吒 ṭa/ḍa/ṭha 姹 ya 夜

宕 摄

阳 śaṃ$_{k}$/śañ 商 jaṃ 攘

养 va/vaṃ$_{k}$/vām$_{k}$ 罔 vaṃ$_{t}$ 网 ṣañ 爽

药 jaḥ 弱 ja 若 śak 烁 yak/yaḥ 药

唐 kaṃ/kāṃ 岗 khañ 康 gañ 昂 thān 汤 ma 忙 yaṃ$_{k}$ 炀 hān/haṃ/hāṃ 欣

荡 na/nā/nāṃ 曩 maṃ$_{k}$ 莽 rañ 哴

宕 khaṃ 亢 pañ/pān 谤 ā/añ/aṃ 盎

铎 cak 作 dak 诺 pāk 膊此字韵书皆作滂纽，不当作p，今普通话念bó，或许当时口语已有此音。今北京念[p'u]。 bha 薄 ma 莫 lak 洛 aḥ 恶 haḥ 郝

曾 摄

蒸 piñ冰 kṣaṃ 称 liñ/rī 凌 liñ 陵

证 gañ 殑 hiṃ$_{g}$ 醯呬孕切 iṃ 孕

职 li$_{k}$ 力 śik 识

登 taṃ$_{g}$/tan 灯 daṃ 能 mba 瞢 saṃ$_{s}$/sañ 僧 lañ 楞 haṃ 恒

嶝 dhāñ 邓

德 da 特 ta/tak 得 sak 塞

梗 摄

劲 piñ 并并孕切，依反切当入证韵，出现一次

青 kiṃ 经 min/me/mi/mbe 铭名孕切，依切当在证韵，不过都只出现一次 d-/dh- 亭 n- 宁 liṃ 零

迥 tiṃ 顶 ni/nī/ne 顊

流 摄

尤 su 修 u 优

有 śu/śū 首

侯 tū 兜 nu/du 耨 dhu 头

厚 bu/mu/mbu 母

候 hu 睺

深　摄

缉 śv 湿 jv 入

咸　摄

覃 nāñ$_c$ 南

感 jam/cañ$_c$ 昝 mān/maṃ/mañ$_j$/moṃ 鋡 oṃ 唵

勘 ha/ham 憾 aṃ 暗

合 sap 飒

谈 sa/sam 三 lam 篮/蓝

敢 ra/ran/raṃ/rāṃ/rān 囕 raṃ/rāṃ/lam 览

阚 tam/taṃ 担 tan/tam 啗

叶 syap 叶 śab 摄

艳 yam/yān/ya 焰

衔 ṣaṃ 衫

业 kap 劫

范 vān/van/vāṃ 鋄

梵 kam/kaṃ/kan/kān 剑 khaṃ 欠

（原载谢纪锋、刘广和主编《薪火编》，山西高校联合出版社 1996 年）

第二部分
梵汉对音与汉语方音史

唐代的秦音与吴音

一个朝代必有其通语，其内部亦必存在区域性方言，这是共识。唐代亦不例外，有通语，有方言。《唐国史补》卷下："宋济老于文场，举止可笑，尝试赋，误失官韵。"《北梦琐言》卷九："（温庭筠）工于小赋，每入试，押官韵作赋，凡八叉手而八韵成。""官韵"的语音基础应该就是所谓的通语。

唐代的方音，由于年代相隔久远，材料匮乏，要弄清其具体的语音系统，势已不能。我们从一些零星的记载中，能强烈感受到方音的差异。司空图《漫书五首》之一："长拟求闲未得闲，又劳行役出秦关。逢人渐觉乡音异，却恨莺声似故山。"秦关当指函谷关，关东与关西方音有异。岑参《奉陪封大夫宴》："座参殊俗语，乐杂异方声。"刘长卿《至德三年春正月时谬蒙差摄海盐令》："地僻方言异，身微俗虑并。"白居易《和微之春日投简阳明洞天五十韵》："语言诸夏异，衣服一方殊。"各地的方音不同。李白《示金陵子》："楚歌吴语娇不成，似能未能最有情。"韦应物《鼋头山神女歌》："舟客经过奠椒醑，巫女南音激楚歌。"刘长卿《送崔载华张起之闽中》："旅食过夷落，方言回越音。"皇甫冉《同诸公有怀绝句》："移家南渡久，童稚解方言。"白居易《东南行》："夷音语嘲哳，蛮态笑睢盱。"刘驾《久客》："南音入谁耳，曲尽头自白。"许棠《寄睦州陆郎中》："海涛通越分，部伍杂闽音。"南北语音有别。章孝标《初及第归酬孟元翌见赠》："每登公宴思来日，渐听乡音认本身。"贺知章《回乡偶书》："少小离家老大回，乡音无改鬓毛衰。"李商隐《昭州》："乡音殊可骇，仍有醉如泥。"故乡与他乡音异。

唐代的方音差别，谈得最多的还是所谓的秦音与吴音。顾名思义，秦音就是关中音，吴音就是江左一带的方音，但其究竟是什么，唐人已不得其详，今人虽多有论述，其结论亦在疑似之间，我们有必要对其渊源做一番仔细的探讨。

1 中古吴音的源流及其实质

吴音作为一种术语，最早出现在姚秦佛陀耶舍译《虚空藏菩萨经》（大正13:647-656）密咒中：

博叉底都履反隶吴音读之（<*pakshadile，p.654）

博厕初器反娑迷莫隶反，吴音读之（<*pakshisame，p.655〉

佛陀耶舍于弘始十二年（410）开始译经，《高僧传》云：“耶舍后辞还外国，至罽宾得《虚空藏经》一卷，寄贾客，传与凉州诸僧。”此经，各本大藏经、《出三藏记集》、吕澂《新编汉文大藏经目录》均署佛陀耶舍译。稍后梁扶南三藏僧伽婆罗译《孔雀王咒经》多次出现“吴音同”、“吴音”的说法，如 culudhumdhuma 周漏团吴音同头摩（449），bṛhaspati 毗里害吴音同波底（450，参考 bṛhadratha 毗梨害呼害反罗他），kuti 己吴音同底（457），arada 罗夺吴音（458）。

汉文文献最早提到“吴语（音）”的是刘义庆《世说新语·排调篇》、《宋书·顾琛传》、《南齐书·王敬则传》。陈寅恪曾据此论定东晋南朝士族操北语，庶人操吴语，北语为洛阳近傍之方音，此已成定谳。[1]此期之吴语，何大安以为有四个层次：①非汉语层；②江东庶民层；③江东文读层；④北方士庶层。[2]

到了唐代，吴音成了士人的热门话题。杜甫《遣兴五首》：“贺公雅吴语，在位常清狂。”刘长卿《初贬南巴至鄱阳题李嘉祐江亭》：“稚子能吴语，新文怨楚辞。”又《戏赠干越尼子歌》：“云房寂寂夜钟后，吴音清切令人听。”顾况《南归》：“乡关殊可望，渐渐入吴音。”王昌龄《题净眼师房》：“朱唇皓齿能诵经，吴音唤字更分明。”孟郊《寄义兴小女子》：“家中多吴语，教尔遥可知。”又《送李翱习之》：“新秋折藕花，应对吴语娇。”又《送淡公》：“开元吴语僧，律韵高且闲。”李贺《荣华乐》：“乱袖交竿管儿舞，吴音绿鸟学言语。”白居易《过李生》：“何以醒我酒，吴音吟一声。”郑谷《江行》：“殷勤听渔唱，渐次入吴音。”

① 陈寅恪：《东晋南朝之吴语》，《史语所集刊》1936年7本第1分；《从史实论切韵》，《岭南学报》1949年第9卷。

② 何大安：《六朝吴语的层次》，《史语所集刊》1993年64本第4分。另参何大安：《刘宋时期在汉语音韵史上的地位》，《中国境内语言暨语言学·历史语言学》，台湾“中央研究院”1994年。

德宗宫人宋若华《嘲陆畅》诗序云："云安公主下降，畅为傧相，才思敏捷，应对如流，六宫大异之。畅吴音，以诗嘲焉。"诗云："双成走报监门卫，莫使吴歈入汉宫。"《云溪友议》卷中"吴门秀"条云："陆郎中畅早耀才名，辇毂不改于乡音。自贺秘书知章、贾相耽、顾著作况，讥调秦人，至于陆君者矣。"陆畅，浙江湖州人。畅说吴语，为宫人所轻，但尚可以吴语与北人交际。

崔致远《谢探请料钱状》："某顷者西笑倾怀，南音操著。蓬飞万里，迷玉津之要路通津；桂折一名，作金榜之悬疣附赘。"崔氏高丽人，年十二入长安求学，十八登进士第，除宣州溧水尉，后入高骈扬州幕。南音亦当指吴音，于吴地做官，即说吴语，亦见吴语不受士人排斥。唐天台沙门湛然《法华文句记》卷二："'出内'两字，江南多分去声呼之，非无所以。若人之出入，'出'字可从入声；人之所运，可从去声。'内'字南北二音义同。但恐滥内外，故从南音。"(T34，181a)此处"南音"，显然指吴地之音。

到晚唐，文人将《切韵》视同吴音，李涪《刊误》卷下"切韵"条云："然吴音乖舛，不亦甚乎？上声为去，去声为上。"[①]赵璘《因话录》卷五："又有人检陆法言《切韵》，见其音字，遂云：'此吴儿，真是翻字太僻！'"苏鹗《苏氏演义》卷上云："陆法言著《切韵》，时俗不晓其韵之清浊，皆以法言为吴人而为吴音也。"麻杲《切韵》"母"下云："美沽反，古切韵用吴音作莫厚反。"孙光宪《北梦琐言》卷九云："广明以前，《切韵》多用吴音，而清青之字不必分用。"但这两类吴音当不是同一概念。

但这时吴语是什么，似难定论。按上引陈寅恪、何大安两人的看法往下演绎，似应是东晋洛阳近傍之方言（北方士庶层）与江东庶民层、江东文读层融合发展而来的（何大安以为仅是北方士庶层与江东文读层的交融），即《颜氏家训·音辞篇》所云"南染吴越"者也，亦即南朝通语。张籍《永嘉行》诗云："北人避胡多在南，南人至今能晋语。"即是明证。后来，陆法言撰《切韵》，大量吸收了南方通语的成分，《封氏闻见记》"声韵"条云："隋朝陆法言与颜魏诸公定南北音，撰为《切韵》。"但《切韵》与唐代语音已有较大差异，所以"属文之士苦其苛细。"由于唐人无法认识到语音是不断发展变化的这一客观规律，《切韵》也

① 参李荣：《论李涪对〈切韵〉的批评及其相关问题》，《中国语文》1985年第1期。

就自然被斥之为吴音。不过，这也告诉我们一个事实：唐代的吴语可能有很多语音成分与《切韵》系统相同，而且北方文士对此也比较熟悉。

2 中古秦音的源流及其实质

秦即关中地区，据研究，[①]先秦时期其方音与中原地区差异颇大，《说文》"眪"字条云："目偏合也。一曰衺视也，秦语。"汉扬雄撰《方言》，常以"秦晋"连言，郭璞《注》则以"关西"替之。《三国志·乌丸鲜卑东夷传》："其(指辰韩)言语不与马韩同，名国为邦，弓为弧，贼为寇，行酒为行觞，相呼皆为徒，有似秦人，非但燕齐之名物也。"关中作为一个方言区，当无问题。姚秦鸠摩罗什译经中常出现"秦言某"这一说法，不过说的都是词汇，没有提及语音上的区别特征。

李斯《谏逐客书》云："夫击瓮叩缶，弹筝搏髀而歌呼呜呜快耳者，真秦之声也。"杨恽《报孙会宗书》云："家本秦也，能为秦声。妇，赵女也，雅善鼓瑟。奴婢歌者数人，酒后耳热，仰天拊缶而呼乌乌。"(《汉书》卷六六)《太平广记》卷490引《三水小牍》云："临淮武公业，咸通中任河南府功曹参军。爱妾曰非烟，姓步氏，容止纤丽，若不胜绮罗，善秦声，好文笔，尤工击瓯，其韵与丝竹合。"《酉阳杂俎》前集卷十二："宁王尝猎户县界，搜林，忽见草中一柜，扃锁甚固，王命发视之，乃一少女。问其所自，女言姓莫氏……莫才人能为秦声，当时号莫才人啭焉。"说的都是秦地的歌曲、音乐很特殊，方言因素恐怕是其形成原因之一。

真正说到"秦音"的，还是出现在唐代。《博异记·刘方玄》："唯闻厅西有家口语言啸咏之声，殆不多辨，唯一老青衣语声稍重，而带秦音者。"敦煌写卷《禅门悉谈章》序云："又嵩山会善沙门定惠，翻出《悉昙章》，广开禅门，不妨慧学，不著文字，并合秦音。"《俗流悉昙章》："夫《悉昙章》者……唐国中岳释氏沙门定惠法师翻注，并合秦音。"两书均见《敦煌曲校录》，饶宗颐断其为玄宗开元、天宝间物。[②]但此处"秦音"恐不是指关中方音，鸠摩罗什《通韵》云："大秦小秦，胡梵汉而超间

① 参周振鹤、游汝杰：《方言与中国文化》，上海人民出版社1986年版。

② 饶宗颐：《梵学集》，上海古籍出版社1993年版，第205页。

……或作吴地而唱经，复似婆罗门而诵咒……胡音汉音，取舍任意。”秦与胡梵汉相对，又以胡汉相对为言，胡梵泛指佛经原典，秦指姚秦之秦，是国号，可知“秦音”义同汉音，非指关中方音，而是与梵语相对的汉语。从诵经以吴梵对举来看，秦音当是指北方通语。外国僧人入华译经，必先学汉语，他们对汉语的称呼都是采用国号。在《高僧传》里，我们可以看到汉言（语）、晋言（语）、宋言、秦言、梁言等说法，隋称隋言，唐称唐言、华言。所以我们在佛教典籍里看到的“秦言（音）”皆不是指关中方音。

景审《一切经音义序》云：“古来音反多以傍纽而为双声，始自服虔，元无定旨。吴音与秦音莫辨，清韵与浊韵难明。至如武与绵为双声，企以智为叠韵，若斯之类，盖所不取。近有元庭坚《韵英》及张戬《考声切韵》，今之所音，取则于此。”

学者多据此序认为，秦音即关中音，《韵英》、《考声切韵》为秦音著作，《慧琳音义》用关中音作注。将秦音等同于关中音，认为从《慧琳音义》可考见唐代关中方音，我们认为是不妥当的：[①]

第一，从慧琳音义全部反切看，“指明《韵英》反切者，不过千百分之一。在引用《韵英》反切时，又必与《切韵》反切对举，并分说这是秦音，那是吴音”。[②]如慧琳音即秦音（关中音），则不必在与吴音对举的情况下才出现，如卷17“觜星”条：“子移反，吴音；醉唯反，秦音也。”“堆阜”条：“下扶久反，吴楚之音也，《韵英》云音扶武反”（卷12）；“下扶有反，吴楚音也；《韵英》音扶武反”（卷41）。但也有例外，卷14“矛矟”条：“上谟侯反，《韵英》云暮蒲反。”没有指明“谟侯反”为吴音。

第二，慧琳音义引《考声切韵》释义者常见，却无一次引用其注音。安然《悉昙藏》所引武玄之《韵诠》五十韵头与《切韵》的差别仅在于无脂殷痕删衔凡六韵，而多“移岑”两韵，与慧琳音义颇不相同。

第三，景审序云：“大略以七家字书释谊。”自注：“七书谓《玉篇》、《说文》、《字林》、《字统》、《古今正字》、《文字典说》、《开元文字音义》。”从书中看，亦间取七书之音。“浮囊”条：“附无反，《玉篇》音扶尤反，陆法言音薄谋反，下二皆吴楚之音也。”（卷7）“上音符，又音符尤反。”

① 以下例证皆引自姚永铭：《慧琳音义语言研究》，浙江大学博士学位论文，1999年。另参周法高：《玄应反切考》，《史语所集刊》1948年20本。

② 黄淬伯：《唐代关中方言音系》，江苏古籍出版社1998年版，第3页。

(卷3)

第四,被慧琳斥为吴音的音读又常见于自己的注音中,如尤侯韵唇音字读入虞模,慧琳视之为秦音,否则即被斥为吴音,但音义里尤侯韵唇音字以本韵字作切下字的比用虞模韵字作切下字的要多得多,这表明他无法排除吴音的干扰:卷84“枹鼓”条:“上音附牟反,亦音芳无反,并秦音……枹字吴音伏不反,不音福浮反,在尤字韵中,与浮同韵。”卷95“枹加”条:“上房牛反。”

第五,音义里“吴音”又多以“吴楚之音”、“江外吴地”、“淮南音”、“江南音”、“吴会间音”替之,而“秦音”又可称之为“北人(音)”、“中国”、“关中”、“关西”、“北土”。如:

齩:卷42“狗齩”条:“五狡反,中国音也;又下狡反,淮南音也。”卷49“贪齩”条:“五狡反,中国音也;又下狡反,江南音也。”卷71“齒堯足”条:“又作齩,同五狡反……关中行此音;又下狡反,江南行此音也。”据此,“关中”与“中国”同,“江南”与“淮南”同。

揣:“抟食”条:“音都果反,北人行此音,又初委反,江南行此音。”又卷72:“《论》文作揣……音初委反……江南行此音;又都果反……关中行此音。”卷70“揣触”条:“初委反,……江南行此音,又音都果反……北人行此音。”“关中”与“北人”同。

从以上几点看,秦音不等于关中音,与吴音代表南方通语一样,它是指北方通语。(薛能《送冯温往河外》“秦音尽河内,魏画自黎阳”可证。)卷37“草篆”条:“传恋反……时俗号为操篆,非雅言也。”卷53“搦取”条:“上女厄反……前音义音为女革反,盖乡音,非正音也。”可见慧琳所取是“雅言”、“正音”而非方音。即使中唐以后通语基础方言是关中方音,但关中方音仍不完全等同于通语。

3　秦音与吴音的差异

中古南北通语虽然相互交融,但两者的区别仍是明显的。根据玄应、慧琳二人的音义与唐人笔记,我们可以知道一些大致情况。

声母方面,南方轻重唇不分,船禅、从邪不分,北方则有别。景审序慧琳书云:“武与绵为双声……盖所不取。”

韵母方面,差别较大:

①尤侯韵唇音字：

北方读同虞模韵，南方仍同《切韵》；东韵系唇音三等字，北方读同一等。慧琳音义（以下简称琳音）卷29“苜蓿”条：“上音目，……陆氏《切韵》等音莫六反，今不取也。”

②止摄与蟹摄：

髀：蒲米反，北人行此音，又必尔反，江南行此音（玄应卷2、14，琳音卷2、9、59、70、72）。北方读荠韵，南方读止韵。《王三》卑婢反，与南方同。

晒，郭璞音霜智反，北土行此音，又所隘反，江南行此音。（琳音卷59）北方读寘韵，南方读卦韵。《王三》所寄反又所卖反。

③一二等与三四等：

劈，匹狄反，关中行音，《说文音隐》披厄反，江南通行此音也。（玄应卷14）北方读四等锡韵，南方读麦韵二等。《王三》普激反，与北方同。

江南谓水派为埝，音乃点反，关中奴感反。（玄应卷16）江南读四等忝韵，北方读一等感韵。《王三》乃簟反，与南方同。

髯，而甘反，江南行此音；如廉反，关中行此音。（玄应卷19）南方读一等谈韵，北方读三等盐韵。《王三》汝盐反，与北方同。

鞘，江南音啸，关中音笑。（玄应卷17）南方读四等啸韵，北方读三等笑韵。《王三》私妙反，与北方同。

打，吴音为顶，今不取，《集训》音德冷反。（琳音卷12）南方读四等迥韵，北方读二等梗韵。《王三》德冷反又丁挺反。

声调方面：首先是上去调的不同。李涪云吴音“上声为去，去声为上”，指北方浊上变去，而南方不变；顾齐之序《慧琳音义》云：“音虽南北，义无差别，秦人去声似上，吴人上声似去。”指某些去声字北方读上声，南方读去声，如琳音卷1“擐铠”条：“下开盖反，今通俗以上声音之为苦改反。”《王三》苦爱反，去声；北方读上声。上文引卷37云世俗读“草篆”为“操篆”，《王三》前者为上声，后者为去声（另有平声读）。景审序云：“企以智为叠韵……盖所不取。”琳音卷100“企怀”条：“诘以反。”《王三》去智反，北方读上；李涪《刊误》：“今士君子于上声呼恨，去声呼恐，得不为有知之所笑乎？”据此推测，北方读恨为去声，恐读上声。《王三》恐墟陇反又区用反，但恨《切韵》不读上声。其次平上调的不同。琳音“觜星”条:“子移反,吴音;醉唯反,秦音。”《王三》唯,以水反;觜,姊规反,即委反。

南北语音的这种差异,可能不是一个平面上的差别,应该包含共时和历时两个层次。

(原载《古汉语研究》2001年第2期第12-15页)

中古佛典翻译中的“吴音”

中古佛典在翻译密咒咒语时，为了追求梵汉两种语言的严密对应，译经僧人采用了不少辅助手段，多以正文下双行小字出之，或描写原典音节发音之特点，或以此土之音相比附以说明之，更有甚者，径以中土方音为说，注明梵本某音应读同此方某地之方音，其中最著者乃所谓“吴音”。

据考察，密咒及术语翻译中所见小注“吴音”共计51例，分别见于下列诸经：吴支谦译《佛说华积陀罗尼神咒经》（T21：875a），1次；姚秦佛陀耶舍译《虚空藏菩萨经》（T13：651a、654c、655a），4次；隋阇那崛多译《东方最胜灯王陀罗尼经》（T21：866a），1次；失译（附东晋录）《舍利弗问经》（T24：901b），1次；梁僧伽婆罗译《舍利弗陀罗尼经》（T19：695c），2次；梁僧伽婆罗译《孔雀王咒经》（T19：447b-457c），18次；梁曼陀罗仙、僧伽婆罗译《大乘宝云经》（T16：265b），5次；隋宝贵编《合部金光明经·陀罗尼最净地品（陈真谛译）》（T16：375a-376b），19次。这些经，如果去除误冠译者的因素，大体都是东晋、南朝的译经，而“吴音”出现次数最多的是梁、陈译经。其中，僧伽婆罗译《孔雀王咒经》、《舍利弗陀罗尼经》、真谛译《金光明经·陀罗尼最净地品》梵本尚存。

僧伽婆罗译《孔雀王咒经》，2卷，大正藏编号为No.984。异译本有二：不空译《佛母大孔雀明王经》（3卷，No.982，p415-439）；义净译《佛说大孔雀咒王经》（3卷，No.985，p459—476）。三本虽然分卷不同，但内容基本没有差别。大正藏不空译本附有拉丁转写梵文，来自“东京帝大梵本，No.334记载”（见T19：p415注释12），还收有《孔雀经真言等梵本》（No.983B，p441b-446b），底本系高野山高野院藏本，并同时校以平安时代写石山寺藏本。根据比对，三本梵文有不少差异，有些明显为抄手笔误所致，有些咒语段落长短不一致（汉译亦有这种情况），我们在利用时择善而从，并列出异文形式。另，田久保周誉曾整理过梵文本《孔雀明王经》，足资参考。

《金光明经》，大正藏收有三个译本：昙无谶译《金光明经》（4卷，No.663）、义净译《金光明最胜王经》（10卷，No.665）、宝贵《合部金光明经》（8卷，No.664），其中义净译本附有密咒梵文（拉丁文转写）。三本卷数不同，《合部金光明》前序云："《金光明》见有三本：初在凉世有昙无谶，译为四卷，止十八品；其次周世阇那崛多，译为五卷，成二十品；后逮梁世，真谛三藏于建康译三身分别、业障灭、陀罗尼最净地、依空满愿等四品，足前出没，为二十二品。"可见，隋以前此经翻译无完帙。至隋，宝贵将真谛、昙无谶、阇那崛多所译阙本《金光明经》撮合成一部完帙，其中真谛译《陀罗尼最净地品》含有密咒十段（375a-376b），而第十段咒语，《孔雀王咒经》卷上亦收（T19：418b//448a//461b），可资参照。

本文的目的，是想通过梵汉对勘，考察译经中出现的"吴音"所代表的语音特点，把它与同期其它语音材料作一比较，来界定"吴音"的真正内涵。[①]

1 韵 类

1.1 止摄与齐韵

小注中出现的"吴音"涉及的语音关系，大体上以止摄、蟹摄互注为主，共有34例，详细情况见下表。梵文如有异文，则一并列出，用//隔开；异译栏指同一部经其它译者的翻译形式，大体按大正藏经号的顺序排列，如果是意译则不列。真谛译《金光明经·陀罗尼最净地品》注"吴音呼"19次，除了一个"悉"字外，其余全部是齐韵系字；梁曼陀罗仙、僧伽婆罗译《大乘宝云经》（T16，265b-c）五次注"吴音"，均是止、蟹摄字（第弟、衣地痴）。

① 南朝译经材料中的梵汉对音，时贤做过不少研究，如刘广和：《南朝梁语声母系统初探》，见《音韵论丛》，齐鲁书社2004年版；《南朝梁语韵母系统初探》，见《音史新论》，学苑出版社2005年版；柯蔚南：*Notes on Sanghabhara' s Mahāmāyūrī Transcription*，CLAO，xix. 1990年。不过，大都没有提及"吴音"材料。

梵文	汉译	异译	出处
parivelāyā	波利鞞吴音同罗夜	钵哩吠攞引野//钵利鞞罗也	T19:447b
nakṣatrā	诺器吴音同多罗	诺刹怛啰//诺刹怛罗	T19:452c
grasanihari	伽罗娑尼喜吴音同后皆同利	仡啰萨𩕳贺哩//揭喇散你诃哩	T19:456b
kuti//kuṭi	已(己)吴音同后皆同底	矩胝矩胝// 矩𢶡矩𢶡	T19:456c
siddhi siddhi	悉地熹吴音同后皆同悉地喜	悉地悉地	T19:456c
khirimuri//kharimari	欺吴音同梨尼梨	佉哩么哩// 揭哩钵哩	T19:457c
hile(<hele)	喜吴音隶	醯隶//嘻许耆反隶//伊隶//醯黎	T19:695c
mantrate	那罗弟吴音呼弟	曼奴喇剃	T16:375a
cukuti(<deyutate？)	弟吴音呼弟愈多底吴音呼底	调怛底	T16:375b
pacipacina(<pasepaśina) pand(h)amite	婆细吴音呼洒(细)波豖那 盘陀诃寐无死切底吴音呼底	波世波始娜 畔陀弭帝	T16:375c
sijabuhe(<svejambhubhe) vitohanti	莎琰部吼陛吴音呼陛 苾蜉必切头诱诃底吴音呼底	碎阎步陛 毘度汉底	
kulamābhate	俱岚婆罗梯吴音呼弟他弟切	俱蓝婆喇体天里反	T16:376a
sidhi susidhe	悉提吴音呼提醯吴音呼弟诃弟切	悉提苏悉提	T16:376b
mocani	姥者祢吴音呼弟年弟切后三祢字悉同此音	谟折儞	
vimukti amale	毘目底吴音呼底阿摩詈吴音呼弟留弟切	毘木底 庵末丽	
hiranyagarbhe ratnagarbhe samantabhadre	喜懒若竭刺(刺)陛吴音呼陛 醯何刺那竭刺陛吴音呼陛醯 波曼多跋渴喜达切弟吴音呼弟	呬㘓若揭鞞 曷喇怛娜揭鞞 三曼多跋侄丽	
brahme	婆蓝诃米吴音呼弟无弟切	跋嚂谜	
manorathe	摩怒罗体吴音呼体	曼奴喇剃	
	陀柯第吴音祢弟吴音		T16:265b
	萨衣吴音离楼地吴音波痴吴音		T16:265c
	萨埵舍迷莫隶反吴音读	娑啰皤奢尽何迷//萨婆阿奢弥//萨婆贳迷	T13:651a

续 表

梵 文	汉 译	异 译	出 处
	博叉底都履反隶吴音读之(2)	跛叉你黎//博叉尼隶	T13:654c
	博厕娑迷莫隶反吴音读之	跛叉娑上迷跛//唻差三弥//博察萨迷	T13:655a
	阿溪摩溪用吴音	优佉目佉//郁奇目伭//阿企音溪摩企//呼迦穆迦	T21:866a
	沙摩憙吴音反知胝迤反	三摩引呬帝引	T21:875a

1.1.1 支韵与齐韵

大体而言，中古僧人译经中出现的梵汉对音，齐韵对e，偶尔对i；支韵对e，也对i。

根据《广韵》，表中标注“吴音”的字主要是止摄、蟹摄字（汉字后标出对音音节的元音，没有梵本的则阙如）：

止摄字：鞞e知支地脂已u欺i/a喜a/i熹i憙痴之衣微

蟹摄字：弟e底i/e细i陛e梯e提i/e醯i/e祢i罢e米e体e第迷隶溪齐

真谛译《金光明经·陀罗尼最净地品》标“吴音”的字，皆用齐韵系“弟”字作切下字（唯“陛”字除外）。梵文音节多数是e，梵文i、e进入音节，字形相似，极易相混，综合起来考虑，通语音系支韵系读e，齐韵系字不读e，而吴音齐韵系读ei，所以要注明“吴音（同）”、“吴音读（之）”。僧伽婆罗译《孔雀王咒经》密咒翻译里的反切小注可以帮助我们认识这一现象：

te谛：都豉反（448a）、当翅反（448b） te柢：都纸反、都此反（448a）

de提：途枳反（448a）、途斯反（455b）、徒规反（456c）

dhe第：唐纸反（448b）、途施反（449a） de第：途翅反（450a）

ne泥：奴翅反（449a） ṇe泥：郎臂反（456a）

ṇe耐：奴翅反（448a） nai苊：奴枳反（451a）

ve罢：防俾反（449c） be/ve罢：亡俾反（449b、450c、457a）

he醯：呼豉反（448c）、呼枳反（448a）、呼是反（448b）、呼翅反（453c）

被注字属齐韵系字（“耐”属代韵、“罢”属蟹韵），除“罢、醯”外，均是舌音端系字，对梵文e，加注的反切注音读支韵系；蟹韵的“罢”字因为对e，所以也注成支韵读。如果齐韵字对梵文i，则仍读齐韵系或者脂韵系；如果支韵系字对i，则改读成脂之韵系：

ti 帝：当利反（456a）　ṭhi 体：畅底反（450c）　mi/mī米：摩底反（457c）

mi 弥：亡之反（450a）　mi 靡：亡比反（454a）　mī靡：亡至反（453c2）

bi 婢：房比反（447b）　mi 弭：亡比反（454a、b2、456a3、456b、c）

帝、体、米属齐韵系字，改读至韵或仍读本韵（“底”在《孔雀经》里几乎全部对长短i，对e极少见，可能已与脂之韵相同，日译吴音读i的也只有明纽和端、定、来纽字）；弥、靡、弭、婢属支韵系字，改读之韵或旨至韵。如果支、齐韵读e，则无法解释上述反切注音。

齐韵字若对ai，则不加注，如haima 醯摩（451b），dvai（457c）提携，vaidiśa 鞞雉舍、vaijayanta 鞞阇延多（450c），airāvaṇa 鹥罗婆那（447b），“醯提携鞞鹥”皆齐韵字，显示出通语里支韵与齐韵不同；南朝人对悉昙字母的对音也反映了这种区别，见下表（引自《悉昙藏》卷五）。

	u	ū	e	ai	o	au
谢灵运《十四音训叙》	郁乌久反，短声	优乌鸠反，长声	哩乌溪反，溪字音宜吴音	野乌鷄反	乌音乌乌乌之鸣	炮音乌藁反
萧纲《涅槃疏》	○乌久反，短声	优乌鸠反，长声	○乌溪反，宜吴音也	野乌鷄反	乌音乌乌乌鸣	炮音乌藁反

根据小注的反切，e、ai都注作齐韵，但e要用吴音去读才行，也可以看出齐韵通语不读e。

从诗文用韵看，《广韵》支韵、齐韵字魏晋时期分属支部、皆部；宋北魏时期齐韵平上声归皆部，去声归祭部，支齐两韵不互押，齐梁以后各自独立。[①]但齐韵字的归部并不以声母为条件。

1.1.2 之韵与脂韵

表中标“吴音”的还有几个字：①ha/hi 熹喜，kha/khi 欺；②kṣa 器。

前者为之韵系字。从异译看，“hile 喜吴音隶”的hi应作he（唐代对

① 本文所说的诗文用韵，如无特别说明，均据丁邦新：《魏晋音韵研究》，史语所集刊专刊第65种，1975年；周祖谟《魏晋南北朝韵部之演变》，台北东大图书公司1996年版。可参何大安：《南北朝音韵研究》，台湾大学博士论文，1981年。

音齐韵对e），欺喜（-hari喜利）对a。

后者为脂韵去声字。kṣa对器，注明是吴音，从异译看梵文不误（梵文kṣ巴利文作kkh）；此音节又对“察”：“nakṣatrāṇāṃ诺察多罗南”（454b），同样的音节，两种翻译，一为吴音，一为通语。

梁陈时期对音脂之韵本对i，对a则是吴音的读法，结合梵文元音短a的读音，吴音脂之韵应该读[ə]。齐梁以后诗文用韵脂之合部，唯部分脂韵合口字入微部。

1.1.3 之韵与u

ku对己，从异译对“矩”看，此处梵文不误。《孔雀王咒经》里ku对“己”还出现了一次，但没注明是“吴音”：

kunikaṇṭha（+ḥ）已（己）尼延胡梅反叉（452b），义净译作“俱你建侘”（467b），不空译作“矩顊建姹”（427a）。

“己”属之韵，对音中一般对i、ī：如vasuki婆修己龙王（447b），kākī柯己（453a）。之韵对u，颇难索解，或许是后世南方方言支鱼相混之滥觞。中古韵文押韵，《广韵》止摄、遇摄、蟹摄偶有牵混，止摄、蟹摄与遇摄合韵有20次，出现的止、蟹摄字多属于之部字。更有趣的是，这种合押现象只出现在魏晋时期，而不见于南北朝时期。或许南朝僧人把之韵读为u，是真正的吴地方音。早期日译吴音之韵字正读o，如ko己、yo已、lo里。①

1.2 蟹　摄

属蟹摄字（齐韵字除外）标注“吴音”的如下：

1）bṛhaspati毗里害吴音同波底（450b）毘梨害吴音娑波底（457c），义净译作苾利诃钵底（464c）毗诃钵底（474b）。

2）dantedantile（-li）檀戴吴音同檀底离（455c），不空译作“难帝难底黎”（434a）；义净译作“惮帝惮底里”（472a）。

3）caṇḍecavade际吴音底遮婆弥（695c），异译有五，分别作遮帝遮盘祢（688c）、栴提遮罗泥（692c）、真地之活帝（699b）、战提遮唎低（703b）、赞嬭遮嘝泥（679b）。

4）不戴吴音（T24：901b），梵文不详。

① 参藤堂明保《中国语音韵论》，东京光生馆1956年版，第161页。另参藤堂明保：《吴音与汉音》，见《中国语学论集》，日本汲古书院1959年版/1987年版。

害，《广韵》泰韵，上古属月部，对has。《孔雀经》对音“害”还出现过一次：bṛhadratha昆梨害呼割反罗他（450b），害对had，但读呼割反，如果通语读音与吴音同，则大可不必加注反切改读。

戴，代韵，对te，在同段密咒里又译作“dante檀谛”（455c），不标吴音，用齐韵系字对。

际，祭韵字，对ca，从异译看，除了阇那崛多译作“真”不符外，其他各本均与梵文相合。

除了上述几个注“吴音”的蟹摄字外，《孔雀经》里出现的其他蟹摄字是：

对e：胎（448a）世（456c）

对ai：世（450a、c，455a）

对a/ā：解（454c）介（451a4、b4，457c）蔼（455a、457c2）奈（450b3、451a、456c4、457b）赖（447b、448a、449c、453c、454a、455a、456c、457c）贝（447a、449a、454b2、455b、457c、458c）

蟹摄字对e，一般都加注支韵读的反切，如上文所举“耐罢”等字，“胎世”对e，“世”又对ai，在梵汉对音里，蟹摄（齐韵除外）往往对ai，而e、ai不但形体接近，而且根据梵文sandhi规则，e＝a＋i，所以对音里常常看到蟹摄对e的情形。还有祭韵“掣”字对chat（450c，451b、c），但均加注曷韵反切“昌葛反”；蟹摄对a/ā，主要是一二等字，“解介”只对a，其余的几个一等字，就是常常被作为“去声有-s尾”证据的字，这些字对音情况比较复杂，举“贝”字为例：

apasmāra阿贝莎摩罗（454b）阿贝摩罗（454b、455b、458b）阿钵娑摩罗（446c）阿钵摩罗（447c）阿钵莎摩罗（456c、457a/b、447b、454c）；

er(l)apatra倚罗贝多罗（447b、454c），vipaśyī昆贝尸（449a、458a），parvata贝婆都（451a）贝婆多（457c）。

从音节切分看，“贝”可以对pa、pas、par、paś，但同样的音节也可以用别的韵字对“钵”，可见蟹摄对-s类尾并不是必然的，而且大多只见于一等字。下面我们将上述讨论的结果列成下表：

	支 韵	齐 韵	脂之韵	蟹摄(齐韵除外)
通 语	e	ai	i、ī	ai
吴 音		ei	a、i、u	a、as

再看看这几韵在日译吴音中的情况:[1]

吴音	支韵	齐韵	脂韵	之韵
旧层	A:-e;B:-o	-ei	-e(饥)	-o(牙音)
新层	-i	-ai	-i	-i

大体可以说,梵汉对音中的吴音与日译吴音中的"旧层"相当。

1.3 流摄与效摄

两摄字注"吴音"的出现了4例:

1)kharaposta 珂罗留吴音同摩(450c),义净译作"揭罗哺窣妒"(465a)。

2)raudrī留吴音持利(453c),不空译作"唠捺哩"(429b),义净译作"曷喽姪唎"(469b)。

3)karomi 迦酉吴音同弭(456c),不空译作"迦嚧弭"(435b),义净译作"羯嚧弭"(473a)。

4)uddundhumā//umdhandhumā//umdhundhumā 卯吴音同训头吼摩(449b),不空译作"嗢钝度么"(421b),义净译作"乌肫当孤切杜磨"(463a)。

说明:raudrī又译作老捺里(捺,宋元明藏作持,453b),rau对老,皓韵字,不注"吴音"。

留酉,尤韵系字;卯,巧韵字,上古均属幽部。"卯"对mu(mdhun卯训mu+dhun),僧伽婆罗所见梵文当与义净、不空不同。留对po(当是lo)、rau,酉对ro。僧伽婆罗译音u一般对流摄,o对遇摄,au对效摄;而在梵文里o、au分别是u的重音和加强重音形式。"留"又对ū(virūpakṣa毘留博叉,447b),但不注吴音。

"留o/au酉o卯u"三字标明"吴音",说明在吴音里幽部与宵部关系很近,而通语则有别;也就是说,流摄与效摄在通语里的分野比较明显,而在吴音里尚未完全脱离上古音的格局。从诗文用韵看,幽宵相押,魏晋时期出现26例(含《真诰》2例),[2]南北朝时期只有2例(萧衍、

① 下引日译吴音材料均据李香:《日译吴音的读音层次与魏晋南北朝韵部的演变》,北京大学博士学位论文,2005年。另参Numoto Katsuaki(沼本克明): *Tables of Go'on and Kan'on Readings.Acta Asiatica* *65*,1993.

② 另参赤松祐子:《〈真诰〉诗文押韵中所见的吴语现象》,见《吴语研究》,香港中文大学新亚书院1995年。

江总)。多为宵押入幽,幽押入宵只见于陆机兄弟(5例)。

与此不同,日译吴音里流摄与遇摄关系更近:

效摄:旧层-au(宵韵无此层);新层-eu

流摄:旧层-o(幽韵无);新层-u,yu,yuu(尤韵);-u,-ou,-yuu,-au(侯韵);-eu(幽韵)

遇摄:旧层-o;新层-u(鱼韵无此层)

1.4 山　摄

山摄字标“吴音”的有:

1)culu vandhumati//culudhundhu 周漏团吴音同头(449c),不空译作祖鲁钝度(422a),义净译作主鲁槃杜(463c)。

2a)durvāsa 夺吴音婆莎(457c)。

2b)rataraḍā 罗夺吴音多罗(458a),不空译作怛啰拏(438a);义净译作罗突怛罗(474c)。

说明:tar对夺,田久保周誉作duttarā,则对dut。

团夺,《切韵》系韵书均为桓韵系字,合口,一般拟作[uɑn]、[uɑt],但今南方方言像吴、赣、客家等方言主元音多为圆唇元音。[1]僧伽婆罗桓韵对u,并且标明是吴音,则吴音桓韵当读u或o。《孔雀王咒经》还出现了下列译音:pauṇḍa 槃陀(450c),khīvasundharā 起婆宣他罗(453c),unmādā 怨摩陀(452c、457a、b、458b)、怨摩他(456c),与此相似。日译吴音桓韵读-wan、-wen、-an、-win,入声只有-at、-wat,李香认为读wen是新层,也就是新出现的变化,这可以得到梵汉对音的证明。

1.5 咸　摄

注“吴音”的有1例:

ḍakavattāyaṃ//ḍakavarttāyaṃ 阿盘多艳吴音同(448c),不空译作拏韈跢焰(420a)。

yaṃ 艳,盐韵去声字,所对梵文为短a。同经中又译作“aḍakavātyāyāṃ 阿迮张假反伴侈盐”(448b),所对梵文为长a,汉译声韵俱同,唯声调有别。从梵汉对音看,梵文短元音一般对汉语上声字,而此处

① 参王洪君:《也谈古吴方言覃谈寒桓四韵的关系》,《中国语文》2004年第4期;另参鲁国尧《颜之推谜题及其半解》,见《鲁国尧语言学论文集》,江苏教育出版社2003年版。

对去声字，显示吴音去声的调值或调型与通语上声相似。

1.6 假　摄

麻韵系字注“吴音”的有2例：

1)ca遮吴音同(449c)，不空译为“左”(422a)，义净译“者”(463c)。

2)bharukacchaka波楼割旦吴音同(450c)，不空译作婆卢羯车(424a)，义净译作婆嚧羯车(465b)。

前者ca对遮，根本字译音，僧伽婆罗也是用“遮”译ca。

后者ccha对旦，“旦”当是“且”字误（此一现象佛典比比皆是），因为此词又译作“bharukaccha婆楼割车”(450b)。ch对音一般用昌纽字对，而“且”属清纽。

1.7 臻　摄

臻摄字注“吴音”1见：

stanvani(<stambhani)悉吴音呼悉耽婆诃尼(375c)，义净译作悉耽婆你(420c)。

此处“吴音”所指不详，待考。日译吴音质韵读-it。

2　声　类

2.1 全浊送气辅音的对音

梵文的全浊送气辅音dh、bh等，历代僧人译音多以汉语全浊声母字对，这几乎是一个通例。唯独梁代僧人僧伽婆罗、真谛在译经时用“全浊声母字＋晓纽字”两个字对，而义净、不空的同经异译只用一个全浊声母字对译。先把这些材料录出：

dhe提醯呼枳反(448a)、第醯呼是反(448b)、提醯(376b)，dhi地熹、地喜(456b)；

dhyan迟遐香家切(375c)；da(dha)陀诃(375c)；dhu头吼(449b)；

bhe婢醯(448b)、埤醯呼跋反(448c)、bhe陛醯(376b2)；

bha//ba(bha)婆诃(375c3)、跋渴喜达切(376b)；

bhu//bu(bhu)部吼(375c)、部吼2(376b)。

多见于真谛译《金光明经》，但这不是梵文全浊送气辅音的唯一翻译形式，有时也只用一个全浊声母字对。从材料中可以看出，这种翻译形式只见于dh、bh音节的翻译，不见于ḍh、jh、gh音节的对音，这倒可以理解，因为这三个辅音要么不见于对音材料，要么在梵文里本来就出现频率极低，还有在悉昙字体里，ḍh与h、jh与j极难辨识，传抄讹误也在所难免。这样，梵文全浊辅音对音就形成了如下格局：

梵文	全浊不送气辅音	全浊送气辅音
汉译	全浊声母	全浊声母＋晓纽

汉语晓组字一般对梵文h，h发音时气流较强，与汉语送气音相似。如果汉语的全浊声母是送气的，则刚好与梵文的浊送气辅音相符；僧人用"全浊声母字＋晓纽字"的格式来对译梵文浊送气辅音，只能说明南朝汉语全浊声母是不送气。根本字译音，僧伽婆罗用全浊声母阴声韵字对全浊不送气辅音，而用全浊声母阳声韵字对梵文全浊送气辅音（gh恒、jh禅、ḍh檀、dh轻檀、bh梵），也说明汉语里没有与梵文全浊送气辅音一致的声母。这些译音，虽然没有注明"吴音"，但可能与吴音关系密切。

2.2 精组的音值

上文说到两条对音：ca对际，ccha对且（原作"旦"，当是"且"字误）。《广韵》"际"属精纽，"且"属清纽。

梵文c组中古梵汉对音通例一般是对章组，汉语精组字很少出现，唯梵文辅音丛ts-用清纽字对、流音s用心纽字对；用c对精纽"际"、ch对"且"，表明吴音章组读近精。《孔雀经》里类似的译音但不标"吴音"的还有：

cāpeṭi作卑致（456b）；chitvāsta（<cchittvāsuta）沈（沘）婆修多（447b）；jvalani座组戈反罗尼（447a），jvalanī座罗那（453c）；"作沘座"皆精系字，中土文献也有类似的记载。①

2.3 喻四读同来纽

ro对酉（见上文），表明"酉"的声母是[l]。中古梵汉对音里，梵文

① 参储泰松：《唐五代关中方音研究》，安徽大学出版社2005年版，第82页。

l、r对汉语来纽，梵文y对汉语喻四纽。r对喻四，仅此一见。吴音的这种现象，大概是古音遗留。

日译吴音也有类似现象，如昱rip、夷ra。另外来纽“流”字还可以对yu。

2.4 匣纽读同群纽

gandhāra寒吴音那里（457c），不空译乾陀罗（437b），义净译健陀罗（474b）。

gan对寒。寒，《广韵》匣纽字，中古译经梵汉对音一般匣纽对梵文h或v，群纽对g。上古匣纽与群纽关系密切，吴音还保存了古音读法。

日译吴音除了“黄waŋ、woŋ，凰waŋ，惑wak，徊迴瑰怀坏会画惠we，淮wai，和wa，横waŋ”外（画另读kwe、kwak），全部对g、k，与群组相同。

2.5 见纽与章纽

kumme//kaṃghe箴吴音同（450a），不空译作剑谜（谜宋本作继，423a），义净译作剑闭（464b）。

箴，《广韵》职深切，此处《可洪音义》注作古斩反（中华藏58：797c），《篆隶万象名义》亦作古斩反，正与kam合。吴音读见纽，通语读章纽。此外，僧伽婆罗多次用“指”对ki（kili指里，cilikisi止里指死448b），又对“己”，这当然可以用梵文传抄有误来解释，不过，在梵汉对音里，章系字与见系字相混并不鲜见。

日译吴音没有类似现象。

综上所述，梵汉对音中标注的“吴音”所揭示的语音现象，与韵书颇不相同。“吴音”可能包含了两层意思：一是吴地的通语，一是吴地的地方之音；既有空间上的语音差异，也有时间上的差异。它与日译吴音音系有同有异。

（原载《古汉语研究》2008年第2期第2-9页）

唐代音义所见方音考

唐代方音研究自罗常培先生的《唐五代西北方音》发表以来，取得了不少成就，但从地域来看，以前的研究主要集中在西北地区，其他方面则基本上仍是一片空白，研究薄弱的一个重要原因，就是材料匮乏。目前依靠的材料，除了敦煌遗书、诗文用韵外，再就是唐人音义、笔记。这些材料大体反映的是雅言语音系统，偶尔流露出一些方音现象。赵振铎先生已有《唐人笔记里面的方俗读音》，[①]所以本文只讨论唐人佛典、史书音义中记录的方音现象。

本文使用的音义著作及版本是：

玄应《众经音义》25卷，简称应音，中华大藏经本56-57册（中华书局），底本赵城藏；窥基《妙法莲花经音义》1卷，简称窥基音义，大正藏54册；云公《涅槃经音义》2卷，简称云公音义，大正藏54册；慧琳《一切经音义》100卷，简称琳音，大正藏54册；可洪《新集藏经音义随函录》30卷，简称洪音，中华大藏经本59-60册（中华书局）；颜师古《汉书音义》，中华书局本；《匡谬正俗》，刘晓东平议，山东大学出版社1999年；李贤《后汉书音义》，中华书局本。

文中引用的其他佛典文献，均据大正大藏经。例后所标页码均是上述各版本的页码，下条如与上条出处相同，则只标卷数、页码。文中所引玄应音义大都见于慧琳音义，如完全相同则只引玄应音。用例只引用明确标明某地读某音或标明是俗读的，上述音义的作者均是关中地区人，因此音义中出现的“俗言”、“俗呼”、“今俗”，本文一般将其视为关中方音。

① 赵振铎：《唐人笔记里面的方俗读音》，见《汉语史研究集刊》第二、三辑，巴蜀书社，2000年。

1 佛典音义记载的唐代方音特征

1.1 声 纽

1.1.1 心纽与清纽混

(1)今梭：素禾反，关之东西皆行此音，又麄禾反，梁益之间行此音。(洪音卷二五：382b)

(2)夜蔡：音萨，方言也，如南人呼苏为麄，唤梭为遳之类也。梭音莎，遳音七禾反。(卷二：607c)

(3)苏穬：上此乎反，米不精也，正作麤也……上又桑乎反，非也，盖译主未善方言也，故呼萨竭为蔡竭，呼麤穬为苏穬也。(洪音卷十三：1030c)

按，梭、苏、萨皆心纽，《切韵》系韵书无清纽音，从例(1)~(2)来看，读心为清，是南方及梁益等地方音。例(3)所释为西晋法立、法炬译《大楼炭经》，《出三藏记集》云法炬于太安元年(302)译出此经。李肇《唐国史补》卷下亦云："晋绛人呼'梭'为'莝七戈反'。"

1.1.2 邪纽与从纽混

(4)沾渍：疾赐反。郭音作才赐反；鄜州篇作似利反，并是也。又似赐反者，吴音也，吴人呼寺为字，又以上声字切去声渍，乍若双声，如字利之类焉。(洪音卷二五：404c)

吴音呼邪为从，南北朝已然。从可洪以"才赐反、似利反"一并为正来看，似乎他自己也分不清从邪二纽。

1.1.3 浊音清化

①变成不送气清音

(5)玄奘：自朗反，又自浪反，此字上声去声两处并同音藏。诸师作子浪反呼者，非也；又作仓朗反呼，并非。(洪音卷七：790c)音藏又自朗反，大也。此字上声去声并载之也。窃见诸师作子浪反，非也，盖不明清浊矣。(卷十一：964c)诸师皆与髒字同音呼之，非也。髒，子朗反。(卷十九：108a)

(6)沾渍：疾赐反，浸润也，又沤也。唯苌筠韵又作紫赐反，此切非也，亦是随时俗呼耳。(洪音卷二五：404c)

按，奘读子朗、子浪反，渍读紫赐反，是从纽清化为精纽，所谓“随时俗呼”者，表明在口语里是一个普遍现象。《颜氏家训·音辞》云：“玙璠，鲁人宝玉，当音余烦，江南皆音藩屏之藩。”藩，《广韵》甫烦切，江南读奉为非纽。李肇《唐国史补》卷下云：“今荆襄人呼‘提’为‘堤’。”荆襄人读定为端。

(7)癠下：竹世反……关中多音滞。(应音卷二：838c)癠下：竹世丁计二反，关中音多(当作“多音”)滞。(卷十七：18a)癠下：当赖反……关中多音带。(云公音义471b)

参照玄应音，“音带”当是“音滞”误。滞，《广韵》直例切；癠，竹例切又当盖切，音义作者当是读澄为知，所以以“滞”注“癠”。

②变成送气清音：

(8)憋恶：上普灭并列二反……又川音作毗结反，非也，清浊不辩也。(洪音卷二八：493a)眄睐：上普幻反，正作盼也……上又川音作盼，白限反，非也。(同上495c)

(9)巇崱：仕则反，川音作创力反，非也，不明清浊也。(洪音卷二五：402a)邳国：步悲反，川音作普悲反，非。(卷二七：476b)又见卷二八(503b)“下邳”条。泥篡：上仕角反……川音作测角反，非也。(卷二八：515a)又云：川音作刍角反，谬也。(卷二九：557a)眡听：上丁兮反，视也，或作眡(眎)眡二形同音视，观也。川音作丑吏反，非也。(卷二八：521c)

按，除了例(8)憋、盼两字清送气读为全浊外，川音均是读全浊为清送气。《慧琳音义》卷七九(T54：819b)“锔錥”条云：“玉锔谓之锉鑹也……此皆方言差别，蜀人名锉仓卧反。”《王二》、《王三》、《广韵》皆云蜀人读鹿卧反(切)。从可洪的注音来看，全浊送气非川音所独有：可洪注音全浊与送气清音混切43例，占全部塞音、塞擦音清浊混切例的43%。

(10)圮坼：皮美反，相丞作披美反，非。(洪音卷五：702b)

(11)秬秠：下疋鄙反……又疋浮反，下又应和尚作扶鄙反，非。(洪音卷二五：355a，应音见琳音卷三四：537c“亘然”条引，今本玄应音义卷四：874c无)

(12)蕃息：父袁反。今中国谓蕃息为嬔息，音匹万反。(应音卷一：822c)蕃息：关中言嬔息，芳万反。(洪音卷三：633b)

秠,《广韵》疋鄙、疋尤二切,送气清音,玄应读全浊奉纽;蕃,附袁切;嬔,芳万切。例(39)秦音读芳无反,与此同。《汉书·地理志·左冯翊》“山”颜注:“巀嶭,即今俗所呼嵯峨山是也,音截啮,音才葛反,又音五葛反。”关中人读从为清纽。李肇《唐国史补》卷下云:“关中人呼稻为讨。”《集韵》皓韵土皓切:“稻,秔也。关内语。”稻,《广韵》徒皓切;讨,他浩切。唐五代藏汉对音材料《大乘中宗见解》浊塞音与浊塞擦音一律读送气清音。从这些情况看,全浊送气应该是大西部的共同语音特征。

1.1.4 精组与章组相混

(13)椹羹:上音审,菌生木上者也……正作蕈,山南土俗亦为审。按《五经字样》作“蕈,式甚反”是也。《切韵》作慈荏反。(洪音卷十六:24b)有蕈:音审,地菌也。应和尚亦音审,又按字样作式甚反是也,汉上及蜀并呼菌为审也。《玉篇》、《切韵》并作慈荏反,又作辞荏反,楚夏音讹耳。(卷二七:481c)

蕈,《切韵》系韵书属从纽,无书纽音,亦不读邪纽。《尔雅·释草》“中馗,菌”释文:“蕈,辞荏反。案今人呼菌为蕈,《葛洪字苑》同……《字林》式甚反。”

(14)掣电:关中名覢电,今吴人谓磤磹,音先念反,下大念反。(应音卷六:916c)掣电:关中睒电,今吴人谓磤磹,上息念反,下大念反。(窥基《妙法莲花经音义》T54:492b)掣电:今吴名电为磤磹,音息念、大念反。三辅名为覢电也。(琳音卷四六:610b)

覢、睒,《广韵》失冉切,吴人读心纽,关中读书纽。

(15)螽蜇:俗名舂黍。(应音卷十:969a)火蝩:之容反,今江北通谓螽蝗之类曰蝩,亦曰簸蝩,一名螽蜇,一名蚣蝑,俗名舂黍,蚣音思容反,蝑音思与反。(同上卷二五:133a)

(16)蛗螽:上音负,下音终。幽州谓舂箕,齐鲁谓之舂黍,或蜙蝑……多有异名,方言不同……俗语讹转,名为补钟是也。(琳音卷六十:711b)

《广韵》东韵书容切:“蹖,蜙蝑,俗谓蹖蟀。”蜙蝑,皆心纽,蹖蟀,皆书纽。通语心纽,江北俗语则读书纽。山东心纽、书纽则可自由替换。

(17)嗅莲馥:上许右反,鼻取气也,正作齅也,上又七秀反,吴人云不香为嗅也,非用。(洪音卷一:568c)嗅气:上叱救反,不香也,吴人云

也，方言也。又俗为齅字呼，非此用也，又或作殠，尺救反也。（卷十五：1131c）

从上面引文来看，“嗅”读叱救、七秀二切，韵书无此二音，均来自吴音，而“叱救、七秀”二音实同，作者不分昌、清二纽，而江南实读清纽。上述各条大体可以看出江北读章系，江南读精系。但关中已然受到江南的影响：《集韵·真韵》：“晨，旦也，关中语。慈（一本作葱）邻切。”《王三》、《广韵》晨食邻反/切，又植邻反/切。

1.1.5 娘日混

（18）鼻贰：吴人呼二为腻。（洪音卷十三：1034b）

（19）醲酒：女亮反，醞醲也，俗呼为让，讹也。（洪音卷十三：1058b）乍粘：女廉反，又汝盐反，方言也。（卷二七：468b）

二，韵书无娘纽音，醲、粘无日纽音。可见，吴人读日为娘，北方读娘为日。

1.1.6 轻重唇音混

（20）蟁蝱：上音文，吴音密彬反。（琳音卷七九：818b）蚊蝱：上勿汾反，《说文》作蟁，吴音闽。（希麟音义卷四：948b）

（21）法楷：上布何反，下郎合反，正作波折也，别译音一本作波立，一本作波罗，上又波乏反，吴音。（洪音卷七：810b）哩吼：下音梵，吴音呼。婆伽吼：蒲梵反。（卷二三：287b）伊吼：音梵，借音蒲梵反。（卷二五：387c）

《广韵》法，方乏切；吼，音梵，吴音读蒲梵反。可见，所谓“吴音呼”，当是指吴音轻唇读作重唇。

1.1.7 喻三匣纽混

（22）謣罗：上羽俱反，今取吴音呼雄俱反，如雄字作于弓反。（洪音卷二四：310b）又：上音于，今借为雄于反。亦云赖吒和罗，楚夏耳。（卷二四：347c）

（23）熊罴：乎宫反……又《切韵》作羽弓反，此为和会吴音也，唯应和尚经音直作胡弓反，是也。（洪音卷十三：1051b）

《广韵》謣，羽俱切。雄熊，羽弓切，《集韵》胡弓切。一般认为，中古南方方音喻三匣纽混用不分，而北方则分而用之。《集韵》雽字注音能很好地说明这个问题：王矩切：“《说文》雨貌，方语也”；火五切：“北方谓雨曰雽，吕静说”；吁句切：“雨貌，北方语”。

1.1.8 匣纽与疑混

(24)狗齩：五狡反，中国音也；又下狡反，江南音也。(应音卷一：824b；琳音卷四二：583a引“江南”作“淮南”。)齩足：又作齩同，五狡反，关中行此音；又下狡反，江南行此音也。(卷二五：128b)

中原及关中读疑纽，淮河以南读匣纽。

1.1.9 晓匣混

(25)胡荽：今江南谓胡荽亦为葫䔩，音胡祈。闾里间音火孤反。(应音卷十六：8b)鼾睡：下旦反。《字苑》呼干反，江南行此音也。(卷十九：44b)

(26)欕咒：上玄犬反……川音作㬎畎反，非也。(洪音卷二八：516c)

口语里匣纽读晓纽，涉及的地域包括江南、四川。

1.1.10 定纽与喻四纽

(27)须铫：古文鐎同，余招反，山东行此音；又徒吊反，江南行此音。(应音卷十四：1028c，琳音卷五九：701c同。)索鐎：今作铫同……铫又音遥，一音徒吊反。(卷十五：1052b)

中原地区读喻四，江南读定纽。上古喻四归定，江南保存了古读。《汉书·李广传》“不击刁斗自卫”颜注：“銗即铫也。今俗或呼铜铫，音姚。”

(28)桥宕：徒浪反，宕犹上也。高昌人语之讹也。(应音卷十二：993a)譋语：是盐反，又音盐，世俗间语耳。(卷十九：44c)蟾蜍：上之盐反，下以诸反。江南俗呼蟾蠩，音食馀反。(卷十：964b)蟾蜍：上之廉反，下羊诸反，蟆也。江南谓之蟾蠩也。又市廉反，下市余反。(洪音卷十一：952b)

《广韵》蜍，署鱼、以诸二切；蠩，章鱼切，上古章组归端，喻四归定，玄应船禅混。譋，《广韵》与“谄”同，佛典中义为“睡中妄语也”，此义《集韵》读禅纽，俗语读喻四纽。高昌读禅为定，江南喻四读为禅。《集韵》余遮切：“蛇，关中谓毒虫曰蛇。”本音食遮切。

1.2 韵　类

1.2.1 支鱼混

(29)蓟齑：下子奚反，又作齏同，酱属也，醢酱所和，细切曰齑，全

物为葅。今中国皆言齑，江南悉言葅。（应音卷一：821b）

（30）神箦：蒬葵也，水葵也。又蒬茈，草（苗）似龙须而细……俗谓䏶脐是也。（洪音卷三十：593a）

所谓支鱼混，主要是指止摄、蟹摄齐韵与遇摄相混，在唐人诗文用韵中多有体现。《广韵》葅，侧鱼切；齑，祖稽切。北方读齐韵，南方读鱼韵。蒬，防无切；茈，疾移切；䏶，部迷切；脐，徂奚切。方俗音读齐韵，通语读虞韵。

1.2.2 佳皆夬韵与麻韵

（31）广解：古买古马二反。（洪音卷六：740c）解释：古雅反，吴音也；又古买反。（卷十一：933b）易解：下谐介反，音下，非也。（琳音卷二：320c）分解：皆买反，读为贾者，非也。（卷五：339b）解曰：皆反，呼为假者，非也。（卷十：367b）

（32）徃快：音街，善也，又音佳，吴呼为加。（洪音卷八：828b）

（33）邲吔（梵文*bidya）：下音地，借为亭夜反，江西音作徒解反。（洪音卷二三：289c）

（34）拐行：上古买反，拄杖也，又古瓦反，吴音也。（洪音卷十七：61b）

（35）掛锡：古画反，《韵诠》云挂，悬也；又吴音怪，训释总同，或作挂。（琳音卷一百：926c）钩挂：古骂反。（应音卷十八：39a）挂其：古文作卦同，古卖反。（卷二一：71c）

解、佳、拐、挂（掛），《广韵》均无麻韵音，dya 对徒解反，则解（佳韵）读 a，与麻韵同。根据音义的说明，可知佳韵读同麻韵，是南方方音（吴音和江西音）现象。从慧琳注“解”读下、贾、假为“非”来看，吴音的这一变化已经影响到关中：掛，“吴音怪”，则怪必读如《广韵》古骂切。可洪注音中多次出现佳麻互注，再看几条可洪的注释：

（36）谈譁：音花，喧譁也。作话字呼。（洪音卷十二：992a）话话：胡卦胡快二反，谈言语话也。（卷十六：19b）杂话：户卦户快二反，语话也。（卷十三：1036c）陁譮：胡快胡外二反，《旧韵》云籀文话字也。（卷一：578c）

话，《广韵》下快切，夬韵字；《集韵》户快切，另收祃韵胡化切。据此，可洪所注两音之中，必有一读祃韵。

（37）口蛙：乌乖反。（洪音卷二五：357a）又：乌乖反，在街字韵中，

今借乖为韵也。(358c)

《广韵》蛙,乌娲切,属佳韵;乖,古怀切,皆韵;街有佳韵、皆韵两读。可能“蛙”字仍在蟹摄,但佳已读同麻(参例(32)),所以要“借乖为韵”。《颜氏家训》卷七“贳”字条云鄙俚之俗读为赊,则是三等祭韵读同麻韵。

1.2.3 尤虞唇音混

(38)无复:下吴音扶救反,秦音冯目反。(窥基音义482a)

(39)浮泡:上辅无反……吴音薄谋反,今不取。(琳音卷四:328a)枹鼓:上音附牟反,亦音芳无反,并秦音。《左氏传》枹而鼓之……枹字吴音伏不反,不音福浮反,在尤字韵中,与浮同韵,训释总同,音旨殊别,任随乡音,今且不取。(卷八四:850c)

(40)炰煮:方久反……又方武反,见《新韵》,并正作炰也。(洪音卷十三:1053a)

尤韵唇音字,北方已读入虞韵,而且成为正音,收入《新韵》,但南方仍读尤韵。另外,关西将模韵读如侯韵:

(41)训狐:关西呼为训侯,山东谓之训狐,即鸠鸱也,一名鸺鹠。经文作勳胡,非体也。(应音卷一:822b)熏胡:上许云反,关西呼薰胡,亦云薰候,山东云训狐。(洪音卷三:633b)

1.2.4 歌戈与支脂混

(42)抟食:论文作揣,音初委反,江南行此音;又都果反,关中行此音。(应音卷十八:29c)抟食:律文作揣,音都果反,北人行此音;又初委反,江南行此音。(卷十四:1024b)

(43)擩治:上如唯反,桑(柔)皮也,正作也。上又借音而靴反。(洪音卷十五:1112c)

南方读止摄,北方读果摄,《集韵》麻韵儒邪切:“挼,揉也,关中语。”语意相合。五代宋初歌戈麻相近。元康《肇论疏》:“大唐吴儿呼火为燬。”(T45:191c)也是呼戈为支。

(44)跢地:丁贺反,江南俗音带,谓倒地也。(应音卷十三:1009b)

跢,“倒地”义,《王韵》、《广韵》均音带。《方言》卷十三“跌,蹶也”郭注:“偃地也,江东言跢,丁贺反。”可见,通语读果摄,江南方俗读泰韵。今南部吴语、闽语歌戈韵多读ai,可说是渊源有自。

1.2.5 止摄蟹摄混

(45)气𠻳:宜作欬瘶,音苦代反,江南行此音,又丘吏反,山东行此音。(应音卷十:971b,慧琳卷六五:740b引"丘吏反"作"丘既反")气瘶:苏豆反,《说文》瘶,欬,逆气也。音苦代反,江南行此音;起志反,山东行此音。(应音卷十九:48c)

(46)以柱髀:蒲米反,北人用此音,又必尔反,江南行此音。(玄应卷二:840b,云公音义473a)捺髀:蒲米反,北人用此音;又音方尔反,江南行此音。(应音卷十四:1024a)髂髀:蒲米反,江南音必尔反。(应音卷十九:44b)

(47)中晒:郭璞音霜智反,北土行此音,又所隘反,江南行此音。(应音卷十四:1025c)

欬,《广韵》无止摄音;髀、晒,韵书均有两读。《汉书·宣帝纪》颜注:"晒音所懈反,又音所智反。"以卦韵为正读,寘韵为又读,与玄应不同,显示南方对北方的影响。

1.2.6 江阳唐混

(48)膀胀:上普谤反,下知亮反,正作胮胀字也。诸经作胮胀,上疋江反,如晋绛以北人谓胮为滂也;或作胖胀,上疋绛反,如晋绛以北人谓胖为胮也。(洪音卷十八:82b)

晋绛以北人读绛韵为漾韵,读江韵为阳韵,即江阳不分。《匡谬正俗》卷六亦云吴楚读扛为刚,即读江为唐。

1.2.7 东钟与阳唐混

(49)尊章犹言舅姑也。今关中俗妇呼舅(姑)为钟。钟者章声之转也。(《汉书·景十三王传·广川惠王》"背尊章"颜注)今所谓木钟者,盖章声之转耳。东园主章掌大材,以供东园大匠也。(《汉书·百官公卿表》"将作少府"注)今所谓木钟者……本呼木章,音讹遂为钟耳……又古谓舅姑为姑章,今俗亦呼为姑钟。(《匡谬正俗》卷六"木钟"条)中,之当反……今山东俗犹有此言。(同上卷七"中"条)公路涧,但世俗音讹,号之曰光禄涧。(《水经注·洛水》)

(50)暴室者,掖庭主织作染练之署,故谓之暴室,取暴晒为名耳。或云薄室者,薄亦暴也。今俗语亦云薄晒。(《汉书·宣帝纪》"为取暴室啬夫许广汉女"注)

(51)成縠:口角反,吴会间音哭。(应音卷十:966c)成縠:口角反,鸟卵皮也,又口木反,吴人云也。(洪音卷十一:966b)

例(49)中读为张，公读为光，是东读为阳，此乃关东俗读；姑章、木章读为姑钟、木钟，是阳读为钟，这是关中俗读，《集韵》钟韵诸容切："妐公：夫之兄为妐，一曰关中呼夫之父曰妐。" 例(50)暴，蒲木切，屋韵一等，薄，傍各切，铎韵一等，《匡谬正俗》卷七"暴"字条亦云暴有薄音。关中俗语读屋为铎。例(51)吴音读觉为屋，上文例(48)说到吴楚读江为阳唐，所以觉屋相混实际就是屋铎混。《集韵》胡谷切："簩：吴俗谓篗为簩。"为药韵字，与此同。

1.2.8 宕摄与梗摄混

(52)蜂螫：舒赤反，关西行此音，又呼各反，山东行此音。蛆，知列反，东西通语也。(应音卷二：833b)虵螫：式亦反，关西行此音。又呼各反，山东行此音，螫蛆，知列反，南北通语也。(琳音卷五九：699b)

(53)棹子：徒角反，俗音徒格反。(应音卷十五：1041a)

棹，觉韵字。《匡谬正俗》卷六云俗语"覆逴"讹读为"覆坼"，也是觉陌混。关西读梗摄，关东读宕摄。不仅入声如此，关西阳声韵阳韵也读同清韵：

《隋书·五行志》："时人呼杨姓多为嬴者。"《匡谬正俗》卷六"杨"字条："俗呼姓杨者往往为盈音……晋灼《汉书音义》反杨恽为由婴。"卷七"穰"字条："穰字当音而成反，今关内闾里呼'禾黍穰穰'音犹然。"同前"上"字条："今俗呼上下之上音盛。"这种混读也见于宋初的江东地区：《集韵》清韵怡成切："鸉，鸟名，白鹰也。江东语。"《广韵》与章切。映韵为命切："蝗：江南谓食禾虫也。"此义《广韵》胡光切。

1.2.9 缉韵与葉韵混

(54)如睫：子葉反，目旁毛也，山东田里间音子及反。(应音卷十八：26c)

1.2.10 同摄之内各韵相混

①同等或同韵开合相混

(55)呰毁：上兹此反，吴音子尒反。(琳音卷五：338b)

呰，《广韵》将此切，兹此、子尒均属支韵精纽。玄应、窥基均注子(资)尒反，慧琳于《四分律》卷十一亦注子尒反(701a)，《汉书》卷二八"好呰毁，多巧伪"颜师古注："以言相毁曰呰。呰音子尔反。" 音义呰与呰无别，可以看出初唐多用"尔"为切下字，似乎是慧琳所说的吴音，其实不然。可能在慧琳的语音里，尔、此韵母不同，而唐代韵书如

S2071、《王三》均作兹尔反,也就自然被斥之为“吴音”了。

(56)椎钟:直追反,《说文》椎,击也。经文作槌,直泪反,关东谓之槌,关西谓之持,音箎。(应音卷六:914b)觜星:子移反,吴音;醉唯反,秦音也。(琳音卷十七:413c)

支脂之三韵相混。槌,韵书脂、寘两读,关东读至韵合口,关西支韵开口(持,之韵);觜,吴音支韵开口,秦音脂韵合口。

(57)如槩:古代反,江南行此音,关中工内反。(应音卷十七:23c)如篅:市缘反,江南行此音;又上仙反,中国行此音也。(卷二四:115a)

槩,韵书代韵;篅,仙韵合口。南北差别主要是开合有异,而南方读同雅言。

(58)及镕:以终反,江南行此音。(应音卷二一:83b)镕铜:上音容,又以终反,江南行此音,谓镕铸销洋。(琳音卷四九:633c,今本应音卷二三:104c,无“音容”二字)

江南读东韵,通语读钟韵。《集韵》乌公切:“鞥,吴人谓靴鞥曰鞥。”於容切:“鞲鞸,靴鞥。褍,襪鞥,吴俗语。”吴人读钟为东,但俗语里依然读钟韵。

(59)儜弱:上搦耕反,吴音。(琳音卷七九:817b)绳拼:补茎反,谓弹绳墨曰拼,江南名抨,音普庚反。(应音卷二一:78b、卷十四:1024c“拼地”条、卷二五:128b“拼量”条同)抨乳:普耕反。(卷十一:981c,琳音卷五二:652b引作“普耕反,江南音也。”)

《广韵》儜,女耕切,与搦耕反同。从“拼”的注音来看,江南读庚为耕,而慧琳音义庚耕不分,所以吴音可能读庚韵。

②同摄之内不同等第之间相混:

a. 效摄各韵。

(60)猫兔:上莫包反,江外吴音以为苗字,今不取。(琳音卷十一:371c)

猫,S2071、《广韵》有三等宵韵、二等肴韵两读,但释义均在宵韵,大概以宵韵为正读。到晚唐肴韵取得正读的地位,宵韵音则被视为“江外吴音”。

(61)掐心:他劳反,中国言掐,江南言挑,音土雕反。(应音卷二五:128c)辽豆:上力条反,南梁人呼为辽豆也,子与叶似黑豆而小也。经音义以登蹽榜三字替之同勒刀反,此乃物体无差,方言有异耳,任呼。

(洪音卷二一:197a)

(62)刀鞘:思诮反,江南音啸,中国音笑。(应音卷十四:1035c)刀鞘:思诮反。江南音啸,关中音笑。(卷十七:13b)

掐蹬,一等豪韵;挑辽,四等萧韵;啸,四等;笑,三等。大体而言,北方读音主元音较南方低而后;北方无介音,南方有介音。

b. 山摄各韵。

(63)浇濽:子旦反……江南行此音;山东音湔,子见反。(应音卷三:855c)浇濽:子旦反……江南言濽,山东言湔,音子见反。(卷十四:1029a)汙湔:子见反,山东音也;江南曰濽,音子旦反,又音子千反,手浣也。(卷十六:12c)

濽,一等;湔,四等。南北读音差异的表现与效摄恰恰相反。

c. 咸摄各韵。

(64)淰水:江南谓水不流为淰,音乃点反,关中乃斩反。(应音卷十六:6b)

(65)髭髯:下而甘反,江南行此音;又如廉反,关中行此音。(应音卷十九:45a)

淰,江南四等,关中二等;髯,江南一等,关中三等。

d. 梗摄各韵。

(66)捶打:下吴音顶,又都挺反,今取秦音得耿反。(云公音义484a)檛打:下德耿反,陆法言云都挺反,吴音,今不取也。(琳音卷八:350a)打治:吴音为顶,今不取;《集训》音德冷反。(卷十二:377b)檛打:得冷反,击也,又音顶,河北幽镇云也。(洪音卷二:593a)檛打:下得冷反,下又音顶,幽州人作此呼也。(卷十八:89c)

打,《广韵》德冷、都挺二切。"吴音顶"与"都挺反"音同。读四等见于江南、河北。

(67)胫骨:下定反,《说文》胫,脚胻也。音下孟反,今江南呼胫为胻;山东曰胻敞,敞音丈孟反。(应音卷十八:32b)不劈:普狄反,又音披厄反,江南二音并行,关中但行疋狄反。(应音卷十九:42b)跟劈:《字林》匹狄反,关中行此音;《说文音隐》披厄反,江南通行二音。(卷十四:1028a)

胫,江南读二等庚韵,通语读四等青韵。劈,关中读四等锡韵,江南又读二等麦韵。

1.2.11 不同韵尾之间的混读

①-n、-m相混：

(68)竿蔗：音干，今蜀人谓之竿蔗。甘蔗，通语耳。(应音卷十四：1027b)芉蔗：古寒反，南人呼甘为干也。(洪音卷一：570c)芉蔗：上古寒反，方言。(卷二五：358b)干炙：南楚谓甘蔗不正。(卷二十：174c)竿蔗餳：吴楚襄邓之间谓甘蔗为干蔗也。(卷八：833c)

(69)篮芀(茅)刺：上古衔反，似芒而无茎秆者也，山南茅，关西呼为篮也。篮茅一物异名，其物初出土时，如针锋刺人甚毒也。又经音义作菅茅，上古颜反，亦茅也。篮，力甘反，应借用尔。(洪音卷十一：944b)

读甘为干，是整个长江流域的现象。(69)注的是玄奘《瑜伽师地论》，所以说关西"呼为篮"，玄应音义作"菅茅"。

②-t、-k混：

(70)滗饭：碑密反，《通俗文》去汁曰滗。江南言逼，讹耳。(应音卷五：898c)蝍虱：下所乙反，啮人虫也，山东及会稽皆音色。(卷十七：18a)

《广韵》滗，质韵鄙密切，虱，栉韵所栉切，江南(关东)均读职韵。

③阴声韵与阳声韵混：

(71)匾㔸：《韵集》、《切韵》上鞭沔反，下体奚反，《纂文》薄也，今俗呼广薄为匾㔸，关中呼云俾递，俾补迷反。(窥基音义491c)匾㔸：《韵集》方殄反，他奚反。今俗呼广薄为匾㔸，关中呼bh㔸(高丽藏作递)，bh，补迷反。(应音卷六：916a)

(72)萎燥：又作痿同，於危反。关西言菸，山东云蔫，江南亦言痿，方言也。(应音卷十七：20a)菸瘦：《韵集》一余反，今关西言菸，山东言蔫，蔫音於言反，江南亦言痿，痿又作萎，於为反。(卷十：965b)

(73)疱沸：《说文》面生热气也，《通俗文》体蚌沸曰痏沮，音扶分才与反，江南呼沸子，山东名沮。(应音卷十四：1029a)

按，(71)匾，韵书方典切，四等铣韵，上声；关中读四等齐韵，平声。呼㔸为递，则是全浊送气。(72)萎(痿)菸蔫，一声之转。通语说菸，鱼韵(《广韵》去声)，关东元韵，江南支韵。关东江南的差异是阴阳对转，江南关西的差异是支鱼相混。(73)江南呼痏沮为沸子，即读文韵为微韵，读鱼韵为之韵。唐代史书、史书音义也记载了一些类似的现象：

《匡谬正俗》卷六："俗谓如许物为若柯……若干，谓且数也……干音讹变，故云若柯也。"

《旧唐书·音乐志》："杨伴，本童谣歌也。齐隆昌时，女巫之子曰杨旻，旻随母入内，及长，为后所宠。童谣云：'杨婆儿，共戏来。'而歌语讹，遂成杨伴儿。"李白诗作"杨叛儿"。

《北齐书·破六韩常传》："破六韩常，字保年，附化人，匈奴单于之裔也。右谷蠡王潘六奚没于魏，其子孙以潘六奚为氏，后人讹误，以为破六韩。"

《后汉书·光武帝纪》："因遣祭遵围蛮中贼张满"。李注："蛮中，聚名，故戎蛮子国，在今汝州西南，俗谓之麻城。"

以上主要是一等寒桓与歌戈、二等删与麻相混。"奚"讹成韩，是齐韵与寒韵混，唐代关中俗语中有类似现象：《汉书·陈胜传》："藉弟令毋斩"，颜注："弟，但也，语有缓急耳。言但令无斩也。今俗人语称但者，急言之则音如弟矣。"

④阴声韵与入声韵混

(74)船筏：扶月反，江南名，音父佳反。(应音卷二：843c)筏船：扶月反。编竹木浮于河以运物者，南土名簿，北人名筏也。簿音蒲佳反。(卷十四：1023b)筏船：秦人名筏。(同上1029a)

(75)狡狯：下古快反，《通俗文》小儿戏谓之狡狯，今关中言狡刮，讹也。(应音卷十八：29a)

(76)虵虿：敕芥反，《字林》皆行毒虫也。关西谓蝎为虿蝲，音他达力曷反。(应音卷十六：6c)蜂虿：丑芥反，毒虫也，山东呼为蝎；陕以西呼为虿蝲，音土曷力曷反。(卷十八：33c)

以上三条均是蟹摄与山摄入声相混，北方尤其是关西地区读入声，大概就是《切韵序》所说的"秦陇则去声为入"。

(77)竹篾：亡卑反，今中国、蜀土人谓竹篾为篾也。(应音卷十五：1051a)为篾：亡支反，《字林》竹篾也。经文或作篾义同。今蜀土、关中皆谓竹篾为篾。(卷十二：989c)

篾，四等屑韵。四川、中原、关中读同支韵。

(78)額广：雅格反。《释名》云幽州人谓额为鄂。今江外吴音呼额为讶，并边方讹也。(琳音卷四：330a)倓额：崖格反。江东人呼額为讶，

幽州人谓額为鄂，皆声讹转也。（卷六十：710b）茫怖……经文作怕，匹白反，憺怕也；此俗音普嫁反。（应音卷十九：44b）

吴音、关中俗语读陌为祃韵。怕，S.6176已收有祃韵芳霸反一音，可见很早就为通语吸收。读额为鄂，则是陌读入铎。

（79）抖擻：又作藪同，苏走反。江南言抖擻，北人言縠䅰，音都穀反，下苏穀反。（应音卷十四：1031c）

北方侯韵读同屋韵一等，即-ou变成-uk，这种现象在颜师古的著作里也能见到：《汉书·司马相如传》“蛭蜩玃猱”颜注：“猱音乃高反，又音柔，即今所谓戎皮为鞍褥者也。戎音柔，声之转耳。”《匡谬正俗》卷六“猱”云：“此字既有柔音，俗语变讹，谓之戎耳。犹今之香葇谓之香戎。”关中俗语把尤韵读同东韵三等。除此之外，颜氏还记录了下列阴入混读现象：

《汉书·隽不疑传》：“每行县録囚徒还”，颜注：“今云虑囚，本声之去者耳，音力具反。而近俗不晓其意，讹其文遂为思虑之虑，失其源矣。”録，力玉切，三等烛韵，失去塞音尾就读同遇韵，但由于北方虞鱼混，所以“録”变成了御韵“虑”字。（49）“公路涧”读为“光禄涧”，是中原地区把模韵读作屋韵一等。

《汉书·地理志·左冯翊》：“池阳：巀嶭山在北”，颜注：“巀嶭，即今俗所呼嵯峨山是也，音截啮，音才葛反，又音五葛反。”关中人曷韵读作歌韵。

⑤-m、-p混：

（80）厌祷：於冉反。山东音於葉反。（应音卷十四：1030c，琳音59：702c引“山东”作“江东”）关东阳声韵读作入声韵。

2　唐代方言的地理区划

上文我们比较详细地罗列了音义著作中记载的方音现象，从它们标明的地域看，北达幽州，南括南楚，西至高昌，东达齐鲁，包含了大半个中国，依其地理位置可以分为南北两大片：

南方：梁益之间、川音、蜀、山南、汉上、吴楚襄邓、吴人、吴音、江南、淮南、吴会间、会稽、江东、江外、江西、南楚、南人、南方人；

北方：高昌、关之东西、关西、鄜州、关中、关内、秦、秦人、三辅、陕以西、中国、关东、齐鲁、山东、晋绛以北、河北幽镇、幽州、北土、北人、江北。

根据例(12)、(24)、(42)、(62)来看，中国、关中、北人所指略同，江南、淮南所指相近；从例(68)来看，南人、南楚、吴楚襄邓所指近似，因此，从上述地名可以看出，南北的分别大体是以秦岭—淮河为分界线的。

南方方言不同，北朝以来文献中屡有提及：

《魏书》卷九六《僭晋司马睿列传》：巴、蜀、蛮、獠、溪、俚、楚、越，鸟声禽呼，言语不同，猴蛇鱼鳖，嗜欲皆异。

《洛阳伽蓝记》卷二景宁寺：江左假息，僻居一隅……虽复秦余汉罪，杂以华音，复闽楚难言，不可改变。

道宣《律相感通传》：不久复有天来云：姓罗氏，是蜀人也，言作蜀音，广说律相。(T45:874c，又见《法苑珠林》卷十四，T53:393c)

《慧琳音义》卷一百“剩食其人”条云：下文又云“剩可为夫妻”。剩……俗字也，亦楚郢之间语辞也。言剩如此者，意云岂能便如此，是此意也，盖亦大师乡音楚语也。(T54:929c)

上面几条文献说的既有汉语，又有少数民族语言。慧琳所注为智𫖮《止观门论》卷下，智𫖮世居荆州华容县(今湖南)，其地历来均属楚地。不过，音义著作中揭示的这种南北方音之别，中土僧人常常笼统称之为楚夏不同：

后秦僧肇《肇论》：“泥曰、泥洹、涅槃……盖是楚夏不同耳，云涅槃，音正也。”(T45:157b)元康(唐太宗时人)《肇论疏》：“肇公言泥曰等三名之别，何也？只道西方五天竺国，呼唤不同。虽名目有殊，而其义一也。所以楚夏者，谓五天语，亦比此大唐楚夏之别也。”(T45:191c)

湛然(711—782，今江苏宜兴人)《法华玄义释签》：“言楚夏者，京华为夏，淮南为楚，音词不同，所诠不异，彼土亦尔。”(卷十六，T33:929a-b)

澄观(737—838，今浙江绍兴人)《大方广佛华严经随疏演义钞》：“梵音楚夏者，秦洛谓之中华，亦名华夏，亦云中夏；淮南楚地，非是中方，楚洛言音，呼召轻重。今西域梵语，有似于斯，中天如中夏，余四如楚蜀。”(卷五，T36:35a)

《可洪音义》卷二五“楚夏”条云：“今言梵音楚夏，谓五天竺国人言音各异，如神州之楚夏也。译经三藏是五天诸国人，俱来此地翻经，大意虽同，文字、言、音有异，亦如此方吴、楚、闽、蜀等诸方言、音与中国人不同，亦尔梗概而言，故云楚夏耳。”（397a）

智圆（976—1022，今杭州人）《涅槃玄义发源机要》：“天竺五处不同者，五国咸名天竺，而言音各异。天竺或言身毒，或言贤豆，皆讹也，正言印度……如中国云摩诃，东南称摩醯也。此间楚夏者，此则言音大异，如中国云般涅，西北称涅槃。淮南曰楚，中原曰夏，楚即蛮夷也。中原语正类彼中天，淮楚语讹，类彼西北。”（T38：18b）

佛典把音译词的不同翻译形式目之为楚夏不同，音义、注疏作者在解释“楚夏”时，往往联系汉语实际，以汉语方言来比附不同的译音形式，从论述中，有两点尤其值得我们注意：一是吴楚闽蜀之音与中原不同，可洪明确指出闽地方音与他处不同[①]，前代文献似乎不曾论及；二是中原即秦洛之音为正音，通语的基础方音是关中、洛阳方音，即所谓“秦洛谓之中华，亦名华夏，亦云中夏”者也，可能唐代长安、洛阳音近，皆正。

对不同地域方音差异的认识，不同时代的人了解的详略程度不尽相同：玄应音义涉及的地理区域较多，南北皆有，上述所列地理区域大多见于应音，可洪音义引用了不少南方的音义著作如川音、江西音；慧琳音义只出现“秦音、吴音”这两个地理概念，而且“秦音”不见于其他音义著作。可见，慧琳作为外国人，其方音概念只有南北之别，实际上就是南北通语之别，反映出中唐以后，南北方音的差别加大，而北方内部的方音差异缩小。

3　音义所见语音差别的层次

音义作者在记录不同于韵书之音的时候，往往对这一读音的性质有所判定。出现的相关术语主要有：

①通语、东西通语、南北通语、江北通谓、时人呼。

②随时俗呼、世俗间语、世俗音、俗语、俗呼、俗音、俗、风俗云、

① 蜀地之音，可能与中原地区有较大差别。欧阳修《论孙抃不可使契丹札子》云：“抃本蜀人，语音讹谬。”

借音。

③方言、乡音、闾里、闾里间、田里间。

第一类既指语音，也指词汇，大体指通行各地的标准语。所谓东西、南北，从例(52)看并没有多少区别。

第二类是指俗音，所谓“俗”，既指通语语音的变化，也指方音现象，大体是指此种读音不见于韵书、字书之记载却又流行于某地或普遍通行于口语交际，在文人看来于古无征，不能登大雅之堂，而在民间却又被广泛接受，所以名之为“俗”，这些俗音，有的通行范围广，类同通语；有的通行范围稍窄，与“方音”同义；所谓“借音”，实际上与“俗音”是同一概念，某一口语读音与韵书不同，在作者看来，这一读音是属于假借而来，如颇有：《玄应音义》云：“借音普我反，诸书语辞也，本音普多反。”(卷六：914c)《窥基音义》云：“普多反，借音普我反，诸书语辞。”(490b)颇本读平声，后因变调构词产生了上声一读，可能早期韵书并没有吸收。

第三类是真正意义上的方音，具有很强的地域色彩。唐代文人对此体认比较深刻，李肇《国史补》卷下目之为“坊中语”，李匡《资暇集》卷中视之为“俗谭”。

上面这些不同的术语，都是以韵书注音作为判断标准的。综合音义中关于读音性质的不同说法，可以说唐代的语音存在三个层次：(a)韵书之音；(b)时俗通呼之音；(c)闾里之音，亦即雅言、通语、方音三个层次。雅言反映了语音系统的历史传统，通语则记录了雅言在当代的变化，而方言则是雅言、通语在某一局部地区的变体。①

4 方音现象的地理分布

音义记录的方音现象，从地理分布上看，大体反映了南北之别。南北语音不同，其层次亦有不同：有的是真正意义上的方音之别，有的可能是南北通语之别。值得注意的有几点：

①阴声变入声，是北方尤其是关中地区的现象，而入声变阴声，则主要见于蜀、吴、关中等地。关中地区既有阴声读同入声现象，又有入

① 参储泰松：《唐五代关中方音研究》，安徽大学出版社2005年版，第25-28页。

声读同阴声现象。

②阴声韵南北读音的对立有两种完全相反的表现：效摄内部(例60-62)，南方韵母等第高，北方等第低，也就是说，南方读四等时，北方则读一、三等，南方读三等时，则北方读二等；而在止蟹二摄混读中(例45-47)，凡是标明南北读音不同的，其表现则与效摄相反：江南读蟹摄一、二等时，北方则读止摄三等，江南读止摄三等时，北方则必读蟹摄四等。可见，在效摄内部，南方比北方主元音舌位高而前；而止蟹摄内部，南方比北方主元音舌位低而后。

③方音现象在地理分布上，晋绛地区与江南、川音与江南、关中有类似的变化。川音作为一个方言区，最重要的语音特征是全浊送气，晋绛地区则是读心纽为清纽、江阳唐相混。

④音义揭示的方音现象，江南与关中多有相同的地方，大体可以看做是江南音对关中语音的影响。较早说到江东语音影响到关中的当推颜之推《颜氏家训·音辞篇》："岐山当音为奇，江南皆呼为神祇之祇。江陵陷没，此音被于关中。"《广韵》岐，渠羁切，重纽三等；祇，巨支切，重纽四等。初唐颜师古《匡谬正俗》也曾论及这种影响：

卷五"隄"字条："又隄防之隄字，并音丁奚反，江南末俗往往读为大奚反，以为风流，耻作'低'音，不知何所凭据，转相放习，此弊渐行于关中。"

"愈"字条云："愈，胜也，故病差者言愈……而江南近俗读愈皆变为踰，关内学者递相放习，亦为难解。"

可以看出，这种影响涉及声韵调等各个层面。很多音义中明确说明是南方方音的现象，在关中地区也能找到类似的变化，如精章相混、全浊声母送气、佳皆夬与麻、例(47)晒(与《汉书》颜注相比)等等，而且有的在《广韵》中还能看到它的踪影。上文1.2.5说到止蟹二摄混，南方读蟹摄一二等时，北方尤其是山东读止摄三等，但也有与此交错的情形：

《匡谬正俗》卷六"底"条云："俗谓何物为底丁儿反……此本言何等物，其后遂省，但言直云等物耳。等字本音都在反，又转音丁儿反……今吴越之人呼齐等皆为丁儿反。"

元康《肇论疏》："大唐吴儿呼来为离。"(T45:191c)

《广韵》等，多改切，当是先转为底(都礼切)，再读支韵，吴音呼齐为支，关中亦染其俗，读为支。《集韵》咍韵曳来切："颐，頷也，关中语。"颐，本音盈之切，读之为咍。

总而言之，对音义中零星记录的方音现象进行爬梳、分析，可以让我们大体上了解唐代语音的平面层次、方音特征的地理分布以及南北语音的大致差异。

（原载《语言研究》2004年第2期第73-83页）

唐代的方言研究及其方言观念

唐人对方言的理解以及认识，多数来自前代著作，影响最著者当属扬雄《方言》以及郭璞的经籍注释，其他如《说文》、《释名》等小学类著作也有一定的影响。唐人在典籍音义注释、笔记等著作里记录了不少方言现象，包括语音、词汇、语法，但最多的是语音现象。记录的方言来源，大致有几种情况：一是历史方言，前人文献中已有记录，但唐代仍然保留这种方言现象；二是自己的母语方言，自己比较熟悉；三是通过各种方式了解的当代异地方言。所提的地域，既有大的地理范围如南方、北方，又有具体的郡县。涉及的方言现象，既有通语的变异，也有方俗语言的变化。对于方言现象，其解释是音讹、声讹、语之转、借音。

1 唐代文献方言记录概览

1.1 唐代记录方言的文献

初唐前后出现的专门记录方言的著作，如王长孙《河洛语音》一卷、颜之推《证俗音字略》六卷（《隋书·经籍志》）、颜愍楚《证俗音略》二卷（《旧唐书·经籍志》）、张推《证俗音》三卷（《新唐书·艺文志》）等书，可惜久已亡佚，内容已不得而知。

今天我们能见到的，只是唐人对方言的一些零星记录，主要见于经疏、音义、笔记等文献。刘肃《大唐新语》、段成式《酉阳杂俎》、苏鹗《苏氏演义》、李涪《刊误》、封演《封氏闻见记》等书偶记方言；记录条目数量较多的著作是颜师古《汉书音义》、《匡谬正俗》，李匡义《资暇集》，玄应《众经音义》、窥基《法华音训》、《妙法莲华经玄赞》，慧琳《一切经音义》，可洪《新集藏经音义随函录》（书成于940年）等，时间涵盖从初唐到五代，记录的方言现象丰富多彩，涉及的方言地域较多且具体，称谓也五花八门。

1.2 唐代文献中的方言区划

唐人文献中涉及方言差异的地理名称较多，参见下页表格。

表中方言地域名称，大多导源于前代，尤其是扬雄《方言》与郭璞注。而唐人的这些著作尤其是佛典经疏，传承关系又极其明显，如窥基《妙法莲华经音义》、《妙法莲华经玄赞》、云公《大般涅槃经音义》、可洪《新集藏经音义随函录》均参考了《玄应音义》。不过唐人在引用时，有时根据实际情况会做出一些调整：

（1a）牛湩：竹用、都洞二反。《通俗文》乳汁曰湩。今江南人亦呼乳为湩。（玄应卷17，24b；慧琳卷74，788b）

（1b）乳湩：冢陇反。郭注《穆天子传》云："湩，乳汁也。今江南亦呼乳为湩。"陇音龙用反。（慧琳卷33，530a）

（1c）淳湩：诛巃反，[巃]龙重反。《说文》云乳汁也。江南见今呼乳汁为湩。去声。（慧琳卷12，376a）

（1d）牛湩：冢用反，吴音呼乳汁为湩，今江南见行此音。（慧琳卷79，817b）

"江南人呼乳为湩"出自《通俗文》以及《穆天子传》郭璞注，慧琳视其为"吴音"，且是现行的读音。"江南"与"吴音"同。

（2a）抱不：又作菢同，蒲报反。《方言》燕朝鲜之间谓伏鸡曰菢，江东呼妪。（玄应卷11，986b；慧琳卷52，655a）

（2b）抱卵：字体作菢，又包同，蒲冒反。《通俗文》鸡伏卵，北燕谓之菢；江东呼蓝。蓝音央富反，伏音辅又反。（玄应卷18，57:27b；慧琳音义卷73，780a）

（2c）乌伏：扶富反。谓蓝（伛）伏其卵及伏鸡等亦作此字。今江北通谓伏卵为菢，江南曰蓝，音央富反。（玄应音义卷5，888c，慧琳音义卷44，600a）

"伏鸡曰菢"据《方言》与《通俗文》是北燕方言词，唐代通行于江北。"江南"与"江东"同。

（3a）簰筏：蒲佳反。《方言》簰谓之筏。南方名簰。北人名筏。（玄应卷15，1044c；慧琳卷58，696b）

姓　名	生卒年	著　作	方言地域	方言称谓
颜师古	581—645	匡谬正俗、汉书音义、急就篇注	关中、关内、太原、山东、河北、江南、江淮、吴越、北人、南人、巴蜀之间	俗语、俗呼、俗言、俗音、今俗读、闾里呼、田野之人谓
元康		肇论疏(书成于贞观年间)	吴儿、楚夏	乡音
玄应	高宗以前	众经音义(成于661—663年间)	山东、江南、江东、陕以西、中国、关东、关西、关中、吴人、吴、三辅、江北、北人、南人、北土、蜀人、江湘以南、楚人、会稽、吴会、高昌	方俗语、方言、俗音、世俗间语、俗音、下里间音、俗呼、时俗音
窥基	632—682	妙法莲华经音义、妙法莲华经玄赞	关东、关西、江南、山东、陕以西、关中、吴人	
慧苑	约七、八世纪	新译大方广佛华严经音义(书成于720年前后)	吴楚之间	
云公	开元时人	大般涅槃经音义(成于732年)	关中、江南、山东、江东、关东、关西	
湛然	711—782	法华玄义释签	北方、京华、淮南	乡音
慧琳	737—820	一切经音义	江外吴地、吴楚、江东、吴音、吴楚之音、秦音、幽州、齐鲁、楚郢之间、秦中、蜀人、关西、关东、江南	正音、俗音、俗呼、乡音、时俗语、时语、不正音、俗语、闾巷间时俗语
澄观	737—838	大方广佛华严经随疏演义钞	秦洛、楚蜀、淮南	
李肇	中唐末人	国史补	荆襄、晋绛、关中	坊中语
李匡乂	唐末人	资暇集	秦人、京洛	俗谭、俗呼
可洪	五代时人	新集藏经音义随函录	吴楚闽蜀、中国、山南、汉上、南梁、汉南、南人、吴人、吴音、江南、江西、浙西、梁益之间、川音、南楚、吴楚襄邓之间、益州、晋绛以北、秦晋、关中、秦地关西、河北幽镇	随时俗呼、俗呼、方言、风俗云

注：为省篇幅，引用音义一律以作者姓名表示，如《慧琳音义》简称"慧琳"。慧琳、窥基、云公音义用大正藏本(54册)，其他音义用中华藏本：玄应音义(56-57册)、慧苑音义(59册)、可洪音义(59-60册)，引文后所标页码据此。

(3b)筏船：《方言》潷谓之筏。编竹木浮于河以运物者。南土名潷。北人名筏也。(玄应卷14,1023b;慧琳卷59,699b)

(3c)筏谕：南土吴人或谓之潷，即筏也。(慧琳卷10,368a)

(3d)若潷：秦人名筏，江南名潷。(玄应卷14,1029a;慧琳卷59,701c)潷，见《方言》卷九"(东南丹阳会稽之间)泭谓之潷，潷谓之筏。筏，秦晋之通语也。"唐人以"南、北"、"秦人、江南"替换。

沿用《方言》及郭注的方言地域称谓，最主要的原因是唐代这些地域仍然保留了前代的方言区别。有时地名也会作出相应替换：

(4a)蕃息：父袁反。蕃，滋也，谓滋多也。《释名》"息，塞也。言万物滋息塞满也。"今中国谓蕃息为嬔息，音匹万反。(玄应卷1,822c;慧琳卷17,415c,又卷46,610c)

(4b)蕃息：关中言嬔息，芳万反。(可洪卷3,633b)

可洪视"中国"为"关中"。

(5a)贪齩：五狡反，中国音也。又下狡反，江南音也。(玄应卷23,57:105c;慧琳卷49,634a)

(5b)齩足：又作齩同，五狡反。齩，齧也。关中行此音。又下狡反，江南行此音也。(玄应卷25,57:128b;又卷21,57:69b;慧琳卷71,770b)

玄应、可洪均视"中国"为"关中"。中国，《方言》郭注出现6次，如卷三"物空尽者曰铤，铤，赐也"郭注"亦中国之通语也"。《方言》卷六"聳聹聋也"条作"(秦晋)中土"、卷十"曾訾何也"条作"中夏"。这里的"中国"及"中夏"当是指中原地区，而非"关中"。

唐人文献中提到的方言地域(见上表)，范围涉及很广，北达幽州，南括南楚，西至高昌，东达齐鲁，包括了现今的大半个中国，但是没有扬雄、郭璞时代那么复杂，地域相对集中，主要是关东与关西(山东与陕以西)、关中与江南(秦与吴)、南与北。尤堪注意的是，中唐以后，唐人对南方方言给予了高度关注，一是蜀地(西川、川音)，一是江西，一是浙东(吴会、会稽)，这些地方虽然扬雄、郭璞亦曾论及，但很粗略，远不及唐人描写的细致，尤其是唐人注意到了这些地方的语音特征。

根据唐人的方言区域记录，并依据其自然地理分布，唐代方言可以粗分为南北两大片，南北的分别大体是以秦岭－淮河为分界线的。这一点我们曾做过详细分析，[①]不赘。

玄应音义涉及的地理区域较多，南北皆有；可洪音义引用了不少南方的音义著作如川音、江西音；慧琳音义只出现“秦音、吴音”这两个概念，而且“秦音”不见于其他音义著作。可见，慧琳作为外国人，其方音概念只有南北之别，实际上就是南北通语之别，反映出中唐以后，南北方音的差别加大，而北方、南方内部的各自方音差异在缩小。

2 唐人对方言的记录与描写

唐人文献中记录的方言来源，大致有几种情况：一是历史方言，前人文献中已有记录，但唐代仍然保留这种方言现象；二是自己的母语方言，自己比较熟悉；三是通过各种方式了解的当代异地方言。

2.1 来自前代文献

主要引用的文献是《方言》、《尔雅》及郭璞注，《通俗文》，《释名》，《字林》，《韵集》等，有时并不标明出处，但都明确标明方言地名。

(6)持锹：七消反，俗字也。亦作鍫，正作鍬。《尔雅》鍫谓之锸。《方言》云“赵魏之间谓臿为鍫。”颜氏《证俗音》云：“今江南人呼为铧鍫，巴蜀之间谓鍫为锸。”今江东人呼鍫刃为鐅，音片蔑反。此皆方言别异也。从金秋声。(慧琳卷42，584b)

今本《方言》卷五云：“臿，宋魏之间谓之铧，或谓之鏵。江淮南楚之间谓之臿。”郭璞注：“江东又呼鍫刃为鐅，普蔑反。”音义所引《方言》与今本稍异。根据音义，汉代赵（宋）魏方言词至隋唐已经扩展到江南。

(7a)箭镝：都狄反。《说文》矢锋也。《史记》锋镝或作鍉，镞镝也。《释名》云：“镝，敌也。可以御敌也。齐谓之镞，言其所中皆族灭也。”(玄应卷9，959c；慧琳卷46，615b)

(7b)其镞：子木反。《字林》云：“箭镝也。江南言箭金也，山东言箭

① 参储泰松：《唐代音义所见方音考》，《语言研究》2004年第2期，第73-83页。

足。”《释名》云：“箭本曰足。”古谓箭足为族，《尔雅》金镞箭羽是。（云公卷下，474b；玄应卷2，842a“箭金”作“箭镝”、“山东”作“江东”）

（7c）箭金：箭镞也。关西名箭金，山东名箭足。或言镝，辩异名也。（玄应卷11，979b；慧琳卷52，651a）

呼“箭”为“箭足（镞）”本是汉代齐方言词，到晋代扩展为山东方言词；呼“箭”为“箭金（镝）”晋代为江南方言词，唐初扩展到关西。

（8a）趁而：丑刃反，谓趁逐也。《纂文》云：“关西以逐物为趂也”。（玄应卷19，43a；慧琳卷56，679c）

（8b）趂逐：丑刃反，谓相追趂也。关西以逐物为趂也。（玄应卷1，824c；慧琳卷42，583a）

“关西以逐物为趂”本来自《纂文》，唐代关西仍如此说，所以8b）遂不言《纂文》，这种情况在唐人记载中习见。

2.2 来自作者自己的家乡方言

这类主要是利用作者自己的方言来解释某些语音、词汇现象。多以“俗”、“今俗”称之，或径冠以家乡名称。

（9a）朝菌：奇殒反。《尔雅》“中馗，菌”郭璞曰：“地蕈也，似盖。今江东呼为土菌。”蕈音审。（玄应卷15，1047b；慧琳卷58，691c，又见卷37，553b“地菌”条）

（9b）椹羹：上音审，菌生木上者也，亦云树鸡，亦云树耳，如《宝林传》作树耳是也，正作蕈，山南土俗亦为审。（可洪卷16：24b）

（9c）有蕈：音审，地菌也。应和尚亦音审，又按《字样》作式甚反是也，汉上及蜀并呼菌为审也。《玉篇》《切韵》并作慈荏反，又作辞荏反，楚夏音讹耳。（可洪卷27：481c）

蕈，《切韵》慈荏反，从纽；梁益读书纽。可洪为汉中人。

（10）匾匮：集韵切韵上鞭沔反，下体奚反。《纂文》薄也。今俗呼广薄为匾匮，关中呼云俾递。俾补迷反。（窥基音义卷27，491b；玄应卷6，916a匾作方殄反）

呼匾为俾（补迷反），是读狝韵为齐韵，声调有平上之别。

（11）懈墯：上革卖反……俗音嫁者，非也。（慧琳卷41，576b）

懈，《切韵》读卦韵，方言读祃韵，慧琳多次提及，如卷1“懈废”条云“音作嫁者非也”（315a）、卷5“懈息”条云“相传音嫁者非也”（339a）、卷16“不懈”条云“音戒，诸字书并无嫁音也”(404c)、卷82“匪懈”条云“音戒，若音嫁者非也”(837b)。

(12)解擘：下音伯，俗语也。合书擗字，音达丹反，擗箜篌也。《考声》云：“擗，拼也，触也。”如弹琴也。《律》文云“擘箜篌”者，闾巷间时俗语也。(慧琳卷62,724a)

擘，《广韵》麦韵博厄切；伯，《广韵》陌韵博陌切。此处所谓俗语，不在于陌麦二韵相混，而在于把通语的“擗箜篌”说成了“擘箜篌”。

(13)狡狯：古快反。《通俗文》小儿戏谓之狡狯。今关中言狡刮，讹也。(玄应卷18,29a；慧琳卷73,782a)

关中读“狯”为“刮”，是把去声夬韵读成入声鎋韵。

(14)栌栱：下恭拥反。俗呼或为去声也。(慧琳卷14,391c)

栱，本读上声，方言读去声。

(15)鸽鹄：下红縠反。一名黄鹄，比翼一举千里。或曰鸿鹄，俗呼为红鹤。(慧琳卷14,392a)

读黄鹄为鸿鹄，读鸿鹄为红鹤，实际上是通摄与宕摄相混，这是唐代关中方言的重要特征。鹄，《广韵》沃韵胡沃切；鹤，《广韵》铎韵下各切。

2.3 当代异地方言

这是共时层面的方言记录，方式同于扬雄《方言》。

(16)葅齏：醬属也。醢醬所和，细切曰齏，全物为葅。今中国皆言齏，江南悉言葅。(玄应卷1,821b；慧琳卷17,414c)

(17)妖嫂：下於缚反。今江南谓作姿名嫂伊；山东名作嫂也。(玄应卷10,965b；慧琳卷49,636c)

(18)髋节：又作坃同，胡灌反。《通俗文》烧骨以桼曰坃。《苍颉训诂》坃，以桼和之。今中国人言坃，江南言䊀，音瑞。(玄应卷18,29a；慧琳卷73,782a)

按，玄应音义卷20(62b；慧琳卷55,673c)“桼箠”条“中国”作“北人”。

(19)蝇虱：下所乙反，啮人虫也。山东及会稽皆音色。(玄应卷17,18a；慧琳卷73,782b)

虱，音义读质韵；《广韵》所栉切，栉韵；均收[-t]尾。山东与会稽读色,即是职韵,收[-k]尾。

(20)掣电:昌制反,阴阳激耀也。关中名觌电,今吴人名磹磹,音先念反,大念反。(玄应卷6,916c;窥基《法华经玄赞》卷十,T34:849b)

窥基音义(T54:492b)"觌电"作"睒电"。慧琳(卷46,610b)"关中"作"三辅"。吴人呼"觌电"为"磹磹",实际上是读书纽为心纽,三等混同四等。

(21a)如槩:古代反。《苍颉篇》:"槩,平斗斛木也。"江南行此音。关中工内反。(玄应卷17,57:23c;慧琳卷74,788a)

(21b)不槩:柯亥反。郑注《礼记》云:"概,平斗斛者也。"今俗音古外反。(慧琳卷44,599a)

槩音工内反,来自《字林》,见《玄应音义》卷9(952a)"不槩"条(又见慧琳音义卷46:611a)。此处关中、江南主要是开合口之别,关中读合口队(泰)韵,慧琳视为俗音。

(22a)螽蜇:上音终,下音斯。《韵诠》云:"螽蟴,蝗虫之类也。"《毛诗传》曰:"螽蜇,蜙蝑也。"俗呼为不蜙,蜙音锺。(慧琳卷49,636a)

(22b)螽蜇:止戎反,下徙移反。《诗》云"螽蜇羽"传曰:"螽蜇,蜙蝑也。"亦即蝗也,俗名舂黍。今江北通谓螽蝗之类曰蝩,亦曰簸蝩,蝩音之凶反。(玄应10,969a)

(22c)火蝩:之容反。今江北通谓螽蝗之类曰蝩。亦曰簸蝩。一名螽蜇,一名蚣蝑,俗名舂黍。蚣音思容反,蝑音思与反。(玄应卷25,133a;慧琳卷71,772c)

(22d)阜螽:上音负,下音终。幽州谓舂箕,齐鲁谓之舂黍,或蜙蝑。俗语讹转,名为补锺是也。(慧琳卷60,711b)

按,《方言》卷十一"舂黍谓之𧒂蝑"郭注"𧒂音蘩。""螽蜇羽"见《诗·周南·樛木》,孔疏引《毛诗草木鸟兽虫鱼疏》云:"幽州謂之舂箕,舂箕即舂黍,蝗类也。"上例记录了两个重要的语音现象:蜙蝑,俗名舂黍,即心纽读同昌纽、书纽;蝩,俗呼阜螽、不蜙、簸蝩、补锺,表明有韵唇音字转为果韵、姥韵。

3 唐人对方言现象的认知

从上文我们可以看到,唐人记录了不少方言现象,但唐人并不满足于记录,还试图对方言差异作出解释。在如何判定方言、如何解释方言差异这两个问题上作出了很多尝试。

3.1 判定方言现象的标准

唐人对方言现象的判定,除了继承并吸收了扬雄、郭璞等人使用的方法外,唐人还做出了更多的努力。

3.1.1 根据作者籍贯来判断方言

在解释古书时,如果某种词汇、语音现象在当代通语里得不到合理的解释,那么它就有可能是作者方言的流露。此方法首先见于《颜氏家训·书证篇》:

或问曰:"《东宫旧事》何以呼鸱尾为祠尾?"答曰:"张敞者,吴人,不甚稽古,随宜记注,逐乡俗讹谬,造作书字耳。吴人呼祠祀为鸱祀,故以祠代鸱字。"

"呼鸱尾为祠尾"不可解,颜氏以为是作者张敞的方音读"鸱"(昌纽)为"祠"(邪纽)所致。这种方法对颜师古影响很大,《匡谬正俗》很多条目的索解都是从籍贯着手。

(23)剩食其人下文又云剩可为夫妻:剩音承证反,俗字也。亦楚郢之间语辞也。言剩如此者,意云岂能便如此,是此意也。盖亦大师乡音楚语也。(慧琳卷100,929c)

文出隋代智顗《止观》卷下,智顗世居荆州华容县,其地历来属楚地。"剩"作"岂"义不见于世俗文献,所以慧琳将其判为作者的方言词。

(24)桥宕:徒浪反,宕犹上也。高昌人语之讹耳。(玄应12,993a;慧琳卷74,789b)

语出《贤愚经》卷7,原文作"门外有壍,既深且广。于其壍上,有大木桥。时此少年,适到桥宕。尔时复有辅相之子乘车外来,桥中相逢。"(T4:400c-401a)"桥宕"不可解,文中义当为"桥上",但"宕"无"上"义,由于《贤愚经》是北魏凉州沙门慧觉等在高昌郡所译,所以音义有此一解。其实,"宕"当是记音字。

《玄应音义》还记载了另一个高昌方言词"曼":

善行王子若安隐还至,当夺汝等宝。曼今未还,可推船置海而去。(姚秦佛陀耶舍共竺佛念等译《四分律》第46卷,T22:911c)

尔之叔父兄弟眷属其数甚多,而世人多用妇语。尔之父王一旦倾覆，尔之诸母或生谗谄，自用其子。以此推之，汝父王位必不至汝。曼王未觉，宜早图之。（失译附秦录《辟支佛因缘论》卷下，T32：477c）

“曼今”、“曼王”，玄应均释云：“高昌谓闻为曼。”（卷14，1034b；卷18，39a；又见慧琳卷59，704b；卷73，784b）玄应解释的根据恐怕还是根据译者最先抵达的汉地是凉州、姑臧；而《四分律》译经时的笔受竺佛念更是凉州人。

（25）掷碢：徒禾反，圆薄而小，形似辗碢，手掷以为戏，亦曰抛碢。[今]云掷㮧者是也，乃江乡吴越之文言，非经史之通语也。此字本无，诸儒各随意作之，故无定体。今并书出，未知孰真。（慧琳卷90，881b）

语见《高僧传》卷13《释慧力》，原文作：“司徒王谧尝入台，见东掖门口有寺，人掷㮧戏，㮧所著处，辄有光出，怪，令掘之，得一金像。”（T50：410b）字作“掷㮧”，《可洪音义》同（卷27：459a作“㮧戏”），慧琳所见与今本不同。“碢”不见于各种工具书，慧琳以为是“江乡吴越之文言”，因为《高僧传》作者慧皎是会稽上虞人。

3.1.2 根据正音判定俗音

唐人判定方言的第二个手段是借助于与正音比对，凡与正音不合的，大多目之为俗音、不正音、借音。所谓正音，一般是以字书、韵书、雅学书为标准，见于书面的即是正音。俗音则是指口语里通行但不合韵书的读音。

（26）作把：补驾反，谓刀把也。正音补雅反。（玄应卷14，1035c；慧琳卷59，704c）

把，《切韵》系韵书只有上声一读，但是俗语里已将“把”的名词义读成去声。玄应注“弓把”作“百雅反”（卷5，894a），“补嫁百雅二反”（卷12，1001c），“璃把”作“百讶反”（卷19，49c），读上声去声皆可。可见，唐人取音的标准首先依据韵书，不取俗音。但一旦某个俗音（不见于韵书之音）被大众广泛接受，则以俗音为正。

（27a）莫怕：拍骂反。怕字本音普白反，今不取此音。（慧琳卷37，552b）

（27b）窜过：仓栾反，假借平声用。本音去声，今不取，遥投火炬也。（慧琳卷37，552b）

（27c）箫璟：鬼永反，假借字也，本音影。亦近代先儒所出，共相传用，囧字韵中无此璟字也。（慧琳卷49，635c）

(27d)画碌:上华骂反,借音用也,本音获。(慧琳卷100,932c)

怕、窜、璟、画,慧琳所注之音皆非韵书之音,而是时俗口语之音。取时音而弃本音。

(28)草篆:传恋反。谨案:经意缚草苇为火炬燎病人,时俗语号为草篆,非雅言也。字书名草稕,稕音准闰反。《字统》云束秆也。《考声》云束草以秆窖也或盖墙也。智者可证明矣。(慧琳卷37,552b)

慧琳认为,"草篆"不词,应是"草稕"的讹读,所以是"非雅言"。最能说明问题的是"裸"字的注音:

(29a)裸:借音胡瓦反。(窥基音义487a)

(29b)裸:胡瓦卢果二反。(慧苑音义卷上,59:438b)胡寡力果二反。(卷下,458a)

(29c)裸者:上华瓦反,顺俗音也,正音鲁果反。(慧琳卷29,504a,下同)

(29d)倮者:华瓦反,借音字也,本音卢果反。(卷14,390c;又见卷16,407a)

(29e)倮走:上华瓦反。本音骡果反,古音贯,今以为嫌,时人语皆避之,故有上音耳。(卷39,565b)

(29f)裸形:卢果反。今俗音胡卦反。(卷12,376a)

(29g)裸形:卢果反,俗字也。时俗音为华寡反。(卷14,392c)

(29h)裸形国:鲁果反。今避俗讳音胡瓦反,上声。(卷100,927b)

裸(倮躶),韵书仅果韵一读,因为不雅,所以民间改读马韵,唐初大概不普遍,所以窥基称之为"借音",亦即借读;到盛唐,两音均可,所以慧苑果韵、马韵两读并列;到中唐以后,马韵读占上风,但马韵读音韵书不收,所以慧琳不得不作出解释:读马韵,只是俗音,民间读马韵,是避讳;自己注马韵读,只是顺俗音。正确的读音(正音、本音)仍然应该读果韵。到五代,马韵音成了正音,而果韵音反而被指为方音:

(30a)躶者:上胡瓦反,又郎果反。风俗以为恶口也。(可洪卷3:640b)

(30b)躶形:上户瓦反,又郎果反。南方谓恶口也,非此呼也。(卷9:873c-874a)

(30c)如躶:上户瓦反,又郎果反。方言以为恶口也,非此呼也。(卷13:1053a)

3.1.3 俗音的层次

唐人所言俗音，根据我们的考察，应该有两个层次：一是如上文例27-30所说的“怕窜璟画祼”一类的俗音，不见于唐以前韵书但在较大的地理范围内流传且已约定俗成并被《广韵》收录的读音，大约与慧琳所说的秦音与吴音相当，也就是南方与北方；一是在较小的地理范围内流行且不见于韵书收录的读音，是真正意义上的方音。

(31a)作字去声。作所作事名为作作。北方一向从入声者。此乡音耳。(湛然《止观辅行搜要记》卷2，续藏经55:763a)

(31b)作作两字俱在祖饿反。作所作事名为作作。(湛然《止观辅行传弘决》卷第二之一，T46:197c)

作，南方读去声，北方读入声。《王三》仅有入声铎韵子洛反一音，《广韵》另收暮韵臧祚切，箇韵则箇切，云：“本臧洛切”。《集韵》宗祚切：“造也。俗作做，非是。”此字本读入声，湛然认为北人读此音已不合时宜，斥为“乡音”。

(32)“出内”等者，明领业也。……“出内”两字江南多分去声呼之。非无所以，若人之出入，出字可从入声；人之所运可从去声。内字南北二音义同。但恐滥内外，故从南音。(湛然《法华文句记》卷2，T34:181a)

出内，南方读去声，北方读入声。但窥基、玄应等均注去声昌遂反、奴对反(窥基音义488b；玄应卷6，912a又卷7，923a；慧琳卷28，494c“出内”)。所谓“内字南北二音义同”是指去声、入声意义均为“入也”。出，《广韵》去声至韵尺類切、入声術韵赤律切。内，去声队韵奴对切，《集韵》另收入声合韵诺答切。

(33)跢地：丁贺反，江南俗音带，谓倒地也。(玄应卷13，1009b)

(34)垂𩌏：经文从足作跢，音都贺反。跢，倒也。(慧琳卷24，460c)

玄应、慧琳以“丁贺反”为正音，江南读同带，此音不见于韵书。《方言》卷十三“跌蹷也”郭注：“偃地也，江东言跢，丁贺反。”

(35)疼痛：徒冬反。下里间音腾。(玄應卷14，1025b；慧琳卷59，700a)

慧琳作“俗音腾”。疼，韵书只有冬韵一读，民间俗语读入登韵。

(36)崑崙语：上音昆，下音论。时俗语便，亦曰骨论。(慧琳卷81，

835c)

崑,阳声韵;骨,入声韵。读崑为骨,是阴阳对转。

(37)尸利沙:即是此间合昏树也。关东下里家误名娑罗树是也。(玄应卷3,56:863b;慧琳卷10,363c)

尸利沙,本是音译词,关东民间讹读为娑罗。

(38)胡荾:今江南谓胡䕲亦为葫䕲,音胡祈。闾里间音火孤反。(玄应卷16,57:8b;慧琳卷65,741b)

胡,匣纽字;读火孤反,则是晓纽,韵书无此音。

(39)一睫:子叶反,目旁毛也。山东田里间音子及反。(玄应卷24,57:120a;慧琳卷70,767a)

睫读子及反,不见于韵书。

3.2 唐人对方言变化的解释

古代先贤在记录方言的同时,也曾尝试解释方言尤其是方音与通语之间的差异,扬雄《方言》使用的解释条例是"转语"、"语之转",郭璞采用的是"语转"、"语声转"、"声之转"、"转声"、"语有轻重"、"语之变转";在方言之上,又建立了"通语或凡语、通言"这样一个上位概念,目的很明显,都是试图建构方言差异的解释体系,但是"转"的参照系是什么,"通语"的具体涵义是什么,他们并没有说明。我们只能从其著作的字里行间去推测。[①]

从扬雄、郭璞等人的著作来看,"通语"有两层含义:一是全国性的通语,称作"通语"、"四方之通语"(方言卷三);二是区域性通语,"通语"前有限定性词语,如"自关而东汝颍陈楚之间通语"(《方言》卷一)、"楚通语"、"赵魏之间通语"(同上卷四)、"楚郢以南东扬之郊通语"、"扬楚通语"(同上卷十)、"北方通语(常语)"、"中国语"、"中国之通语"(《方言》卷十郭注)。

很明显,扬雄、郭璞是把某地的语言分成了两个层次:一是通语;二是方言,而且着眼点多数是词汇。唐人在此基础上,把关注点转移到语音差异上,并对其做了更细致地分析。

3.2.1 正音、时俗语、方言/乡音

从上文的例证与分析,我们可以看到,唐人对方言的认识有着明

① 参华学诚:《周秦汉晋方言研究史》,复旦大学出版社2007年版。

显的层级区别，说明方音时，首先以正音（雅言）为参照系，不合正音的则被指为时俗语（音）与方言/乡音，这实际上是三个层次：正音（雅言）、时俗语/时俗音（通语）、方言/乡音。

唐人所谓的正音就是所谓的雅言，以字书、韵书为标准；时俗语就是不合于雅言但通行广泛且已约定俗成的读音，一般来说，这个读音要被《广韵》收录；方言/乡音就是真正意义上的方言成分，流行范围窄，且不见于《广韵》。

俗音，开始只是某个地方的“下里间音、下里家音、闾里间音、田里间音”，这是真正的方音层；渐渐为人习用后，可能发展成为“时俗音”，这是通语层，它与韵书记载的雅言（读书音）一起构成唐时汉语的三个层次。

（40）搦取：上女戹反。前音义音为女革（卓）反，盖乡音耳，非正音也。（慧琳卷53，659b）

此条所注经是《起世因本经》第一卷，玄应注“女卓反”（卷12：994b），可洪注“女卓反又女宅反”（卷13：1025c）。按慧琳的意思，“搦”读女戹反是正音，读女卓反是乡音，非正音。所谓“前音义”应是指玄应音义。搦，《切三》《王三》均有觉韵、陌韵娘纽两读。但《经典释文·周礼音义下》“搦其”读女角反，无它音。慧琳所据韵书当只有麦（陌）韵读，所以将觉韵一读斥为乡音。

（41）櫂子：徒角反，俗音徒格反。（玄应卷15，1041a；慧琳卷58，694b）

櫂，《切韵》系韵书均只有觉韵一读，不见陌韵读音。读陌韵，大概受声符“翟”（陌韵）的影响。《匡谬正俗》卷六“坼”字条云俗语将“覆逴”读成“覆坼”，“董卓”说成“董磔”，均是将觉韵读成陌韵。

（42）齘齿：上胡界反，切齿怒也。又宜古八反，俗，通语也。（卷15：1123a）

齘，《切韵》系韵书无见纽读。《集韵》亦无。但流俗通行读见纽。

（43）乍粘：女廉反。又汝盐反，方言也。（卷27：468b）

粘，韵书无日纽音。

（44）萎燥：於危反。《声类》萎，草木菸也。关西言菸，山东云蔫，江南亦言歾委，方言也。（玄应卷17，20a；慧琳卷70，761c）

可以看出，唐人在做音义时，对正音、俗音、方言区别得比较清楚。三者之间有时是相互转化的。

3.2.2 声转与讹转

唐人解释方言与通语的差异时，基本上沿用了扬雄、郭璞的“转”的概念，不过严格区别“声转”与“语转”，读音差异用“声转”，词汇差异用“语转”。

(45)盲，目无见也。偏盲者，患一目也。今俗乃以两目无见者始为盲，语移转也。(《汉书·杜周传》“家富而目偏盲”颜注)

(46)猱音乃高反，又音柔，即今所谓戎皮为鞍褥者也。戎音柔，声之转耳。(《汉书·司马相如传》“蛭蜩玃猱”颜注)

“转”只是对方言变化的一种客观描述，文人生活在“一言讹替，以为己罪矣”的环境中，向来只重雅言，鄙视方言，所以唐人在“转”的基础上，将这些方言现象定性为“讹转”、“流俗讹”、“俗语讹替”、“讹谬所习”、“边方讹”。

(47)今俗监检田亩知其所获，总计大数谓之埒田，而官文书乃作耒字……故谓之率，而率字有律音，俗语讹替，因谓之埒耳。(匡谬正俗卷六)

(48)額广：雅格反。《释名》云幽州人谓额为鄂。今江外吴音呼额为讶，并边方讹也。(慧琳卷4，330a) 傊额：江东人呼額为讶，幽州人谓額为鄂，皆声讹转也。(卷60，710b)

(49)邪鬼魅：耻利反。俗呼音丑栗反，声转讹也。(慧琳卷75，792b)

(50)尩狂：枉王反。俗音乌黄反，声转讹。(慧琳卷16，405b) 尩余：枉王反。俗音蠖黄反，声讹转也。(慧琳卷90，882b) 尪弱：今作尩同，乌皇反。(慧琳卷43，591b；又卷48，626c)

按，尩，慧琳认为读阳韵是正音，读唐韵是俗读，但他有时也不能坚持这种分别，直接注作唐韵“乌皇反”。此字《广韵》仅唐韵一读。玄应亦如此。

转，实际包含了声韵调三方面的相互转化，用“讹转”来解释方音变化，实在是缺乏时空概念的表现。不过这也是当时的认知水平决定的。

4 结 语

通过上文的分析说明并参考已有的研究成果，我们大致可以对唐人的方言研究与方言观念做出几点归纳：

第一，唐人拓宽了收集方言的渠道。唐人采集方言资料的渠道有三：一是来自前代的书面文献；二是作者自己的方言母语；三是通过调查所得。较前代相比，材料来源更广泛；从数量上来看，语音资料远多于词汇、语法，表明唐人方言研究的关注点已从前代的以词汇为中心转移到以语音为中心，深层次的反映出唐代方言之间的差异最著者是语音。

第二，唐人对方言地理的认识与前代有明显的不同：一是记录的地理范围更广，西边到达高昌（今新疆吐鲁番东），这是最早的有关西北方言的文献记录；二是根据方言的自然地理分布，将唐代方言整合为南北两大片，并以秦岭－淮河为分界线。这表明汉语方言的地理差别已从前代的东西差异转变为南北差异。也就是说，南北方音的差别加大，而北方内部的方音差异缩小。

第三，唐人对南方方言的认识更加全面、细密，一改前代以吴楚笼统称之的局面。对后代影响深远且值得大书特书的有两点：一是闽、赣两地的方言进入了研究的视野，明确提出闽、赣两地方音与它处不同，前代文献似乎不曾论及；二是对蜀地（西川、川音）以及浙东（吴会、会稽）给予了高度关注，这些地方虽然扬雄、郭璞亦曾论及，但很粗略，远不及唐人描写的细致，尤其是唐人注意到了这些地方的语音特征。

第四，唐人对通语的认识更加明晰，而且符合现代语言学的认知。唐人首先认识到吴楚闽蜀之音与中原之音不同，“吴楚闽蜀等诸方言、音与中国人不同”，“京华为夏，淮南为楚，音词不同，所诠不异”，“秦洛谓之中华，亦名华夏，亦云中夏；淮南楚地，非是中方，楚洛言音，呼召轻重”，“淮南曰楚，中原曰夏，楚即蛮夷也”；[1]其次中原即秦洛之音为正音，通语的基础是关中、洛阳方音，“中原语正”，“淮楚语讹”。明确提出通语的基础方言，这是唐人对方言的认知超过扬雄、郭璞等

① 储泰松：《唐代音义所见方音考》，《语言研究》2004年第2期，第81页。

人的地方。

第五,唐人对方言语音特点的分析已有了层次的概念,"正音、时俗语/时俗音、方言/乡音"三个层次的划分,是唐人方言研究的最大贡献,也是唐人方言观念最值得肯定的地方。

上述五点,足以确立唐代的方言研究在汉语方音史上的显著地位,明末西方传教士来华以前的方言研究基本上没有跳出先唐以及唐人的研究思路,这或许可以看作是唐人对汉语方音史研究所做出的巨大贡献吧。

(原载《语言科学》2011年第3期第113-123页;《语言文字学》2011年第10期全文转载)

第三部分
佛典音义与韵书史

唐代前期佛典经疏引《切韵》考

《切韵》作为一本韵书，在唐代高宗朝以后拥有崇高的地位。但唐人所用的《切韵》具体面貌如何，与我们今天看到的《切韵》残卷以及唐人增字增注本之间关系怎样，都是值得探讨的问题。我们选取盛唐以前佛典经疏中引用的《切韵》逸文，将其与存世的《切韵》系韵书比对，勾勒唐人引用《切韵》的情形，探讨《切韵》在唐代的传承情况。①

根据我们考察，盛唐以前引用《切韵》的佛典经疏及引用次数是：

(1)元康《肇论疏》(书成于贞观年间)，1条。见于《大正藏》45卷。

(2)窥基(632—682)《妙法莲华经音义》，86条，见《慧琳音义》卷27。以下简称《法华音义》。

(3)窥基《妙法莲华经玄赞》(书成于调露2年，680年)，引《切韵》30条(32次)，与《妙法莲华经音义》互见者19条。见于《大正藏》34卷。以下简称《玄赞》。

(4)新罗璟兴(或作憬兴，高宗时人)《无量寿经连义述文赞》(书成于开耀元年，681年)，5条。见于《大正藏》34卷。

(5)玄嶷(高宗武后时人)《甄正论》，1条。见于《大正藏》52卷。

(6)慧苑《新译大方广佛华严经音义》(书成于720年前后)，18条，见《慧琳音义》卷21。以下简称《慧苑音义》。

(7)云公《大般涅槃经音义》(书成于732年)，3条，见《慧琳音义》卷25。

窥基、慧苑、云公三部音义均见《慧琳音义》，《慧苑音义》另有单行本。《慧琳音义》引《切韵》共计117条，除了引自窥基等三人音义的107条外，慧琳本人注音引《切韵》只有10条，而且称名多样，具体是：“切

① 类似的研究可参考汪寿明：《〈续一切经音义〉引〈切韵〉考》，《语言科学》2003年第1期，第60-64页；徐时仪：《〈一切经音义〉引〈切韵〉考探》，《中国语言学报》第11辑，2003年，第313-327页；姚永铭：《〈慧琳音义〉与〈切韵〉研究》，《语言研究》2000年第1期，第95-101页。

韵”5条、“陆氏切韵”1条、“近代切韵诸家”1条、“近代诸家切韵”1条、“广切韵”1条、“祝氏切韵”1条(另引张戬《考声切韵》10次)。

根据上述材料,盛唐以前佛典经疏音义所引《切韵》共计144条,剔除重复,共涉及140个词,其中单音节词134个,双音节词6个。

从引用《切韵》的具体情形来看,大体上有三种情况:一是完全相同;二是部分相同;三是完全不同。在所引《切韵》的140个字头中,与《切三》(含《王韵》)完全相同的89个;与《切三》(含《王韵》)有别的有51个。为免枝蔓,本文主要讨论与今本《切韵》不同的情况。

1 佛典经疏所引《切韵》与今存唐代韵书的差异

1.1 文 字

1.1.1 字头互为异体

(1)㝹,奴溝反,《切韵》兔子也。或作䨲也。(法华音义,482b阿㝹)

《切三》、《王韵》(指《王一》、《王二》、《王三》,下同)、《广韵》表“兔子”义均作䨲。㝹字见于《集韵》,为“䨲”或体。

(2)《切韵》鈆即錫也。有云:錫銀鈆之間。《玉篇》青金也。(《玄赞》卷4,727a)

《切三》、《王一》、《王三》仙韵与专反均作“铅”,并云:“或作鈆”(《切三》)、“通俗作鈆”(《王韵》)。

(3)《切韵》獸名,似猿(猨),作貁。《玉篇》貁,似貍,摶鼠。與《切韵》别。……今依《切韵》作貁字。應作鼬字,與貁同去聲呼。(《玄赞》卷6,758a-b)《切韵》獸名,似猨,作貁。……《玉篇》貁,似貍,捕鼠。與《切韵》别。(法华音义,486c狖)

《王一》、《王二》均作“狖”。《王三》宥韵余救反“狖、貁”并收,前者为“獸名,似猨”,后者为“虫属”,可见是两个词。P3694宥韵余救反:“狖,獸名,似猨,四。从豸。”“从豸”大概是指“又(或)从豸”。《广韵》狖貁为异体。

(4)《切韵》丁戈作垜,小堆。(法华音义,487a土埵)

《切三》、《王二》、《王三》丁戈反作“**垛**”,释义同。《广韵》释作“**垛**

堆。”《集韵》以“𨹹”为“垛”之异体。

(5)《切韵》戲相擾作嬲。(法华音义,487c觸嬈)

《切三》乃鸟反:“嫐(嬲),戏相扰。”《玄赞》(769a):“戲相擾作嬲。”《王一》、《王三》作嬲。《集韵》嬲嫐为或体。

(6)《廣雅》作憔悴。《切韵》、《三蒼》作顦顇。(《玄赞》卷6,775a)憔悴,《三蒼》、《切韵》並顦顇。(法华音义,488b憔悴)

《切三》、王韵宵韵昨焦反作“憔,憔悴,或作顦顇。”去声至韵疾醉反作“顇,顦顇。”

(7)《切韻》齒不正曰齜齹,作齜。(法华音义,487a啀喍)

《玄赞》(卷6,759a)“齜音士佳反,齒不正作齜齹。”《切三》佳韵士佳反:“𪗨,𪗨齟,齿不正。”《王二》、《王三》、《广韵》均作“𪗨齹”,是。齜、𪗨为异体。

1.1.2 形近而讹

(8)䶒齧,上相傳在詣反,謂沒齒齩也。《切韻》嘗至齒。應作䶒。(法华音义,486c)

《玄赞》(卷6,758c)云:“䶒音在諸(詣)反。嘗至齒作嚌。不知䶒字所從。恐錯為䶒”。两相观照,疑《音义》词头本作“嚌齧”。嚌,《王一》、《王三》、《唐韵》霁韵在诣反:“嘗至齒。”均无䶒字。《王二》在细反:“嚌,嘗至齿。䶒,䶒齧。”

(9)摣音側加反。《切韵》以指按作戲。(《玄赞》卷6,759a)《切韵》樝,似梨而醋。應作皻,以指按也。(法华音义,486c樝掣)

《切三》麻韵侧加反:“樝,似梨而醋。皻,皻鼻。皻,以指按。”《玄赞》“戲”、《音义》“皻”当作“皻”,均是形近而误。《王二》正是“皻,以指案。皻,皻鼻。”

1.1.3 形体分化

(10)瑩,《切韵》稱“瑩,飾也。”(慧苑音义,436b光瑩)

鎣,《王一》径韵乌定反:“饰。或作莹,莹,玉光,非鎣饰字。”《王二》云:“鎣,鎣饰,亦莹。”《广韵》作“鎣,鎣饰。”“莹”本玉光,鎣为鎣饰。但后来多不别。

(11)注者丁住反,注記也。《切韵》注,之戍反,水注也,非注記。(《玄赞》卷6,778c)註記,上竹句反、之喻反。《廣雅》注,疏也,識也。《字林》注,解也。《通俗文》記物曰註。《切韵》作注,陟住、之戍二反。(法

华音义,488c註記)

根据上文,《切韵》“注”标二音,主要是区别“水注”和“註记、註解”二义,字形并无分别,但到《王韵》、《唐韵》,“註解”义作“註”,“水注”义作“注”。《王一》遇韵之戍反:“注,水注。又丁住反,注记。”中句反:“註,解。”《王二》遇韵之戍反:“注,水注。又陟句反。”陟句反:“注,又之戍反。註,解。”《王三》遇韵之戍反:“注,记。”中句反:“註,解。”

1.2 注　音

1.2.1 反切用字不同而读音实同

(1)臭謂惡氣。處音昌與反,息也,謂惡氣息。《切韵》又云鵄(之)恕反。(《玄赞》卷6,758b)

处,《切三》、王韵均有上去二读。上声均作“昌与反”,去声读,《王一》、《王三》据韵杵去反,《王二》昌据反。《音义》作杵恕反。鵄,同鸱,《广韵》脂韵处脂切。鸱,《切三》处脂反。

(2)《切韻》手把作攥,子活反。(法华音义,487a搏撮)

攥,《切三》末韵子括反。

(3)乳,《切韻》濡主反。(法华音义,487a孚乳)

《切韵》系韵书均作而主反,音同。《玄赞》(759a)“乳音濡主反。”不云《切韵》。

(4)出,《切韻》亦赤律反。(法华音义,488b出内)

出,《切三》、王韵质韵作尺聿或尺律反,去声至韵作尺类反。唯有《广韵》作赤律反,与音义同。

(5)《切韵》擾亂作撟,拏巧反。(法华音义,487c觸嬈)

《切三》乃鸟反:“奴(巧)反,撟,扰乱。”《玄赞》(769a):“擾亂作嫪。奴巧反。”

(6)匾匾,《集韻》、《切韵》上鞭沔反,下體奚反。《纂文》薄也。有作膈腣,近字耳。(法华音义,491c匾匾)

匾匾,《切三》字作匾虒,读方顯反、湯嵇反。《王三》铣韵方繭反作匾匾,齐韵湯嵇反作匾匾,均释为“薄”。《玄赞》卷10(837a)作“膈音方顯反。應作匾字。腣音湯嵇反,應作匾字,匾匾,薄也。”与《切三》、《王三》同,疑《音义》所云“《集韵》、《切韵》”乃一书之名,非两书。

1.2.2 读音不同

(7)齎音節稽反,持遣(遗)也。《切韵》作掬,音渠竹反,取也。物在手應作匊。(《法华经玄赞》卷8,813c)

一本"掬"前有"齎"字。掬、匊,《切三》举竹反,《王二》举六反,《王三》、《广韵》居六反/切,《唐韵》居竹反,均读见纽,不读群纽。掬作渠竹反,可能是误抄,考《切三》、《唐韵》"掬"上均是"鞠"字,云"又渠竹反。"可能抄者误以为是小韵注音。

(8)《切韵》若隱僻作偋,卑政反。(法华音义,490c 屏處)

《玄赞》卷9(822c)作:"若隱僻作偋,音卑政反,又蒲定反。"偋,《王韵》"隐僻"义读防政反,《唐韵》作防正反,"隐避。"《王二》、《唐韵》又读蒲径反,均系並纽,无帮纽读。各韵书"偋"小韵前一个小韵是"摒"小韵,卑政反。可能因前一小韵致误。

(9)歧,拒羈反。案字書作𣏌,謂樹枝横首也。今經本有從山邊作岐及《切韵》音之為歧,並誤也。(慧苑音义,436b 樹歧)

慧苑认为"树歧"的"歧",应当作"𣏌",而经中作"岐"、《切韵》读岐为"歧(拒羈反)",都是不正确的。据此,慧苑所见《切韵》"歧、岐"在渠羈反,重纽B类,而《切二》均在巨支反,重纽A类。《切二》"岐"下云"又渠羈反",而"歧"无渠羈反读。《王三》"岐"字巨支反、渠羈反两小韵互见。这应该是通语中重纽AB类相混所致。《颜氏家训·音辞篇》云:"岐山当音为奇,江南皆呼为神祇之祇,江陵陷没,此音被于关中。"正与此相合,也说明重纽A类读成了重纽B类。[①]

(10)綜,子送反,習也。陸法言《切韵》云機縷也,音並同也。(璟兴《无量寿经连义述文赞》,T37:136b)

综,璟兴读去声送韵,《王二》、《王三》子宋反,在宋韵,一等送宋相混。

1.3 释义不同

1.3.1 意义相近或部分相同

(1)《切韵》若(作)𦢊𦣛,舍破也。(《玄赞》卷5,746a)《切韵》若作𦢊𦣛,舍屋破也。(法华音义,485c 隤)

《切三》、《王韵》灰韵杜回反"𦢊𦣛"释为"屋破状"。《广韵》同。𦢊𦣛

① 参储泰松:《唐五代关中方音研究》,安徽大学出版社2005年版,第66-67页。

为连绵词，加“状”，释义趋于严谨。

(2)欻然，上許物反。《切韻》暴起皃。（法华音义，486a欻然）

《玄赞》卷5(746b)作“欻音許勿反，暴起貌。”欻，《切三》物韵许物反“暴起。”P3694、《王一》《王二》《唐韵》《广韵》同。《王三》作“異起”，误。

(3)(虒)，《切韵》以角能入水行虒音斯。（法华音义，486b阤）

此处当有脱文，据窥基引《切韵》的体例，应作“以角能入水行作虒”。虒，《王二》《王三》息移反“似虎，有角，能入水行。”《广韵》“似虎，有角，能行水中。”

(4)嗥，《切韵》熊羆虎聲也。（法华音义，487a嗥吠）

嗥，《切韵》系韵书豪韵胡刀反均作“熊虎声。”《玄赞》（卷6，759a）正作“臯（嗥）者熊虎聲。”“羆”疑抄者误衍。

(5)黮，《切韵》黔黮，色。（法华音义，487c梨黮）

“黔”当是“黮”字误。《玄赞》卷6(769a)与此相同（“黮”字部首作“马”），唯不言《切韵》。《切三》徒感反：“黮，黮黮，雲。又他感反。”《王三》同。《广韵》徒感切：“黮，黮黮，雲黑。又他感切。”他感切云：“黮，黮黮，黑也。又徒感切。”音义“色”似应是“雲”字误。

(6)攣，《切韵》戀綴也。陟衛反。攣，拘也。（法华音义，488a癵躄）

戀，别本作癵。《玄赞》卷6(769b)作“有作攣，非此義。乃是綴鷹拘也。”《切三》吕员反：“挛，挛缀，拘。”《王一》吕缘反：“挛缀，鹰狗（拘）。”《玉篇·手部》、《广韵》均释为“挛缀”。音义“戀”当是“攣”字误。

(7)《切韵》傴，背曲不伸也。（法华音义，488a背傴）

傴，《切韵》系韵书於武反均释为“不申”，《广韵》作“不伸”，无“背曲”二字。此义来自《玄赞》卷6(769b)“傴，於武反。背曲不申也。”

(8)《切韵》啞，口不能言。（《玄赞》卷6，769c）

哑，《切三》、《王一》、《王三》乌雅反均为“不能言。”

(9)灑音《切韵》所綺反，掃也，落也。（《玄赞》卷6，773c；法华音义，488b）

洒，《切三》纸韵所綺反：“洒掃。”《王三》、《广韵》同。“落”义《切韵》系韵书不见，《集韵》马韵云“落也”。

(10)坌，《切韵》塵穢也。（法华音义，488c塵坌）

《切韵》系韵书均释"坌"为"尘",无释"尘秽"者。《玄赞》卷6(775b)作"坌音蒲悶反,塵穢也。"以"秽"释"坌",见于《文选·庾亮·让中书令表》"上尘圣朝"吕向注:"尘,犹秽也。"

(11)槁,《字林》苦道反,《切韵》古枯也。(法华音义,489a枯槁)

《切三》苦浩反:"槁,枯。"《玄赞》卷7(785c)作"槁亦枯也。"《音义》"古"字疑误。

(12)礫,力的反。《切韵》沙也。(法华音义,489a瓦礫)

《切三》闾激反:"砾,砂砾。"《王韵》《唐韵》同。

(13)魁,《切韵》苦回反,師也,首也。(法华音义,490c魁膾)

魁,《切三》、《王一》、《王三》灰韵苦回反:"師,一曰北斗星。"《广韵》作"魁師,一曰北斗星。"不见有作"首"义的。"魁"本指北斗首星,至唐代可以泛指"首",如《书·武成》"为天下逋逃主"孔安国传"天下罪人逃亡者而纣为魁主"孔颖达疏、《礼记·檀弓上》"不为魁"陆德明释文、《玄应音义》卷六"魁脍"条注。《切韵》释"魁"为"首",当有所据。

(14)《切韵》作愈,差也。(法华音义,491b除愈)

愈,《切三》麌韵以主反释为"差,胜。"《王二》、《王三》与《音义》同。

(15)旋,似泉反,還也。《切韵》若如水回作漩,辭選反,又似泉反。(法华音义,491b量旋)《切韻》稱旋(漩)洄也。經本從方者,音徐緣反,《切韻》稱還也。(慧苑音义,451b深入法旋澓)

《玄赞》卷9(834a)同,但不言《切韵》。窥基与慧苑所引《切韵》不同。漩,《切三》似宣反:"回渊。又辞选反。"《王三》似宣反:"回流。"线韵辝选反:"四(回)泉。"《王二》线韵辝选反:"洄渕。"《唐韵》作"迴泉"。

(16)娙,五耕反。《切韵》長好皃也。(云公音义,465a天諸婬女)

娙,《切三》耕韵五耕反作"身长皃。汉武帝夫人名娙娥。"《王二》、《王三》、《广韵》作"身长好皃。"《说文》长好也。

(17)《切韵》稱"袤,廣也"。(慧苑音义,443a樓閣延袤)

《王韵》候韵莫候反作"广袤。"

(18)罥,《切韵》稱卦也。(慧苑音义,453b藤羅所罥)

《切三》铣韵释"罥"为"桂",当是"挂"字误。《王三》作"绾罥";《王一》作"绾"。《王二》、《唐韵》不收。《广韵》铣韵姑泫切作"挂也。"

1.3.2 完全不同,不见于韵书

(1)《切韵》疲也作息。(法华音义,484b懈息)

《玄赞》(卷3,694a)作“怠音徒亥反,亦懈也,疲也。”《切三》《王三》为“懈”,《广韵》“懈怠。”韵书不见释“怠”为“疲”者,唯见《孙子·用间》“怠于道路”杜牧注。

(2)塔,古書無塔字。葛洪《字苑》及《切韵》塔即佛堂、佛塔、廟也。(法华音义,483b)

《切三》无“塔”字,盍韵有“才墖”字,云:“墖摸。摸字莫胡(反)。”但此义《王韵》作“搭”。塔,《王三》《王二》“佛图”,《广韵》“浮图”。《玄应音义》卷6“宝塔”引葛洪《字苑》云:“佛堂也”。据此推测,窥基所见《切韵》释“塔”为“佛塔,庙”。

(3)《切韵》緩為慢。(法华玄赞卷3, 709a;法华音义,484c增上慢)

慢,《王韵》、《唐韵》谏韵谋晏反均释为“怠(也)”,考“慢”释为“缓”,最早见于《广雅·释诂二》。

(4)泥塗喻肉。《切韵》塗,輓覆也。(《玄赞》卷5,751b)

《法华音义》“塗,度都反,輓覆也。”塗,《切三》无;P3696、《王一》《王三》模韵度都反云“泥。”《王三》又丈如反,云“泥饰。”《王一》:“又火如反,泥饰。”“如”当作“加”。“輓覆”义亦不见于他书。

(5)埵,字林丁果反,《切韻》小土聚隅。(法华音义,487a土埵)

《切三》丁果反“埵”字无释义,《王一》《王三》释为“堆”。此义来自《玄赞》(759b),但不言《切韵》。

(6)湎,《切韻》亦嗜著,亂。(法华音义,487b妉湎)

《切三》无兖反:“湎:酖酒。”《王三》同。《玄赞》(762a)作:“湎音無兖反,亦嗜著也,亂也。”

(7)《切韵》鞇,虎皮也。(法华音义,487b繒纊)

唐代各本《切韵》不见“鞇”字,《广韵》云同“茵”。《玄赞》卷6(763a)作:“若作鞇,虎皮也。”

(8)《切韵》梨,斑駁色。(法华音义,487c梨黮)

梨,《切三》力脂反。今存《切韵》系韵书无此义。《玄赞》卷6(769a):“或作梨字,亦色斑駁也。”

(9)眇,《切韻》視不正。(法华音义,488c眇目)

《玄赞》卷7(779a)作“眇目者視不正。”《切三》、P3693亡沼反有“眇”字,但无释义。《王三》释为“小眇”。“眇”的“视”义,仅见于《文选·张衡〈东京赋〉》“眇天末以远期”薛综注“视也”、《汉书·叙传上》“离娄眇目于豪分"颜注"细视也"。

（10）荷，何可反，又胡歌反。《切韻》、《韻英》荷，擔也。（法华音义，489a荷負）

荷，《切三》胡歌反无释义。《王三》韩柯反作"莲荷。"《王一》作"莲叶。"《王二》胡哥反作"芙蓉。"《王韵》无上声读。《广韵》胡可切作"负荷也。"此与《韵英》连文，疑为误衍。《玄赞》卷8（808c）作"擔也，揭也，負也。"释"荷"为"担"，最早见于《左传·昭公七年》"其子弗克负担"杜预注。

（11）免，無遠反。《切韻》引也，與挽義同。（法华音义，489a三界獄免出）

《切三》《王韵》無遠反无"免"字，但有"挽"，义为"引"。

2 佛典经疏所引《切韵》与《切三》的关系

如果以《切三》为参照系，初盛唐佛典经疏所引《切韵》140个词中，有110个见于《切三》，但由于《切三》缺去声，且平上入声个别地方有残缺，所以有30个字不见于《切三》，其中去声字23个，《切三》不收的3个（鞘裍滴），残脱的4个（傭虒魑跉嚼）。

在经疏所引《切韵》与今本《切三》、《王韵》完全相同的89个词条中，与《切三》完全相同的70条，余皆去声字和《切三》不收的字。可见，《切三》是比较接近《切韵》原貌的。

窥基所作的《法华经》玄赞与音训，所释词项大多互见，相似程度很高。从上文可以看到，同一词条，有的两书都明确说明引用《切韵》，但多数只是《玄赞》或《音义》中的一部说明是引用《切韵》。还有一种情况是，说解与《切三》暗合，但并没有说明是引用《切韵》。但不论哪种情形，都说明《切三》是较早出现的《切韵》增订本。

2.1 小韵收字数

由于原本《切韵》早已亡佚，每一个小韵收字多少等详细情况均已不得而知。唐代前期佛典经疏的零星记载，就显得弥足珍贵。

（1）縱音即容子用二反，竪也。廣，横也。古為從字。《切韻》唯有縱、蹤、鏦三字。（《玄赞》卷2，687c；法华音义，484a纵）

P3696、《切二》钟韵即容反“纵”小韵收三字，与此同。《王三》“纵”小韵收五字，《王二》收5字，云“三加二”，首字作“𢓭”。

（2a）《切韵》唯有了達、蓼菜、目睛明瞭、長𩯭𩮰四字之外，更無了音之字。（法华音义，492c繚戾）

（2b）繚音力小反，繞也。《說文》唯有了達、蓼菜、目精朗瞭，更無了音字。（《玄赞》卷10，854a）

《玄赞》“说文”二字一本无，疑“说文”当作“切韵”，窥基音义序云：“製玄贊十卷，音訓一卷。贊以本論為先，有虧資於異典。音以《說文》為正，微訓採於餘。”

《切三》篠韵卢鸟反小韵收4字：“了，（无释义）。蓼，菜。瞭，目睛朗。𩯭，𩯭𩮰（髟），长皃。”P3693同。《王一》增至7字，且“了”增加了释义“畢”；《王三》增至11字。瞭，今所见《切韵》残卷、《王韵》均作“目睛朗”，与窥基所引“目睛明”不同，《广韵》篠韵作“目睛明”，萧韵作“目明也”；《集韵》作“目明”。

《音义》与《玄赞》所称《切韵》“了”音字字数不同，一种可能是《玄赞》引文有脱漏，还有一种可能是窥基著《玄赞》和《音训》时参考的不是同一种《切韵》笺注本。《玄赞》（卷1，658c）云“序品等义并如《音训》。”又云（668c）：“逮音（徒载反）如《音训》释，至也，及也。”卷4（729c）又云：“释迦能姓，牟尼寂号，今略言。文如《音训》说。”可见《音训》完成在前，《玄赞》在后。

（3a）臭烟繁欝名蓬㶿。蓬音薄紅反。唯有蓬莑二字。氣如蓬亂，應為蓬字。有作熢字，依《玉篇》即熢火之熢，亦無蓬音。㶿音蒲沒反，大也，盛也。若塵起作㶿，大香作馞。有作勃字不知所出。（《玄赞》卷6，T34：761a）

（3b）蓬勃，上蒲公反。氣如蓬之亂起。有作熢，即㷭火之㷭火，亦如無蓬音，非也。下蒲沒反，勃，盛也。蓬勃，繁盛之皃。若塵起作㶿，火香作馞。有作勃，無所從也。（法华音义487b）

P3798东韵薄红反小韵仅2字，与窥基所言相同。《切二》《王三》薄紅反收4字，《王二》8字，云“四加四”。窥基虽不言《切韵》，但实际是以《切韵》为标准的。

《切三》蒲没反小韵收6字，首字为“勃”，无释义，不见“㶿”字。末二字为“㶿，尘起。馞，大香。”与窥基相同。“㶿”见于《集韵》。

（4）剬字多官反，四。齐政貌。（敦煌写本《马头罗刹忏悔文》，引自上田正）

《切三》寒韵“端”小韵收4字，与此相同。《王三》收9字，均释为“齐。”

2.2 形音义说解与《切三》相同

上引3a、3b训释“蓬勃”时，提到“勃”的同音字及其意义，虽然不提《切韵》，但却和《切韵》是一致的。《玄赞》注音、释义、辨形，有的明确说明是引自《说文》《玉篇》《字林》，没有说明出处的，可能都与《切韵》有关。现略举几例：

（1）啑音《玉篇》所甲反，鳧雁口食曰啑。今既入口，應作匝，子答反。古作啑者，即鳥食啑喋字。啑音所甲反，喋音丈甲反。（《玄赞》卷6，769b）

《切三》合韵子荅反：“匝，入口。”狎韵丈甲反：“喋，啑喋，鸟食。啑所甲反。”所甲反：“啑，啑喋，鸟食。”《王韵》同。

（2）悶絕躄地，地者生死處故。擗音房益反，撫心也。今既倒地，正應作躄。亦有作僻，邪僻之義。（《玄赞》卷6，774b）擗地：上脾役反，撫心也。有作躃，倒。有作僻，匹尺反，邪也。非此義。（法华音义，488b）

《玄赞》“躄”应写作“躃”。《切三》昔韵房益反：“擗，撫心。躃，倒。”必益反：“躄，跛躄。”芳辟反：“僻，误。”《王三》同。

（3）抹香者，若手撥摩作抹，細壤土作抹，塗飾作濊。今既別有塗香，故應作坏（粖）。《玉篇》粖者亡達、亡結二反，粥糜也。碎香如糜，故作粖。碎香如細壞土，應作坏。（《玄赞》卷7，788c）粖：莫割反。若手撥摩作抹，塗飾作濊。今既別有塗香，應為抹（粖）字。《玉篇》粖，亡達、亡結二反，粥糜也。碎香如絮也，故作粖。若如細土，應作坏。（法华音义，489b）

《切三》莫割反：“抹，抹撥，手摩。坏，壤土。濊，塗拭。”P3694同，“塗拭”作“塗试”。两书均无粖字。《王三》《王一》有，释为“糜”或“靡”。

（4）磨音莫箇反。若莫波反，應作摩。摩，研也。（若）鬼作魔，尼作麼，病作磨。都無磨作摩音。（《玄赞》卷7，790c）磨以：莫可反，研也。若莫波反，作摩，灼也；作麼，鬼作魔，偏平作磨。無平音。（法华音义，

489b）

根据经疏及音义，窥基所见韵书、字书里，“磨”没有平声读，但口语里“磨”读平声，所以要强调“都无平音”。但今存《切韵》《王韵》除《王三》外，平声皆收“磨”字。各书收字如下：

《切三》莫波反，摩，研。麽，尼。魔，鬼。膺，煸病。磨，磨挼。此是研，从手者是手摩，多脱错。

《王三》莫何反，摩，挲。麽，麽尼。魔，鬼魔。膺，煸病。（无磨）

《王二》莫何反，摩，抄。麽，尼。魔，鬼。膺，偏病也。磨，磨研。

《王一》莫波反，摩，研。麽，尼。磨，珵石。魔，鬼。膺，偏病。

可以看出，《切三》最接近窥基所引之《切韵》。

（5）閦音初六反。若齊作珿，直貌作矗，廉謹狀作齪。不知閦字所出。（《玄赞》卷7，797b）

《切三》初六反：“珿，齊。矗，直貌。䠞，廉謹狀。”《王韵》同，本小韵均只有3字，且不收“閦”字，与窥基所说“不知閦字所出”相同。《广韵》收“閦”字。

（6）弊，困極也。又作嫳，音扶列反，輕薄易怒貌。弊，妜也。妜音於悦反。（卷《玄赞》卷9，817c）弊惡：上毗袂反，困也，亦為篇列反，上弊同訓輕薄易怒皃。嫳，妜，急性也。妜音於悦反。（法华音义，490b）

《切三》妜，薛韵於悦反，无释义。嫳，扶列反，嫳妜，輕薄易怒貌。《王二》同。《王三》薛韵於悦反：“妜，嫳妜。”扶列反：“嫳，怒。”

（7）怨音於願反，無平音。又屈者作冤，枉作惌，屈草自覆作宛。故無也。嫌音戶兼反心不平也。（《玄赞》卷9，823a）怨嫌：上於願反。屈在冤，枉作惌，屈草自覆作冤。其怨字無於袁反。下戶兼反，心不平也。（法华音义，490c）

《切三》元韵於袁反：“冤，屈。又冤句，县名，在济阴。惌，惌枉。宛，屈草自覆，又宛县，在南阳。”添韵戶兼反：“嫌，心不平。”《王三》同。根据窥基所说，口语里“怨”当有平声读，但唐代韵书无此记载。怨读平声，见于《广韵》。

从上可以看出，初唐窥基所引《切韵》，非《切三》，但与《切三》相当接近，这也说明《切三》是最接近早期《切韵》原貌的。

3　从《切韵》到《切三》《王韵》

《切韵》作为一部韵书，唐人最早引用它的是贞观年间的元康。玄应著《众经音义》，不及《切韵》，可见其时《切韵》名尚不显。玄应曾参加玄奘译场，窥基为玄奘首座弟子，两人都曾为鸠摩罗什所译《妙法莲华经》作注，玄应不引《切韵》，而窥基却征引颇夥，据此可以推定《切韵》是到高宗朝以后才为人所重。

唐人对《切韵》的修订，学界传统一致的说法是增字、加训、刊谬，但具体的情形却不得而知。根据上文的考据，我们可以得出唐人修订的六种方式：

(1)注音有两种方式：

第一，改变反切用字，但不改变读音。

第二，改变某些字的小韵归属，亦即间接改变了读音，如上文提到的“歧岐”。

(2)释义有四种方式：

第一，《切韵》对一些常用字不作注释，有些词义项较少，唐人对前者则补充注释，对后者则增加义项。

第二，在《切韵》单字为训的基础上，在训释词后加语气词“也”，如“憺，静”(切韵)，变成“静也”(王二)。如果训释词音节数是奇数且为谓词性词组时一般加“也”，如“扠，拳加人”(切韵)变为“拳加人也”(王三)；但若是体词性词组时，则不加“也”，如“㲲，细毛布”(切三、王二、唐韵)，“梠，梋端木”(切三、王韵)。另外，训释词是双音节时多不加“也”。

第三，在训释形式上，将《切韵》的“A，B”改变为“A，AB”，AB多为意义相关或相反，相关者如“疽，癰”(切韵、切三)，一变为“疽，癰疽”(切二)，再变为“疽，癰疽也”(广韵)；相反者如“纵，横”(P3696)、“纵，纵横”(切二)、“纵，纵横也”(广韵)。

第四，词义训释逐渐严密，如“娙，长好皃”(切韵)改成“身长皃”(切三)、“身长好皃”(王韵、广韵)，“长好”所指对象不明，泛指，加“身”字，确定表意对象是指人。尤其是被释词是形容词或连绵词时往往加“皃、状”等词，如“髜，髜驕，长”(切韵)改成“长皃”(切三)；“膭，臛膭，舍破”（切韵）改成“屋破状”（切三、王韵）；“岭㟣，行不正”（切韵）改成“行不正皃”（王三）。

（本文与杨军合写。原载《语言研究》2011年第4期第57-64页；《语言文字学》2012年第2期全文转载）

窥基《妙法莲华经玄赞》所据韵书考

《妙法莲华经》，简称《法华经》，是大乘佛教重要的初期经典之一。现存三个译本：西晋竺法护译《正法华经》，姚秦鸠摩罗什译《妙法莲华经》，隋阇那崛多、达摩笈多译《添品妙法莲华经》，其中以鸠摩罗什译本流行最广、影响最大。玄应、窥基均对其做过音义。窥基所做《法华音训》（下文简称《音训》）收于《慧琳音义》卷二十七。[①]窥基一生对《妙法莲华经》做过深入研究，除了《音训》外，还有一部《妙法莲华经玄赞》（下文简称《玄赞》），主要内容是串讲经文，解释名相，对疑难字词注音释义。

1 《法华音训》与《妙法莲华经玄赞》

窥基著《音训》（T54：481-492）与《玄赞》（T34：651-854）的动机，《法华音训序》曾论及：

妙法莲花经者，斯乃扣邃寂之微言，警鸿机之奥旨。……由是金地缁英，溥归真而诣赜；瑶山素彦，咸挹道而求宗。寝味之辈寔繁，议咀之徒匪一。宫羽曾无髣髴，辙迹屡有参差。师既章句漫行，弟亦道听涂说。余昆不爽，增迷坦路。基往参详译，大小微功，于文虽不匠成义味，颇经师授。试观羣缵，无可适从。遂发愤前修，爰矜后学。制《玄赞》十卷，《音训》一卷。赞以本论为先，有亏资于异典。音以说文为正，微训采于余。（T54：481c-482a）

可见，窥基是基于前人对法华经义解浩繁，且莫衷一是；道听途说，没有定准。于是著《玄赞》与《音训》，各有分工，“赞以本论为先”，《玄赞》主要是疏解义理，而《音训》主要是解决文字音义问题，两书相

① 参丁锋：《窥基〈法华音训〉原型考》，见《姜亮夫、蒋礼鸿、郭在贻先生纪念文集》，上海教育出版社2003年版。

辅相成，各自为用。

《玄赞》本是窥基在北地讲学时所写的讲稿，出于讲课的需要，于义理之外亦兼及音义。这样遂与《音训》有相同之处，主要体现在：第一，两书的音义注释条目（被释词）大多相同。第二，引用的小学书目亦大致相同，只是引用次数不等。《玄赞》引《玉篇》99次，《说文》39次，《切韵》32次，《字林》12次，《通俗文》10次，《广雅》9次，《尔雅》8次，《方言》7次，《释名》6次，《三苍》4次，《苍颉篇》4次。《音训》引《说文》150次，《玉篇》134次，《切韵》84次，《广雅》63次，《字林》40次，《通俗文》21次，《三苍》20次，《方言》19次，《释名》18次，《尔雅》9次，《仓颉篇》1次。第三，部分被释词的形音义说解与考据完全相同。

那么，从创作时间来看，两书孰先孰后呢？

从目前文献看，两书创作的具体时间已不可考，但大致的时间范围以及两书成书的先后尚可从《玄赞》考见一二。

(1)序品等义并如《音训》。（卷1，658c）

《音训》有“经、序、品”等条。

(2)故能逮证涅槃已利。逮音（徒載反）如音训释。至也，及也。（卷1，668c）

《音训》“逮得”条云：“台奈反。《尔雅》逮，及也。”《玄赞》所注“徒载反”从上下文及全书体例来看，当系后人孱入。

(3)释迦能姓，牟尼寂号。今略言，文如《音训》说。（玄赞卷4，729c）

可见《音训》成书在前，《玄赞》写作在后。

2 《玄赞》的注音特点

据统计，《玄赞》共有345条注音，273个被注字，其中反切322条（重见4条），直音12条（重见1条），注声调11条（众为行生便教怨）。去除重复，共有340条注音，其中反切注音318条。

2.1 首音后再引他书读音

(1)逗音徒鬪反，作豆音。逗音《说文》大句反又土豆反。今从徒鬪反。（玄赞卷八，810c）句逗，徒鬭反。（音训489c）

逗，《王三》徒候反。《唐韵》同，并云"《说文》音住。"《王一》徒候反，"《说文》丈句反又土豆反。"《王二》徒候反，"《说文》丈句反又吐豆反。"

（2）爆音博教反。又普驳反。《玉篇》补角、蒲角、颇角三反。（玄赞卷六，760b）爆声：博教反又普剥反。《玉篇》火部补角反蒲角反颇角三反。（音训487a）

爆，《切三》觉韵无，《王三》效韵博教反又普驳反。《唐韵》北教反又普驳反。

2.2 糅合他书音注于已注之中

（3）应音於兴反。又於证反。（玄赞卷二，690c）说应：忆兴反。《切韻》又於证反。（音训484b）

根据《音训》，"应"读去声来自《切韵》。应，《切三》於陵反。《王三》於证反，无平声。《唐韵》去声无。《王一》《王二》证韵於證反又於陵反。

（4a）嫉音秦悉、秦血、辭栗三反。（玄赞卷四，719b）嫉妒：秦悉反，秦入声。《玉篇》辞栗反。（音训485a）

嫉，《切三》质韵秦悉反又秦四反。《王三》质韵秦悉切；至韵疾二切。《切韵》系韵书无"辞栗反"一读，根据《音训》，此音来自《玉篇》。《玉篇》从邪不分，而北方方音从邪有别，北方的"秦悉反"即南方《玉篇》的"辞栗反"，窥基不察，误以为"辞栗反"是另一读。《玄赞》"秦血反"当是"秦四反"之误。类似的情况还有下例：

（4b）楯音食尹时名二反。（玄赞卷二，685b）楯：食尹反，《玉篇》在木部，时允反。（音训483c）

楯，《切三》无，《王三》食尹反、详遵反两读。《切韵》轸韵合口无禅纽字。根据《音训》，"时名"当是"时允"之误，且来自《玉篇》。《玉篇》船禅不分，《玉篇》时允反即《切韵》食尹反，窥基误以"时允反"为另读，遂于"食尹反"外增此一读。

2.3 首音直接引他书之音

有明引与暗引之分。明引是直接说明某音引自何书；暗引是指不说引自何书，但根据《音训》可知是引自《切韵》之外的其他小学类著作。

（5）秣者玉篇亡达亡结二反。（玄赞卷七，788c）秣：莫割反。《玉篇》

粖亡达亡结二反。(音训489b)

粖,《切三》不收,《王三》《王一》末韵莫割反又亡结反。大概窥基所见《切韵》不收“粖”,故引《玉篇》。

(6)墙壁圮坼者。圮音父美反。坼音耻格反。(玄赞卷六,757b)圮:《字林》父美反。捡《切韵》符鄙反,上声,音否。坼:《字林》耻格反。(音训486b)

圮,《切三》旨韵符鄙反。《王韵》同。坼,《切三》丑格反。《王三》《王二》同。

3 《玄赞》的注音来源

根据我们的观察,窥基注音主要参考了《切韵》,也就是在窥基看来,在诸多小学著作中,《切韵》是最重要的,最值得信任的。

3.1《玄赞》反切与唐代韵书的重合率

在《玄赞》的318条反切注音中,直接引《玉篇》8条,《切韵》5条,《字林》1条,《说文》1条,计15条,去除直接引用,得反切注音303条。下面我们重点讨论这303条反切的来源。

据考察,《玄赞》所做的303条反切,与《切韵》(含切二、切三、王韵)完全相同的有232条(不与《音训》互见的17条),占76.6%。部分相同(上字或下字与《切韵》相同)的有45条,占14.9%。可见,窥基注音的主要依据是《切韵》。

在完全相同的232条《玄赞》反切中,主要是与《切三》、《王三》相同,例外主要有下面几种情况:

第一,与《切三》《王三》不同,与《王一》或《王二》相同。

(7)旋音似泉反,还也。若如水回作漩(别本作淀),辞选反又似泉反。(玄赞卷九,834a)量旋:似泉反,还也。《切韵》若如水回作淀,辞选反又似泉反。(音义491b)

旋淀,《切三》《王三》均作似宣反,但《王一》作似泉反,与《玄赞》同。

(8)差音楚宜楚佳二反。(玄赞卷六,757b)差脱:楚解楚宜楚佳反,今从后二。(音训486b)

楚佳反,《切三》《王三》均作皆韵楚皆反。但《王二》楚宜反下注:“又楚佳反楚皆楚解三反”,佳韵楚佳反下注:“又楚皆楚㑣楚宜三反”。㑣韵楚㑣反下注:“又楚宜楚佳二反”。P3696卦韵同。

第二,与小韵所注反切不同,但与被注字下所标又音相同。

(9)好音呼到反,或呼老反。(玄赞卷五,750a)玩好:呼到反又呼老反。(音训486a)

好的上声读,《切三》《王三》皓韵均作呼浩反,与《玄赞》不同,但《王三》呼到反下注“又呼老反”。

(10)脱音徒活反。又吐活反。(玄赞卷六,757b)差脱:徒活反又吐活反。(音训486b)

脱,《切三》《王三》均有徒活反、他活反两读,《切三》于前一小韵下云:“又土活反”。《王三》于前一小韵下云:“又吐活反”。

可以看出,《玄赞》在参考《切韵》时,如被注字是多音字,直接将韵书的又音抄下。

3.2 又音的取舍以《切韵》为标准

对于多音字,如果《切韵》不收,《玄赞》一概标之以“无某音”。

(11)教音古孝反。教无平音。(玄赞卷二,687b)教诏:上古孝反。教无平音。(音训484a)

教,《王三》古孝反。《切韵》无平声读。

(12)怨音於愿反。无平音。(玄赞卷九,823a)怨嫌:上於愿反。其怨字无於袁反。(音训490c)

怨,《王三》於愿反。《切三》《王三》元韵於袁反无“怨”字。

(13)推音尺隹反,无土雷反。(玄赞卷五,749c)推排:尺隹反,无土雷反。(音训486a)

推,《切三》只有尺隹反一读。大概窥基所见《切韵》“推”只收尺隹反一音,而别的工具书里此字读“土雷反”或有两读,《篆隶万象名义》仅有他雷反一读。“无土雷反”是基于《切韵》所作的判断。另,《王三》又读他回反。

(14)思音息字反,无息兹反。(玄赞卷三,705b)思:息字反。(音训484c)

思,《切二》《王三》息兹反,无去声读。去声读见于《经典释文》《王二》。

3.3 反切形式的确定以《切韵》为标准

(15)诽音府谓反。《玉篇》甫味反。(玄赞卷八,818c)诽谤:非味反。《玉篇》甫味反。(音训490b)

府谓反与甫味反同音,均是合口未韵非纽,选择府谓反为首音,是因为《切韵》(王三、王一)诽读府谓反。

(16)荷音胡歌反。《玉篇》又何可反。(玄赞卷八,808c)荷负:何可反又胡歌反。(音训489a)

荷,《切三》胡歌反,《王三》韩柯反。《切韵》《王韵》均无上声读。对照《音训》,本来是根据《玉篇》以上声为首音,至《玄赞》则以《切韵》为标准。

3.4 形义的辨析与《切韵》相合

《玄赞》在释义辨形的过程中,所述所论往往与《切韵》暗合。

(17)缭音力小反,绕也。《说文》唯有了达、蓼菜、目精朗瞭,更无了音字。(玄赞卷十,854a)缭戾:上力小反,《说文》力鸟反。《切韵》唯有了达、蓼菜、目睛明瞭、长蹽蟜四字之外,更无了音之字。(音训492c)

《玄赞》"说文"二字一本无,根据《音训》"说文"当作"切韵"。

《切三》篠韵卢鸟反小韵收4字:"了,(无释义)。蓼,菜。瞭,目睛朗。蹽,蹽蟜(髟),长皃。"P3693同。《王一》增至7字,且"了"增加了释义"畢";《王三》增至11字。瞭,今所见《切韵》残卷、《王韵》均作"目睛朗",与《音训》所引"目睛明"不同,《广韵》篠韵作"目睛明",萧韵作"目明也";《集韵》作"目明"。

《玄赞》与《音义》所称《切韵》"了"音字字数不同,一种可能是《玄赞》引文有脱漏,还有一种可能是窥基著《玄赞》和《音训》时参考的不是同一种《切韵》笺注本。

(18)臭烟繁欝名蓬㶿。蓬音薄红反。唯有蓬莑二字。㶿音蒲没反。若尘起作埻,大香作馞。(玄赞卷六,761a)蓬勃:上蒲公反。下蒲没反。若尘起作埻,火(大)香作馞。(音训487b)

P3798东韵薄红反小韵仅2字,与窥基所言相同。《切二》《王三》薄红反收4字,《王二》8字,云"四加四"。窥基虽不言《切韵》,但实际是以《切韵》为标准的。

《切三》蒲没反小韵收6字，首字为“勃”，无释义，不见“㶿”字。末二字为“埻，尘起。馞，大香。”与窥基相同。“㶿”见于《集韵》。

(19)抹香者，若手摋摩作抹，细壤土作抹(坆)，塗饰作濊。今既别有塗香，故应作坆(粖)。碎香如细壊(壤)土，应作坆。(玄赞卷七，788c)粖：莫割反。若手摋摩作抹，塗饰作濊。今既别有塗香，应为抹(粖)字。若如细土，应作坆。(音训489b)

《切三》莫割反：“抹，抹摋，手摩。坆，壤土。濊，塗拭。”P3694同，“塗拭”作“塗试”。两书均无粖字。《王三》《王一》有，释为“糜”或“靡”。

(20)閦音初六反。若齐作琡，直貌作矗，廉谨状作龊。不知閦字所出。(玄赞卷七，797b)

《切三》初六反：“琡，齐。矗，直貌。䠞，廉谨状。”《王韵》同，本小韵均只有3字，且不收“閦”字，与窥基所说“不知閦字所出”相同。

(21)怨音於愿反，无平音。又屈者作冤，枉作寃，屈草自覆作宛。故无也。(玄赞卷九，823a)怨嫌：上於愿反。屈在(作)冤，枉作寃，屈草自覆作冤。其怨字无於袁反。(音训490c)

《切三》元韵於袁反：“冤，屈。又冤句，县名，在济阴。寃，寃枉。宛，屈草自覆，又宛县，在南阳。”《王三》同。窥基引元韵於袁反之字，意在说明“怨”字韵书无平声读。

(22)牑音方显反。应作匾字。腣音汤嵇反，应作匿字。匾匿，薄也。(玄赞卷十，837a)匾匿：《集韵》《切韵》上鞭沔反，下体奚反。《纂文》薄也。有作牑腣，近字耳。(音训491c)

《切三》齐韵汤嵇反：“虒，匾虒，匾薄字方显反。”“匾薄”当乙倒。铣韵方显反：“匾，匾匿，薄。虒匿字汤嵇反。”《王三》方繭反：“匾，匾匿字汤嵇反。”齐韵汤嵇反：“匿，匾匿，薄。匾字方典反。”《玄赞》与《切三》完全相同。

4 《玄赞》与《音训》反切用字的差异

上文说到，《玄赞》与《音训》两书的音义注释条目(被释词)大多相同，而且《音训》作于《玄赞》之前。窥基所作的303条反切注音，仅有21条反切不见于《音训》，与《音训》互见的达282条。主要特点是：

第一,《玄赞》沿用了《音训》173条反切注音,其中又与《切韵》相同者128条。

第二,《玄赞》的反切注音改动《音训》的有109条,改动后有82条与《切韵》相同,亦即凡是《玄赞》反切与《音训》不同的,则多数与《切韵》相同。也就是说,《音训》反切用字是否与《切韵》相同,是《玄赞》修改《音训》注音的最主要的标准。毫无疑问,《玄赞》的注音多数是以《切韵》为参照系的。

另外,《音训》反切与《切韵》相同,《玄赞》却改动的有8条:

字	玄　赞	音　训	切　韵	字	玄　赞	音　训	切　韵
舆	余居反	与居反	《王三》与居反	华	户华反	户花反	《王三》户花反
欻	许勿反	许物反	《切三》许物反	障	之尚反	之亮反	《王三》之亮反
恶	恶故反	乌故反	《王三》乌故反	臠	力员反	吕员反	《切三》吕员反
悋	力进反	力晋反	《王三》力晋反	蹈	徒倒反	徒到反	《王三》徒到反

见上表,《玄赞》与《切韵》反切用字部分相同。其中,"恶,恶故反"、"华,户华反"以被注字为反切上下字,《玄赞》仅此两例,明显不符《玄赞》体例,当是后人篡改。《音训》解题云:"花字古译作华,非。华字无花音,今不取。"(482a)《法华经》华、花往往不分。

总之,拿《玄赞》、《音训》与《切韵》比较来看,窥基作《音训》时,《切韵》只是参考之一,到作《玄赞》时,《切韵》是最主要的取音标准。

5 余 论

上文我们重点讨论了窥基《妙法莲华经玄赞》的反切注音所依据的韵书主要是《切韵》,除此之外,《玄赞》多次引用了《切韵》,与今本《切韵》大致相同。[①]

《切韵》作为一部韵书,唐人最早引用它的是贞观年间的元康。稍后玄应著《众经音义》,遍引小学著作,唯独不及《切韵》,可见其时《切韵》名尚不显,至少在玄应看来,《切韵》不及《字林》、《说文》、《广雅》等书有价值。玄应曾参加玄奘(602—664)译场,窥基为玄奘首座弟子,两人都曾为鸠摩罗什所译《妙法莲华经》作注,玄应不引《切韵》,而窥基(632—682)却征引颇夥,据此可以推定《切韵》是到高宗朝以后才为

① 参储泰松、杨军:《唐代前期佛典经疏引〈切韵〉考》,《语言研究》2011年第4期,第57-64页。

人所重。

上文说到，窥基作《音训》时，虽引《切韵》，但只是与《玉篇》《说文》等小学著作同列，并没有给予更多的关注。然至著《玄赞》之时，虽然被释词变动不大，但反切注音却做了大幅调整，而调整后之反切又多半与《切韵》相同。可见，在窥基看来，《切韵》的地位已非昔日作《音训》时可比。

那么，《切韵》究竟在何时为时人所重呢？这就涉及《玄应音义》与《玄赞》的成书时间。

玄应，隋末唐初人，生平事迹不详。据徐时仪考证，玄应卒于龙朔(661—663)年间，①《玄应音义》的成书年代当不会晚于此时。

《玄赞》的创作缘起，《玄赞》卷十(854a)末附后记云："基以谈游之际，徒次博陵。道俗课虚，命讲斯典。不能修诸故义，遂乃自纂新文。夕制朝谈，讲终疏毕。"

这一说法又见于僧详《法华传记》(约撰于玄宗时，T51:58a)卷三。《宋高僧传》卷四窥基本传亦云："后躬游五台山，登太行。……东行博陵，有请讲《法华经》，遂造大疏焉。及归本寺恒与翻译旧人往还。"(T50:726a)

可见，《玄赞》作于窥基游历博陵之时，实际上是他在当地讲解《妙法莲华经》的讲稿，边讲边写，"夕制朝谈"。

窥基东行游历的时间，《广清凉传》卷三载窥基"于三藏大师终后数年，来游五台山，礼文殊菩萨。于花岩寺西院安止……从游山讫，旋之京师慈恩寺。"(T51:1119a)玄奘去世是在麟德元年(664)，窥基圆寂时间是永淳元年(682)，那么，窥基东游的时间只能是在664—682年之间。《古清凉传》卷一载窥基曾于咸亨四年(673)到五台山游历。(T51:1094a)《古清凉传》成于高宗永隆元年(680)至弘道元年(683)间，作者为僧慧祥，乃窥基同时人，其说当可信。②

据此可以推断《玄赞》成书时间不早于673年，不晚于682年。

《玄赞》卷十末附抄经记云："调露贰年九月(680)，在西京大慈恩寺翻经院智论师房，写落后之书。弘绎师之雅迹，势大王之高操，美小王之媚好。在书数定，仍不在心；别未期间，忽焉迁化。神虽逝矣，余

---

① 徐时仪：《玄应〈众经音义〉研究》，中华书局2005年版，第30页。

② 参白薇：《窥基法师》，《五台山研究》1991年第4期。

风尚存。每讲疏给，屡伤追念。保安三年(壬寅，1122年)七月十一日(丁卯)申剋书写了法隆寺住僧觉印之。”

如果这段话是真实的，那么《玄赞》当成于调露贰年(680)之前(据《旧唐书·高宗本纪》调露贰年八月乙丑改元永隆元年)，即673—680之间。窥基于显庆元年(656)参与玄奘译场译经，《音训》当成于此年之后，加上此书编写过程中参考过玄应《妙法莲华经音义》，而《玄应音义》成书不晚于其卒年663年，那么《音训》最有可能的成书时间于660年左右。

至此，我们大致可以说《切韵》是在660—680年风行于学林的，进而成为定音标准。

而作为韵书，据《封氏闻见记》记载，《切韵》在唐初已成为“为文楷式”，但文人却“苦其苛细”，遂有合并音近之韵的建议，而主其事者，许敬宗也。据《旧唐书·许敬宗传》记载，高宗嗣位(649)，许敬宗“代于志宁为礼部尚书。敬宗嫁女与蛮酋冯盎之子，多纳金宝，为有司所劾，左授郑州刺史。永徽三年(652)，入为卫尉卿，加弘文馆学士，兼修国史。六年(655)，复拜礼部尚书。”《旧唐书·礼乐志三》“显庆二年(657)，礼部尚书许敬宗与礼官等议。”《唐会要》“麟德二年(665)”条云：“礼部尚书许敬宗策马前曰。”可见，许敬宗两次出任礼部尚书，先是在高宗即位之时，次在永徽六年至麟德二年(655—665)间任礼部尚书，许氏咸亨元年致仕(670)，三年卒(672)。由于礼部尚书“掌天下礼仪、祭享、贡举之政令”，那么许氏合并韵部的奏议的时间或在649—665年间。

唐代的进士考试原本只有试策文一场，至调露二年(680)考功员外郎刘思立上书奏请加试帖经及杂文两篇(诗赋)，永隆二年(681)朝廷遂颁诏施行。但“寻以则天革命，事复因循。至神龙元年，方行三场试，故常列诗赋题目于榜中矣。”(见王定保《唐摭言》卷1“试杂文”条)《登科记考》进一步认为“开元间始以赋居其一，或以诗居其一，或全用诗赋，并无定制。杂文专用诗赋，当在天宝之际。”但颜真卿《朝议大夫守华州刺史上柱国赠秘书监颜君神道碑铭》载颜元孙“举进士……省试《九河铭》、《高松赋》。”《旧唐书·忠义传下·颜杲卿》载元孙“垂拱初登进士第”，《登科记考·光宅二年》(即垂拱元年，684)下云：“是年杂文试题为《九河铭》、《高松赋》。”可见在武则天初年就已存在进士试赋，则《切韵》成为官韵的时间亦当在此前后。据王兆鹏考证，自开元五年(717)以后进士考试所作诗赋用韵几乎与《广韵》独用、同用完全一致。[①]

要之，在唐代《切韵》先是被当作小学著作，然后才被视为试场考试诗文用韵的标准。

（原载《古汉语研究》2011年第4期第2-8页）

① 参王兆鹏：《唐代科举考试诗赋用韵研究》，齐鲁书社2004年版。

唐末以前音义文献中的“轻重”及其涵义

在等韵学上，轻重是一个重要的概念，在早期韵图中大多指开合而言，重开轻合。这一概念源于佛典翻译，先师俞敏先生《等韵溯源》指出轻重在悉昙里本指送气不送气，后经等韵家改造，以致面目全非，让人不明所以。

罗常培先生《释轻重》认为轻重指韵母的开口和合口，清浊指声母的不带音和带音。①潘悟云先生《“轻清·重浊”释》认为轻清的特点是声母不带音、阴调类、开口、不送气、发音部位前、唇齿擦音，重浊的特点是声母带音、阳调类、合口、送气、发音部位后、双唇擦音。②但两位先生所采用的主要是与等韵有关的一些材料，没有涉及音义、佛典等语料，并且没有溯源。

一般认为，韵图萌芽于唐代。作为韵图构成要素的“轻重”这一术语，在唐代甚至先唐文献中已经被广泛用来说明语音差别，本文试图通过爬搜唐代及其以前文献，对“轻重”涵义变化的源流作粗浅的推阐。

1 先唐文献中的“轻重”

1.1 中土文献中的“轻重”

“轻重”用来指语音，据笔者管见，最早见于曹魏孙炎：

(1)《诗·周南·汝坟》“王室如燬……虽则如燬”正义：“李巡曰：燬，

---

① 参罗常培：《释轻重》，见《历史语言研究所集刊》1932年2本第4分。

② 参潘悟云：《“轻清·重浊”》，见《社会科学战线》1983年第2期，第324-328页。相关的研究还有刘人鹏：《唐末以前“清浊”、“轻重”之意义重探》，《中国文学研究》1987年第1期，第81-100页；唐兰：《论唐末以前的“轻重”和“清浊”》，见《国立北京大学五十周年纪念论文集》，北京大学1948年。

一名火。孙炎云:方言有轻重,故谓燬为火也。”

按,此句《经典释文》云:“燬音毁,齐人谓火曰燬,郭璞又音货。字书作焜,音毁,《说文》同。一音火尾反。或云楚人名煤,齐人曰燬,吴人曰焜,此方俗讹语也。”燬,三等支韵[e]上声;火,一等戈韵[ɑ]上声(两字上古皆属微部)。如果这条材料可靠的话,“轻重”最早是用来指韵的主元音、等第不同。

到晋代,郭璞(276—324)《山海经注》、徐广(352—425)《史记音义》也使用了“轻重”这一术语:

(2)《山海经》卷3“其上多草藷萸”郭璞注:“根似羊蹄,可食,曙豫二音。今江南单呼为藷,音储,语有轻重耳。”

(3)《山海经》卷16“有兽,左右有首,名曰屏蓬”郭璞注:“即并封也,语有轻重耳。”

对于(2),罗常培认为是急读(重)与缓读(轻)的关系;董志翘认为两例中的“轻重”均是指声母清浊。[①]董说是。

(4)《史记·东越列传》“所为来者诛王。今王头至,谢罪,不战而耘”《集解》引徐广曰:“《汉书》作‘殒’。耘义当取‘耘除’。或言耘音于粉反,此楚人声重耳。陨耘当同音,但字有假借,声有轻重。”

按,今本《汉书·西南夷两粤朝鲜传》作“不战而殒”。耘,《王三》、《广韵》王分反,殒(陨),《王三》于闵反,《广韵》于敏切,韵、调均有差异(耘,S2071户分反,匣纽,则声亦不同),但从徐广的注解看,轻重当是指声调不同:轻平重上。

可见,“轻重”最先表示元音的不同,然后是声母,最后才用来表示声调。“轻重”出现的语境都是比较方俗语音的不同。

1.2 佛典文献中的“轻重”

梵文的音节是有“轻重”(light and high)之分的,即轻音节、重音节。梵文的音节是由辅音加元音构成的。从韵律角度来说,音节(非元音)有轻重之分。如果一个音节的元音是长的,或者是短元音但后面却接有一个以上的辅音,就是重音节。

(5)有婆罗门兄弟二人诵阐陀鞞陀书,后于正法出家。闻诸比丘

① 参董志翘:《郭璞训释中的“轻重”、“声转、语转”》,《中国语文》1980年第6期,第456-457页。

诵经不正，讥呵言：诸大德久出家，而不知男女语、一语多语、现在、过去、未来语、长短音、轻重音，乃作如此诵读佛经。（刘宋佛陀什、竺道生等译《弥沙塞部和醯五分律》卷26，T22：174b）

但是梵文音节意义上的“轻重”似乎与汉语里的“轻重”概念没有直接的关系。佛典文献用“轻重”来描写语音，始于东晋以后《大般涅槃经》的翻译、研习，僧人用“轻重”来区别梵文的全浊辅音的送气与否。梵文全浊辅音送气与否构成对立的主要是五组辅音：

（6）大涅盘经中有五十字以为一切字本……其三十四字中二十五字声从内出转至唇外，九字声从外还内。凡五字之中，第四与第三字同而轻重微异。（谢灵运《十四音训叙》，引自《悉昙藏》卷5，T84：409a-b）

梵文毗声（即塞音、塞擦音）五组，每组5个辅音，清浊（送气与不送气）各二，再加上一个鼻音。第三字是全浊不送气辅音，为轻，第四字是全浊送气辅音，为重；翻译时用同一个汉字对译，以“轻重”区别浊不送气与送气，这就是“第四与第三字同而轻重微异”。但轻重并非专指送气与否，因为全清、次清辅音并不用轻重来区别。下面列表来看看《涅槃经》及疏对梵文浊音的处理（引自李荣《切韵音系》、《悉昙藏》卷五）：

	g	gh	j	jh	ḍ	ḍh	d	dh	b	bh
法显 慧严	伽	重音伽	阇	重音阇	茶	重音茶	陀	重音陀	婆	重音婆
昙无谶	伽	咺	阇	膳	茶	袒	陀	弹	婆	滼
谢灵运《十四音训叙》	伽墟迦反	恒此音犹墟迦反但小重音语之	阇音社	膳此音故是社音但小重声语之	茶除虾反	袒音犹是除虾反，但重声语之	陀音拕	弹音犹是拖音重音语之	婆音满舸反	滼音犹是满舸反语之如上
萧纲《涅槃疏》	伽墟迦反	咺此音犹墟迦反，小重声语	阇音社	膳故是社音重声语之	茶除虾反	袒音犹除虾反，重声语	陀音拕	弹音故是拕音重声	婆音满舸反	滼音犹是满舸反小重声

昙无谶不注“重”，但用收鼻音尾字对译送气浊音，谢灵运、萧纲同，但他们再加注“重”。

最早把这种区别方式运用到译经上面的是北魏菩提流支，如《胜思惟梵天所问经》卷6(T15:94c-95a):“忧头重音,自下皆同,不言重者悉是轻音离师避此音重而长南磨萨婆佛提避耶避耶二字重音而声相著”;《谤佛经》(T17:877b)“阿婆重音不言重者悉是轻音”。梵文送气与不送气全浊辅音均是用汉语全浊声母字对,如果原文是送气,汉译则加小注“重音”,所谓“不言重者悉是轻音”,是指原文乃不送气浊辅音。

除此之外,法显译《大般泥洹经》、南本《涅槃经》于梵文字母la均译作“轻(音)罗”,这是由于ra、la均译“罗”,但梵文r是一个颤音,发音时气流较强;l是边音,气流相对较弱,汉译为示区别,故于la下标“轻”。僧伽婆罗译《文殊师利问经》梵文辅音ta、tha、da、dha、na译作轻多、轻他、轻陀、轻檀、轻那,ṭa、ṭha、ḍa、ḍha、ṇa译作多他陀檀那。以t组辅音为轻,也是因为相对于ṭ组来说,ta组发音时气流较弱,所以为“轻”。

大体而言,先唐时期佛典文献中的“轻重”专指浊辅音的送气与否以及发音时的气流强弱。

2　唐代音义文献中的“轻重”

2.1 中土文献里的“轻重”

唐代中土音义文献,如颜师古《汉书注》、李善《文选注》、李贤《后汉书注》注音时都采用了“轻重”这一术语,所指比较具体,但不统一。不过,“轻重”多出现于专有名词如国名、地名、封号的注解中。

(7)《汉书·西域传》“无雷国……北与捐毒、西与大月氏接”颜注:“捐毒,即身毒,天笃也,本皆一名,语有轻重耳。”

按,毒笃,声异韵同;捐身天,声母不同。梵文作Sindhu,伊朗语作Hindu或Hinduka。轻重指声韵不同。湛然《止观辅行传弘决》卷五之六亦云:“天竺、身毒、印度,并是梵音轻重。”(T46:325b)《续一切经音义》卷二“天竺:下相承音竹,或有亦音笃,《山海经》云‘身毒之国’郭璞注云:即天竺国也,或云贤豆,或云印度,皆梵语讹转也。”(T54:939b)

(8)《汉书·西域传》“塞种分散,往往为数国”颜注:“塞音先得反。即所谓释种者也,亦语有轻重耳。”

按,塞,德韵,释,职韵,两韵唐代韵文通押,介音不同,声母有别。

塞种，古波斯文作saka，释种，梵文作śākya。轻重亦指声母发音方法不同。

(9)《汉书·西域传》“乌孙国……昆莫，王号也，名猎骄靡。后书‘昆弥’云”颜注：“昆莫本是王号，而其人名猎骄靡，故书云昆弥。昆取昆莫，弥取骄靡。弥、靡音有轻重耳，盖本一也。后遂以昆弥为其王号也。”

按，弥，支韵，靡，纸韵，则轻重指声调不同（平、上声）。

(10)《汉书·地理志》“琅邪郡……计斤：莒子始起此，后徙莒”颜注：“即《春秋左氏传》所谓介根也，语音有轻重。”

按，计，《广韵》古诣切，先秦质部见纽；介，古月切，先秦月部见纽；斤，举欣切，先秦文部见纽；根，古痕切，先秦文部见纽。四字声母皆见纽，韵类有异，轻重指韵。

(11)《汉书·匈奴传》“黄金饬具带一，黄金犀毗一”颜注：“犀毗，胡带之钩也。亦曰鲜卑，亦谓师比，总一物也，语有轻重耳。”

按，鲜卑，匈奴语作serbi，鲜，《广韵》相然切，先秦元部心纽；师，疏夷切，先秦脂部山纽；犀，先稽切，先秦脂部心纽；乃一声之转。卑，府移切，支部帮纽；毗，房脂切；比，毗至切，均属脂部並纽。从《广韵》看，轻重指声、韵、调。

除了这些专有名词外，还有四个普通词汇的说解也用了“轻重”：《汉书·外戚传·孝成赵皇后》“其中庭彤朱，而殿上髤漆”颜注、《文选·东都赋》“僸佅兜离，罔不具集”李善注、《后汉书·王霸传》“市人皆大笑，举手邪揄之”、《后汉书·马融传》“杪标端，尾苍蜼”李善注。

可以看出，“轻重”所指不固定，可以指声，也可以指韵和调。在唐人音义里，有时也可用“转”来表示一个词的异读：

(12)《汉书·景十三王传·广川惠王》“背尊章，嫖以忽”颜注：“尊章犹言舅姑也。今关中俗妇呼舅（姑）为钟。钟者章声之转也。”

(13)《后汉书·襄楷传》“或言老子入夷狄为浮屠”李注：“浮屠即佛陁，但声转耳，并谓佛也”。

可见，“轻重”与“转”一样，都是指语音差别，但“转”很少用来解释外来词。

2.2 佛典文献中的“轻重”

所谓佛典文献是指经、疏、传、音义等，这些文献中的“轻重”含义与中土文献有同有异，表现亦不尽相同。

2.2.1 悉昙类文献中的“轻重”

唐代悉昙类文献里的“轻重”，涵义与南北朝时期相同：“轻”指全浊不送气辅音，“重”指全浊送气辅音，《玄应音义》卷2《涅盘经音义·文字品》、智广《悉昙字记》均沿用了这一说法。但是到了裴氏《涅盘文字》情况发生了变化：无论清浊，不送气辅音皆作“稍轻呼之”，送气辅音作“稍重呼之”，鼻音作“不轻不重呼之”（但唇音颇有不同：pa、pha、bha是“稍重呼之”；ba“稍轻呼之”；ma“不重不轻呼之”。见《悉昙藏》卷5，T84：412b），显示“轻重”由专指浊音扩大到清音，这种转变很重要，因为汉语全浊声母没有送气与不送气的对立，“轻重”所指内涵的变化，表明它已经由表示梵文的术语一变成为表示汉语语音的术语。

（14）欲求直义，必也正名；五韵谐此，九弄斯成；笼唇[则]言音尽浊，开齿则语气俱轻。（神珙《四声五韵九弄反纽序》引释处忠《元和新声韵谱》，见了尊《悉昙轮略图抄》卷1，T84：659a）

潘悟云先生断此处“轻”指开口，[①]但此种用法唐代文献仅此一见，且为日本僧人所引。

除此之外，密咒翻译中的小注也秉承了北魏菩提流支的译经习惯：

（15）脚注上字等者，依四声呼之；注返（反）者，以翻字法读之；注二合者，两字连声读之；注轻重者，随轻重声读之。（窥基《成唯识论掌中枢要》卷上，T43：613c）

（16）注平上去入者，从四声法借音读；注半音者，半声读；注二合者，半上字连声读；注重者，带喉声重读；注长者，长声读。（杜行觊译《佛顶尊胜陀罗尼经》T19：354a；又见宝思惟译《佛说随求即得大自在陀罗尼神咒经》，T20：640b-c）

可以看出，小注的内容很丰富，有声调、反切、长元音（长或引）、两字急读为一音（二合）；从上下文内容看，“轻重”指全浊辅音的不送气

① 参潘悟云：《“轻清、重浊”释》，《社会科学战线》1983年第2期。

和送气，从“喉声重读”看，“轻重”不指清辅音，“喉声”是用来描写全浊辅音发音时的起势的。

晚唐以后日本所传文献中还有以“轻重”表示声调的阴阳与声母是否送气，但这种用法不见于中土文献：

(17)其反音者，呼连两字成一音，但昂依下，轻重依上。(安然《悉昙藏》卷2，T84:382a)

(18)凡反音法，轻重清浊必依上字。(明觉《悉昙要诀》卷2，T84:523a)

(19)平上去入者，须依下字声；轻重清浊者，宜任上字音。(了尊《悉昙轮略图抄》卷1，T84:657c-658a)

(20)今按华字有三音，平声轻、重与去声也。平轻则花也，重则荣华，美也；去则华山，西岳也。今为取花，用平轻也。(释中算《妙法莲华经释文》卷上)

(21)平上去入依下字，轻重清浊依上字。浊平声字轻重，浊上入声字重轻，从夲清字但随出来；上声字重短轻长，去声字重长轻短。(同上：醍醐寺藏抄本卷上第一页背面所抄)

(22)秦陇则平为入，梁益则平似去。我国旧来二家，或无上去之轻重，或无平去之轻重。新来二家，或上去轻重稍近，或平上平去相涉。(安然《悉昙藏》序，T84:366c)

(17-19、21)前半是说明梵文音节的拼合原则，如同汉语的反切，声调依据下字，声母清浊、送气与否则要依据上字，很明显“轻重”指送气与否；(20、21后半、22)例中的“轻重”则指调类的阴阳或高低，轻为高调、阴调，声母为清；重为低调、阳调，声母为浊。关于这一点，《悉昙藏》卷五(T84:414b-c)对唐代四声各分阴阳的情况有过详细的描写，文长不录。[1]

2.2.2 音义、经疏文献中的“轻重”

唐代佛典音义、经疏中常常运用“轻重”来解释语音的不同，像《玄应音义》19次(中华藏56—57册，下表页码据此，下同)、云公《涅槃经音义》1次、《慧琳音义》14次、《希麟音义》10次(以上均见大正藏54册)、《可洪音义》3次(中华藏59—60册)、[2]灌顶《大般涅盘经疏》3次

① 参储泰松：《唐五代关中方音研究》，安徽大学出版社2005年版，第202页。

② 参储泰松：《〈可洪音义〉札记》，《古汉语研究》2004年第2期，第9-11页。

(大正藏38)、道宣《释迦氏谱》1次(大正藏50)、湛然《法华玄义释签》1次(大正藏33)、《止观辅行传弘决》1次(大正藏46)、元康《肇论疏》3次(大正藏45)、澄观《大方广佛华严经随疏演义钞》11次(大正藏36),总计67例(《玄应音义》所用"轻重"19次,均为《慧琳音义》引用,但次数不计入《慧琳音义》),与中土音义文献一样,被释词多半为音译词,纯汉语词较少用"轻重"来解释其语音变化,在上述材料里只出现了2例:

(23)踟蹰:或作踌躇……踟蹰与踌躇,方言轻重有异,其心疑未定,其义一也。(《慧琳音义》卷14,T54:391c)

踟踌,韵母不同;蹰躇,声母相同,而韵有虞鱼之别。可见,轻重指韵不同。

(24)髑髅:上音独,下音娄……或作䫳䪲,或名头颅,或名乇頁徒各反颅音卢,皆一义,亦由楚夏音殊,轻重讹转耳。(《慧琳音义》卷5,T54:334c)

按,髑髅与其变异形式之间,声母均属于定纽、来纽,韵类区别较大,所谓"轻重"当是指韵不同。

除了上述2例解释纯汉语词、另有7例泛论语音不同以外,其他58例均出现在音译词的解释中,去除重复,共有49个被释词(重复1次的5个,重复2次的2个)。具体情况见下表:

被释词	又作、或作	梵文或巴利文	出　处	轻重所指
删阇耶	删阇夜	sañjaya	灌顶卷9,148a	调
奢摩(他)	奢摩(陀),舍摩他	śamatha	灌顶卷26,190c;卷33,224c	声母清浊、调
毘尼 毘奈耶	鞞泥迦,毘那耶,鼻那夜,鼻奈耶	vinaya	玄应卷14,1021b;慧琳卷59,698b;澄观卷5,36c;希麟卷9:974b	韵、调
優	嘔	u	澄观卷17:130c	韵、调
旋岚(蓝)	随岚,旋蓝(岚)	vairambhaka	澄观卷31:240b;元康卷上,168b	声、韵
娑	嘶	sa-sī	澄观卷55:435b	韵
离波多	离婆多,颉丽伐多	revata	澄观卷84,658a	声母清浊
阿、啰	噁、多	a、ra	澄观卷89,688a	声、韵

续 表

被释词	又作、或作	梵文或巴利文	出 处	轻重所指
迷谛隶	梅怛丽	maitreya	澄观卷89,693a	韵
天竺	身毒、印度	sindhu	湛然卷五之六,T46:325b	声、韵、调
瞿昙 句潭 俱谭	求昙 瞿昙弥 具谭、瞿昙	gautama, gotama	道宣85a; 玄应卷5,897c;卷13,1004b;慧琳卷34,534c;卷57,687b	韵 声母清浊 声、调
桑门	沙门	梵śramana, 巴利samana	元康卷上,162b	声、韵
阿兰拏	阿兰若, 阿练若	梵aranya, 巴arañña	玄应卷1,825c;慧琳卷42,583b	声、韵、调
怛萨阿竭阿罗诃三耶三佛	多他阿伽度阿罗诃三藐三佛陀	tathāgata-arhan-samyaksāmbuddha	玄应卷3,855a;慧琳卷9,357a	声、韵、调
翅搜	释翅搜,释氏瘦,舍卫,迦维罗卫,迦毘罗	śākyeṣu; śrāvastī; kapilavastu	玄应卷4,882c;慧琳卷44,599b	?
夷湍	夷嵩	?	玄应(永乐南藏本)卷11,243a,慧琳卷52,654b	声母送气与否
钵和罗	钵和兰	pravārana	玄应卷13,1015a;慧琳卷34,535b	韵
揵茨	建镃	?	玄应卷14,1034a;慧琳卷59,704a	声、韵
迦兰陁	柯兰陁,迦兰驮迦,羯兰铎迦	karanda(ka)	玄应卷19,40a;慧琳卷56,678b	韵
摩揭陀	摩伽陀,摩竭陀,摩竭提	magadha	玄应卷21,64b	韵
饷佉	霜佉,儴佉,胜佉	śaṅkha	玄应卷22,79c;慧琳卷48,626b	声、韵、调
羯罗频迦	歌罗频伽,加罗毘加,迦陵频迦	kālaviṅka	玄应卷22,88a;慧琳卷48,630c	韵

续 表

被释词	又作、或作	梵文或巴利文	出 处	轻重所指
頞部陀	遏部昙，頞浮陀	arbuda	玄应卷23，98b；慧琳卷47，622a	韵
扇搋半择迦	般荼迦，般吒	ṣaṇḍhapaṇḍaka	玄应卷23，100a，卷24，112a；慧琳卷47，622c，卷70，763b	韵、调
俱卢洲	鬱单越，鬱怛罗越，鬱多罗拘楼，拘楼，鬱怛啰，郁多罗鸠留，嗢怛罗矩嚕	uttarākuru	玄应卷24，112b；慧琳卷70，763c；卷1，314c	韵
俱卢舍	勾卢舍，拘楼赊，拘屡舍	krośa	玄应卷24，116b；慧琳卷70，765b	韵
窣堵波	擻抖波，偷婆，塔波	梵 stūpa，巴利 thūpa	玄应卷25，124c；慧琳卷71，768b	韵
阿㝹楼驮	阿那律陀，阿泥娄豆	梵 aniruddha，巴 anuruddha	云公卷下，478b	韵
胜身洲	弗于逮，弗婆提，毘提诃，补啰嚩尾尼贺	pūrva-videha	慧琳卷1，314c；希麟卷1，938a	韵、调
鄔波离	优波离	upāli	慧琳卷8，349c	韵
鸲鵅罗鸟	俱翅罗，俱耆罗	kokila	慧琳卷11，371a	声、韵
健达缚	乾闼婆，乾沓和	gandharva	慧琳卷12，381b	声、韵、调
因坻	因提	梵 indra，巴利 inda	慧琳卷24，459a	声母清浊、调
贰吒	阿迦尼沙吒，尼师吒	akaniṣṭha	慧琳卷28，497b	韵、调
阿输柯	阿迦，阿育	aśoka	慧琳卷73，784b	声、韵、调
澄磴橙蹬	佛图澄名异译	buddhacinga?	慧琳卷90，879c	声、韵、调

续表

被释词	又作、或作	梵文或巴利文	出　处	轻重所指
支那	真那，震旦，摩诃支那	cina	希麟卷2,939b	韵、调
俱物头	拘牟头，拘摩那，俱某陀	kumuda	希麟卷4,951b	韵
乌刍沙摩	乌枢瑟摩	ucchuṣma	希麟卷5,957b	声、韵
毘钵尸	毗婆尸，微砵尸	vipaśyin	希麟卷6:958b	声、韵
振多摩尼	真多末尼	cintāmani	希麟卷6,961a	韵
设咄噜	窣睹噜	śatru	希麟卷6,962c	声、韵
邬波驮耶	郁波第耶	upādhyāya	希麟卷8,967b	韵、调
嗢钵罗	沤钵罗，优钵罗，乌钵罗	utpala	希麟卷8,968a	韵、调
阿笈摩	阿含暮，阿鋡	āgama	希麟卷8,969a	声、韵
摩窒里迦	摩怛里迦，摩得勒伽	梵 mātṛkā；巴 mātikā	希麟卷9,974c	韵
涩多	僧涊多，欝陁耶，嗢拕	udāna	可洪卷24,344b	声母清浊
垢舍	鞮舍，提舍	upadeśa	可洪卷20,177a	声母清浊
一逮	正作劫，或作建	kalpa	可洪卷2,581a	韵

从表中可以看出，所谓“轻重”其实就是一个音译词的不同翻译形式之间的语音差异，表中列出的“轻重”的具体涵义，只是一个大体的说法，有些条目里很难辨别“轻重”具体所指，这是由于：①同一个梵文

词在不同的时代、不同的译者译文中采用的翻译形式不同;②汉译采用的通语方言或字词形式不同导致异译;③有些佛教术语具有雅语、俗语两种形式,它们都可能进入了汉译;④早期佛典在东传的过程中可能受到西域诸小国语言的渗透,导致词形变化,进而影响汉译的形式。凡此种种,使得要在同一个共时的语音标准下来界定"轻重",往往比较困难。

仔细考察唐代音义、经疏,我们发现"轻重"往往同"正、讹"、"声转"、"梵音楚夏"之类的术语一起使用:

(25)苏迷卢山:梵语宝山名,或云须弥山,或云弥楼山,皆是梵音声转不正也。南赡部洲:古译或名谵浮,或名琰浮,或名阎浮提,皆梵语讹转也。东胜身洲:古云弗于逮,或云弗婆提,或云毘提呵,皆梵语轻重不同也。西牛货洲:古云瞿伽尼,或云俱耶尼,或云瞿陀尼,皆梵音楚夏不同也。北俱卢洲:古名欝单越,或名欝怛啰,或云欝多罗拘楼,或名郁多罗鸠留,皆梵语轻重不同也。(慧琳卷1,314c)郁多罗鸠娄:梵语北州名也,古云郁单越,声转讹也。(同上卷73,784c)

我们看到,同类条目或者同一条目的音译词,解释其异译差异时使用了"梵音声转不正、梵语讹转、梵语轻重不同、梵音楚夏不同、声讹转、梵音轻重声之讹转、梵音轻重声之转、声转"等形式,汉语与梵文本属不同语系,语音系统、音变规则很不相同,所谓"由依八转声势呼召致异,然其意义,大略不殊",说的就是梵文的名词具有八个格的变化,这也就决定了汉语音译词很难完全对应于梵文,因而音义作者不得已用"轻重、声转、楚夏"这种空泛的概念来解释。

再看看唐代僧人对"楚夏"的解释:

(26)言楚夏者,京华为夏,淮南为楚,音词不同,所诠不异,彼土亦尔。虽同梵音,诸国轻重不无少异。(湛然《法华玄义释签》卷16,T33:929a-b)

(27)僧肇《肇论》(T45:157b):"泥曰、泥洹、涅槃,此三名前后异出,盖是楚夏不同耳,云涅槃音正也"元康疏:"西来梵僧,五竺不同,乡音成异,亦犹此方楚夏轻重。"(T45:229c)

(28)梵音楚夏者,秦洛谓之中华,亦名华夏,亦云中夏;淮南楚地,非是中方,楚洛言音,呼召轻重。今西域梵语,有似于斯,中天如中夏,余四如楚蜀。(澄观《大方广佛华严经随疏演义钞》卷5,T36:35a)

(29)楚夏:今言梵音楚夏,谓五天竺国人言音各异,如神州之楚夏也。译经三藏是五天诸国人,俱来此地翻经,大意虽同,文字、言、音有异,亦如此方吴、楚、闽、蜀等诸方言、音与中国人不同,亦尔梗概而言,故云楚夏耳。(可洪卷25,397a)

"楚夏"本是指汉语存在的方音差异,包括"古今南北",音义作者认为音译词的不同形式也是由于梵文的方音差异造成的,这种看法虽然不一定正确,但却是中土僧人的共同认识。在唐人看来,梵文、汉语都存在"轻重",实际也就是一种方言差别。

从上面的讨论中可以看到,"轻重"可以用来指称声韵调三个方面,看不出有什么主次之分。仔细排查中古时期的文献,我们发现"轻重"实际上和转、语转并没有本质差异。

我们通过考察唐五代以前文献中"轻重"的使用情形,可以归纳出下列几点认识:

第一,"轻重"作为分析语音的术语,三国时期开始使用,最先表示韵母主元音的前后高低不同,然后再表示声母的清浊差异、声调调类不同(平声轻,上声重);出现的语境都是比较方俗语音的不同。

第二,音韵学上"轻重"概念的使用与梵文的轻重音节没有必然联系。

第三,韵图上的"轻重"概念与唐代及其以前文献中出现的"轻重"并无必然联系。也正是"轻重"的涵义过于空泛,导致等韵学上的"轻重"概念众说纷纭。严格说来,韵图上的"轻重"与音义中出现的"轻重"不是同质的概念。

第四,在中土文论著作里,轻重常与清浊对举,但多数着眼于韵文创作的格律,不单纯以语音为言;与音韵学上的"轻重"也不是同类概念。

第五,在音义、经疏类文献里,"轻重"往往是用来解释音译词、地名等专有名词,与"声转、讹转、楚夏"等连用,泛指字音的古今南北亦即共时、历时差异;但不与"清浊"共现,在《可洪音义》里,"清浊"常用来解释汉语固有词,而"轻重"专门用来解释外来词;如果被释词是汉语的固有词,那么"轻重"往往是用来描写被释词的方音差异。

第六,在中土悉昙文献里,"轻重"本用来解释梵文的全浊声母,不送气为轻,送气为重,着眼于发音时的气流强弱;根据这一区别标准,梵文辅音字母里，t组为轻，ṭ组为重，la为轻，ra为重。后来这一概念汉化，也可用来指清辅音的送气与不送气。

第七，轻重用来指声调的阴阳，只见于日本所传文献，而不见于中土文献。

（原载《中国音韵学——中国音韵学研究会南京研讨会论文集》，南京大学出版社2008年版第269-284页）

第四部分
音译词溯源

“和尚”的语源及其形义的演变

和尚，梵文作upādhyāya，汉译作邬波第耶，本是婆罗门教术语，指教导自己的教师，后来佛教将其引入，指具有招收弟子资格的僧人，即向弟子传授具足戒的老师，条件是法腊（指接受具足戒成为比丘、比丘尼的年数）十年以上，“有德、有智、持戒、多闻”。[①]对僧徒来说，这是一个非常重要的“职位”，正因为如此，有关它的语源很早就引起了僧人的注意，但以讹传讹，莫详孰是。

1　前人诸说述评

最早对“和尚”的语源进行说明的是唐代的玄应，其后诸家竞相解说，粗略概括起来，主要有下面三种说法：

1.1 源于于阗语说

（1）和尚，《菩萨内戒经》作“和阇”，皆于阗国等讹也，应言郁波第耶夜。（玄应《一切经音义》卷十四，T54：699a）

（2）其郁波第耶，此云常近受持者，今所谓和上，此乃于阗之讹略也。（《续高僧传·阇那崛多传》，T50：433b）

（3）邬波驮耶，或云郁波第耶，梵语轻重也……名为和尚，或云和阇，并于阗等国讹转也，本非印度之雅言。（希麟《续一切经音义》卷八，T54：967b）

（4）和尚，或和阇。羯磨疏云：自古翻译多杂蕃胡，胡传天语，不得声实，故有讹僻。传云：和尚，梵本正名邬波遮迦。传至于阗，翻为和尚。（《翻译名义集》卷一，T54：174a）

---

① 见《十诵律》卷二一，T23：148a（T指《大正藏》，a、b、c指每页的上中下三栏，下同）。

1.2 源于西域胡语说

(5)邬波䭾耶，唐言亲教师，安西云和上。(圆照《佛说十力经序》，T17:716a)

(6)邬波䭾耶，正梵语也……龟兹、于阗等国讹云和阇，或云鹘社，今云和上，本非梵语，亦非唐言，盖葱右诸国讹转音耳也。(《续一切经音义》卷一，T54,946a)

(7)鹘社，于窴(阗)及疏勒国人云和尚；殟社，西域俗云和尚。(《可洪音义》卷二五)

(8)经传岭北，楼兰、焉耆不解天竺言，且译为胡语，如梵云邬波驮耶，疏勒云鹘社，于阗云和尚。(赞宁《宋高僧传》，T50:723c)

(9)邬波驮耶……言和尚者，非也。西方泛唤博士皆名乌社，斯非典语。若依梵本经律之文，皆云邬波驮耶，译为亲教师。北方诸国，皆唤和社，致令传译习彼讹音。(义净《南海寄归内法传》卷三《师资之道》)

1.3 源于中土方音讹转说

(10)案五天雅言，和上谓之坞波地耶，然其彼土流俗，谓和上殟社，于阗、疏勒乃云鹘社，今此方讹音谓之和上。(慧苑《新译大方广华严经音义》卷中，T54:441b)

(11)和尚，正梵语邬波地耶，此云近读，谓此尊师为弟子亲近习读者也。旧翻为亲教，良以彼土流俗殟社，此方讹转谓之和尚，相承既久，翻译之者顺方俗云。(《续一切经音义》卷四，T54:951a)

前两种说法不免有想当然的成分，谁也没有提出任何证据，玄应、道宣本来只说是源于于阗，后来诸人却衍生出龟兹、疏勒、楼兰、焉耆，乃至整个西域，逾行逾远；第三种说法认为本是印度俗语，后至西域发生讹变，传至中土，再次发生讹转，得失参半。如果将这三种说法综合起来，可作如下表述：

和尚，印度俗语作乌社、殟社，标准梵文称作郁波第耶，传到西域，语音发生讹变，变成“和尚”。

这个说法为后来一些著名佛教词典吸收，如望月信亨《佛教大辞典》、中村元《佛教语大辞典》、丁福保《佛教大辞典》等。另外，《汉语大词典》也基本采用了这个说法。

这个说法的关键是“和尚”一词的形成经过了西域语言的媒介，根据我们的考察，这是靠不住的。

第一，汉明帝永平十六年(73)，班超出征于阗，于阗正式臣服于汉王朝，据《后汉书·西域传》记载，当时(77—91)西域长史以于阗为常驻地。上世纪末本世纪初在于阗地区陆续出土了大批汉佉二体钱及佉卢文文献，表明汉文化远在佛教传入以前就影响于阗，[①]也说明自张骞通西域以后，随着内地与中亚地区的贸易往来日益密切，大批汉地商人进入西域地区，因此，汉语对于阗等西域地区人民来说恐怕并不陌生。[②]

第二，根据现存汉文文献与出土文物推测，佛教在二世纪中叶以后才由迦湿弥罗传入于阗，并不比它传入中原的时间早，但发展却极为迅速，“而且直接采用梵本，所以很快便成为佛教徒寻根求源的所在”。[③]自三世纪中叶的朱士行(曹魏)开始，很多中原僧人前往于阗取经，恐怕不是偶然的，直到唐代武则天还派人至于阗取梵本《华严经》，[④]而隋唐以后，举世公认汉译佛经采用的是梵本。论者可以拿早期汉译佛教经典与梵本不合来反驳，但这并不足以说明汉译原本就是于阗文写本，它完全有可能是俗语写本。更何况早期佛典并不书之于文字，而是通过口耳相传的(详下)。[⑤]

第三，据考证，佉卢文文字记录的语言属印度语支中的西北俗语，它有各种方言，但基本语法相同。通行这种文字的地区，又多通行婆罗迷文字。[⑥]于阗出土的佉卢文文献年代一般认定在二世纪中叶，而

① 关于西域佛教的传播，请参考羽溪了谛：《西域之佛教》(贺昌群译)，商务印书馆1956年版；魏长兴等：《西域佛教史》，新疆美术摄影出版社1998年版；热扎克·买提尼牙孜：《西域翻译史》，新疆大学出版社1996年版。

② 据《汉书·西域传》载，西域都护府在西域二十三国设有“译长”，专理翻译事务，这种翻译实践肯定会对后来的佛经翻译产生某种程度的影响。

③ 余太山主编：《西域通史》，中州古籍出版社1996年版，第225-229页。

④ 参崔致远：《唐大荐福寺主翻经大德法藏和尚传》，T50：282。

⑤ 参许理和：《佛教征服中国》，江苏人民出版社1998年版，第82页。

⑥ 参马雍：《古代鄯善、于阗地区卢文字资料综考》，见《西域史地文物丛考》，文物出版社1990年版；黄振华：《于阗文研究概述》，见《中国民族古文字》，中国社会科学出版社1984年版。

婆罗迷文献则晚至公元四世纪。[①]上文说的出土汉佉二体钱背面正是用佉卢文书写的印度西北俗语。学界多数人认为，当时于阗官方语言和文字都是属于印度西北俗语，而土著居民所操语言为于阗塞语（婆罗迷文），属于东伊朗语支。最能说明问题的是出土的二世纪佉卢文《法句经》抄本，它属于印度西北俗语译本，一般认为是于阗的产物。可见，当时于阗佛经并非用本地语言书写。

第四，法显于晋安帝隆安三年（399）从长安出发经西域至印度取经，其时西域诸国号称“外国异言三十六种，书亦如之”，[②]《法显传·鄯善国》云：“诸国俗人及沙门尽行天竺法，但有精粗，从此西行，所经诸国类皆如是，唯国国胡语不同，然出家人皆习天竺书、天竺语。”又《还巴连弗邑写律》云：“法显本求戒律，而北天竺诸国皆师师口传，无本可写，是经远步，乃至中天竺……亦皆师师口相传授，不书之于文字。”[③]出家人学梵语，写梵文，可见于阗的佛教传播一直没有离开过印度西北俗语及梵文。直至四世纪末，印度的律部经典还是靠口耳相传，“不书之于文字”，口耳相传难免走形，而且易有方音搀入。有趣的是，我们今天见到的早期“和尚”用例，大都出现在律部经典，这更说明“和尚”一词不必经过西域语言这个中间媒介。

第五，《续高僧传·达摩笈多传》云：“笈多心系东夏，无志潜停，密将一僧，间行至乌耆国，在阿烂拏寺讲通前论。又经二年，渐至高昌，客游诸寺，其国僧侣多学汉言。”（T50，435b）达摩笈多至长安是隋开皇十年（590），隋朝疆域从未至过高昌，而且北朝时期北方地区全为异族统治，西域僧侣却学“汉言”，这种情形当不会肇始于隋朝，可以想见中古时期汉语及汉文化在西域地区的影响。据《宋高僧传》记载，中晚唐时期不少印度高僧在西域设译场，将佛经原典译成汉语，而这些人（如勿提提羼鱼、尸罗达摩）却从未进入中原地区，这说明在西域地区出家人说梵语、汉语都是寻常的事。

第六，考唐代诸音义作者，除玄应外，均与西域有关：慧苑为法藏

---

① 参黄盛璋：《塞人南迁罽宾与沿途所建诸国考》，《汉学研究》1995年第13卷第2期，第137页。另据牛汝极的研究，采用婆罗迷文笈多字体书写的于阗文，大致开始应用于公元2世纪，成熟于公元6或7世纪，但存世的文献多为7－10世纪的遗物，当时印度的雅语文在于阗较流行。见《维吾尔古文字与古文献导论》，新疆人民出版社1997年版。据此，“和尚”根本没有可能经过于阗语的讹转。

② 见《高僧传·竺法护传》，T50：326c。

③ 章巽：《法显传校注》，上海古籍出版社1985年版。

上首门人，法藏为康居人；义净停留印度十多年；慧琳为疏勒人，因而他们对西域地区各国有关"和尚"的读法比较熟悉，但他们所了解的这些读音可能是隋唐时期的共时状况，并不能据此论定魏晋时期于阗等国的语言即是如此，它完全有可能来自汉语通语或汉语的西北方音，因为自汉以来西域地区受汉文化的影响较大，这从《续高僧传》、《宋高僧传》(参上文)的相关记载中可以明显的看出来，这样汉语词汇进入其语言也就在所难免。另，《魏书·西域列传》"于阗"条云："高昌以西诸国人等皆深目高鼻，唯此一国貌不甚胡，颇类华夏。"藏文《于阗国悬记》云："于阗乃印度人与汉人交会之国，其语言既不同于印度，也不同于中土；其文字悉同印度，习尚大有华风，其宗教仪俗和宗教用语则多遵印度。"[①]文字相同，则某些名词术语如"和尚"即可直接移用。

总之，汉译佛经的某些佛教术语没有也不必经过梵语(俗语)—中亚语言—汉语这一转译过程，它与早期佛典是否译自中亚语言文本关系不大。

2 "和尚"的语源

"和尚"，佛教梵文作upādhyāya，巴利语作upājjhāya，早期译作"和上、和阇"，后来写作"和尚"，就笔者管见所及，最早译作"邬波驮耶"的是唐义净(635—713)《根本说一切有部毗奈耶》卷一，后尸陀达摩译作"邬波𪜶耶"，从译音的角度来看，一步步趋向精密，因为汉语无dhya这个音节，所以就用"亭"和"也"合成一个字来对，此字不空注作"亭也切"。

"和尚"不是直接译自upādhyāya，这是毫无疑问的，它应该是来自一个俗语形式。萧齐僧伽跋陀罗译《善见律毗婆沙》卷十七(T24：792c)云："和上者，外国语，汉言知罪知无罪。"[②]上文引慧苑云："彼土流俗，谓和上殟社。"表明"和尚"并非译自梵文雅语。义净云："西方泛

① 参黄振华：《于阗文研究概述》，见《中国民族古文字》，中国社会科学出版社1984年版。

② 此言恐非经文，疑是译者自注而误为正文，宋金元明藏均作正文。《玄应音义》卷14"和上"条云："又言邬波柁耶，此云亲教。旧译云知罪知无罪，名为和上也。"又此经同卷："尔时佛住罗阅城王舍城摩竭国，此三义，一名异，汉言王舍城，罗阅城是外国音，罗者言王，阅者言舍，故言罗阅城也。"(792c，中华藏42：647c)"王舍城"以下也当为注文，若果真如此，则最先对"和尚"进行考释的就是僧伽跋陀罗了。待考。

唤博士皆名乌社,斯非典语。"博士,指教授官,亦即老师,也就是说,印度民间俗语把老师叫做"乌社",只有到了佛典里,才称为邬波驮耶。义净留学印度十几年,他的说法应该是可信的,即"和尚"并非来自梵文雅语,而是来自俗语,但upādhyāya的俗语形式应该是什么呢?

upādhyāya 可分解为两部分:upa,义为亲近;adhyāya,义为教读。古典印度俗语作uvajjhāa,在印度西北俗语里,梵文前置词upa-常变成va-:[1]

upacāru 婆耶楼(upa->va-婆)

upananda 婆难陀/婆难/跋难陀(upa->va-跋/婆)

upamāna 梵摩那(upa->va-(m)梵)

upavattana 惒跋单(upa->va-惒)

在早期的梵汉对音里,我们还可以常看到dh(y)->j-:

dhyāna 禅(那)(巴利语作jhāna,T1,240a)

gṛdhrā-kūṭa 耆阇崛(巴利文作gijjhākūṭa,dhrā>jjhā阇,T8,245c)

禅、阇均是禅纽字,禅纽字在唐玄奘以前均是对梵文的j-、jh-,同期反切及音义资料也是床禅不分,[2]根据黄侃的古音章组归端说,禅纽上古归定纽,其演变也正是dh->j-。

将上面的分析综合起来,我们可以推测出upādhyāya的俗语形式是*vājjha,这就是"鹘社、和社、殟社、和上(尚)"一类译法的源头。

据《广韵》,和,户戈切又胡卧切,匣纽戈韵或过韵,合口;上,时掌切,禅纽养韵;尚,时亮切,禅纽漾韵;社,常者切,禅纽马韵;阇,视遮切,禅纽麻韵。"上尚"、"社阇"声韵分别相同,仅有声调差异。从诗文押韵看,后汉三国晋宋歌戈麻不分,其主元音与阳韵相同;[3]从梵汉对音看,后汉至周隋匣纽合口、喻$_{三}$同对梵文v,禅纽对梵文的j,jh,唐五代的藏汉对音材料也是如此,因而va对"和",ja/jha对"阇、社、上、尚"都是常例。另,鹘,《广韵》黠韵户八切(又音户骨切、古忽切),匣纽,正与vāj相对:在梵汉对音中,臻、山两摄入声对音最为复杂,也最为杂乱,它可以对梵文(俗语)的-t、-d、-dh、-s、-j、-r等,说"和尚"是于阗、疏勒乃至西域语言的讹转音是不恰当的。但这里也还有一个问题:ja/

① 引自辛岛静志:《长阿含经原典语言研究》,平河出版社1994年版,第20页。

② 参储泰松:《梵汉对音与中古音研究》,《古汉语研究》1998年第1期。

③ 参丁邦新:《魏晋音韵研究》,台湾"中央研究院"专刊65,1975年。

jha是开音节，而"上/尚"是宕摄字，带有后鼻音尾，我们认为，这是中古西北方音的反映，即西北方音宕摄读同歌麻韵，它可以得到下列材料的支持：

2.1 唐五代西域译音材料

（1）藏汉对音《千字文》宕摄读同模韵对[o]，罗常培分析说：ṅ收声在《切韵》的不圆唇元音[a]、[æ]、[ɑ]、[e]后面几乎完全消失，宕摄的[a]因ṅ的后退同化成[o]。①

（2）于阗文书的对音宕摄也是大部失去鼻音尾，小部分是鼻化音，"上、尚"均对śā。②

（3）回鹘文译本《玄奘传》汉回鹘对音也是宕摄字对开音节。③这表明中古西北方音尤其是于阗地区通行的汉语宕摄失去鼻音尾，与麻韵音同或音近，而这种音变现象不是一朝一夕就能形成的。

2.2 文献记录

（1）《广韵》荡韵"莽"字下云："又姓，前汉反者马何罗，后汉明德马后耻与同宗，改为莽氏。"马后为马援幼女，扶风茂陵人，改马姓莽，是马后方音必以马、莽同音。

（2）《封氏闻见记》卷三"贡举"条载轻薄者戏语曰："及第进士，俯视中黄郎；落第进士，揖蒲华长马。"是"郎、马"押韵，"郎"为唐韵字。

（3）敦煌曲子词《定风波》叶"何俘磨康波"、《捣练子》叶"娘行粮房娘婆"、《怨春闺》叶"挂杷罔榭麝马骂搭下"，敦煌变文《佛说阿弥陀经讲经文》叶"响过"，皆是歌戈或家麻与阳唐相押；宋张师正《倦游杂录》云："关右人或有作京师语音，俗谓之獠语，虽士大夫亦然。有太常博士杨献民，河东人……作诗寄与郡中僚友，破题曰：'县官伐木入烟萝，匠石须材尽日忙。'盖以乡音呼忙为磨方能叶韵。"这些记载牵涉地域

---

① 参罗常培：《唐五代西北方音》，科学出版社1961年版，第38-41页。

② 参高田时雄：《和田文书的汉语词汇》，《汉语史诸问题》，京都大学人文科学研究所1988年版，第118-150页。

③ 回鹘文《玄奘传》或说是11世纪的产物，参聂鸿音：《回鹘文玄奘传中的汉字音》，《民族语文》1998年第6期。宕摄失去鼻音尾，不仅仅是唐五代的对音材料有反映，两宋时期西北地区的译音材料也是如此，参聂鸿音《近古汉语北方话的内部语音差异》，见《学术之声》，北京师范大学中文系1990年；李范文：《宋代西北方音》，中国社会科学出版社1994年版。

均是西北地区，我们有理由相信，中古西北方音宕摄鼻音尾均已脱落。

综上所述，“和上/尚”源自印度西北俗语 vājjha，本应译成“和阇/社”，但因汉语西北方音麻、阳两韵同音，所以译成“和上/尚”。从汉人的崇佛心理来说，“和尚”是得道高僧，德行高尚，而汉语的“上”、“尚”正有此义，因而译音用“上/尚”，也符合汉人的思维特征。[①]古代音义书所说于阗、疏勒讹读为“和社、鹘社”，实是古人不懂语音变化所致，因为“随着汉王朝在西域统治地位的确立，绿洲诸国的文化面貌发生了很大变化，西域土著有自己的语言，但其时尚无书写的文字，统治阶级上层与汉交往皆用汉字；或者出于某种政治经济需要，借用葱岭以西流行的文字”，[②]所以，“和上/尚”绝不是于阗、疏勒的音变讹转词。[③]

3 “和尚”词形的变异及其词义的历时变化

从上文所引音义可以看到，“和尚”的写法很多，根据我们对中古文献的考察，最早出现的写法是“和上”，然后依次是“和阇”、“和尚”、“邬波第耶”。

3.1 “和尚(上)”在佛经中的出现年代及其形义变化

汉译佛经自后汉开始，流传至今已近两千年。早期翻译的佛经有很多我们今天已无法弄清它的译者，这给我们考察“和尚”的最早用例带来较大的困难。根据吕澂先生的《新编汉文大藏经目录》译者确切可考的后汉译经里，没有出现“和尚(上)”一词，但在几部译者有误及失译附汉录的佛经里，出现了“和尚”一词：

(1)是菩萨比丘欲学是三昧者，清净持戒，完具持戒，不谄谀持戒，

---

① 这一说法曾得到吴金华先生的启发。

② 余太山主编:《西域文化史》，中国文联出版公司1996年版，第88页。

③ 伯希和曾根据古代音义所载，拟“乌社”为 ujjhāa。“鹘社”为 ujjhā，“和尚”为 vājhā̃(转引自王邦维:《南海寄归内法传校注》，中华书局1995年版，第143页)。按，《广韵》乌，哀都切，影纽模韵，上古音属影纽鱼部，读作[a]或[?a]，正与 va 相对。《齐民要术·胡麻》:“《汉书》:张骞外国得胡麻。今俗人呼为乌麻者，非也。”胡，上古属匣纽鱼部，《广韵》匣纽模韵；佉卢文书(于阗)“尉迟陀”译作 vijida，vij 尉，《广韵》影纽物韵，可见在某些方言里匣纽与影纽关系密切，va 对乌完全有可能。当然它也有可能是直接略译自俗语 uvajjhāa。伯希和构拟出三种形式，完全没有必要。

当为智者所称誉，为罗汉所称誉，于经中当务施，当精进所念强，当多信劝乐，常承事于和上，当承事于善师。(《般舟三昧经·四辈品》，T13，909b-c)

《般舟三昧经》吕瀓勘为竺法护译。《大正藏》收有两种，均题支娄迦谶译，上引者为三卷本，一为一卷本。《祐录》卷二《新集撰出经律论录》载此经两种：一卷本，支娄迦谶译，两卷本，竺法护译；同卷《新集条解异出经录》均记作两卷。[①]上引文一卷本作："其有欲学是三昧者，清净自守持戒完具，不谀谄，常为智者所称誉，于经中当布施当精进，所志当强，当多信劝乐，承事于师。"(T13，900c)

(2)若请和上受十戒时，和上不现前亦得十戒；若受十戒时和上死者，若闻知死受戒不得；若不闻死，受戒得戒。(《大方便佛报恩经·优波离品》，T3，159c)

(3)若见父母和上师长有德之人，远出奉迎，安施床座，恭敬礼拜，破除憍慢。(同上《亲近品》，T3，165a)

(4)和上言止："卿且出去，吾当思惟。"弟子适出，未到户外，已成真人。(旧题支谶译《杂譬喻经》，T4，499b)

(5)师呼其名，即答师声言："和上来耶?"(失译《杂譬喻经》，T4，506b)

(6)五体投地，归依和上，诚心忏悔此三恶业。(a)弟子某甲，从今清旦至明清旦，大德意念，大德当为我作和上。(b)今于三世诸佛阿罗汉前和上僧前，至诚发露，五体投地，忏悔诸罪。(c)(《受十善戒经》，T24，1023)

以上(2-6)诸经，据《祐录》卷四《新集续撰失译杂经录》，均是失译。从经文使用的语言现象来看，也不像后汉人所译：第一，音译词方面，几部经分别出现了"佛陀"、"憍陈如"、"罽宾"、"阿育王"等；第二，词汇方面，《报恩经》出现了"施汝无畏、赐我无畏"、以常用词"觅"替换

① 本书卷七《般舟三昧经记》云竺朔佛、支娄迦谶译，不题卷数；《长房录》同，但标明二卷。《支谶传附竺朔佛》(《祐录》)云："朔(佛)又以灵帝光和二年洛阳译出《般舟三昧经》，时(支)谶为传言，河南洛阳孟福、张莲笔受。"参汪维辉：《从语言角度论一卷本〈般舟三昧经〉非支谶所译》，《语言学论丛》第35辑，2007年，第303-322页。

"求、索",[①]《杂譬喻经》出现"塔寺"、"佛寺";[②]第三,句法方面,《报恩经》(142a):"时老比丘言:汝何以见毁骂耶?""见"表第一人称,汉代还无这种用法。[③]这三类现象在同期译经里没有发现,表明这几部经典非汉代作品,也就是说,"和上"在汉代还没有出现。

就目前所知,"和上"最早出现于三国时期的译经里,义为授戒师,这是其本义。

(7)仙人唱言:"和上大师,云何一旦今见孤背,舍弃我去,更不闻法?"(支谦《撰集百缘经》卷四,T4,221c)

(8)唯愿仁者为我和上,善为我说无上之法。(支谦《菩萨本缘经·龙品》,T3,69a)

(9)我某甲尽形寿,归依佛归依法归依僧,随佛出家,某甲为和上,如来至真等觉。(康僧铠《昙无德律部杂羯磨》,T22,1042a)

(10)我某甲归依佛归依法归依僧,随佛出家,某甲为和上,如来至真等觉,是我世尊。(昙谛《羯磨》,T22,1053a)

《菩萨本缘经》,《祐录》认为是失译,《开元释教录》始标支谦译;《羯磨》与《昙无德律部杂羯磨》,《祐录》署刘宋求那跋摩译,吕澂认为均是从《昙无德律》(即《四分律》,姚秦佛陀耶舍译)中抄出,从风格上看,亦颇似晋以后人手笔。惟《撰集百缘经》隋以后皆以为支谦译,但不见于《祐录》著录。支谦译经在吴黄武元年(222)至建兴(252—253)年间,则"和尚"进入汉语最晚在三世纪中叶。

(11)使令供养和上,犹不得报满和上之恩,长者应如是知。长者当知,若闻法已有无量报得无量智,我应无量供养和上。(康僧铠《郁伽长者所问经》,T11,479b)

《郁伽长者所问经》,《祐录》卷二作《郁伽长者经》,又作《郁伽罗越问菩萨行经》,署名竺法护译。吕澂以为是重译,均勘同《大宝积经》(唐菩提流志译)《郁伽长者会》。康僧铠、昙谛皆不见于《祐录》,而《高僧传·昙柯迦罗传》文末云:"时又有外国沙门康僧铠,亦以嘉平(249—

① 见周一良:《赐无畏及其他》,《唐代密教》,上海远东出版社1996年版,第309-316页;汪维辉:《东汉—隋常用词演变研究》,南京大学出版社2000年版,第124、134-135页。

② 许里和认为,"塔、寺"单用在后汉译经里出现,但从法显译《正法华经》看,"寺、塔、塔庙、塔寺"对应的梵文均是stūpa,则"塔寺"连文属单音词变为双音词。见《佛教征服中国》,江苏人民出版社1998年版,第54-55页。

③ 参向熹:《简明汉语史》,高等教育出版社1994年版。

254)之末来至洛阳,译出《郁伽长者》等四部经。又有安息国沙门昙帝,亦善律学,以魏正元(254—255)之中来游洛阳,出《昙无德羯磨》。”

到了晋代以后,译经中“和上”一词逐渐多了起来。大体上来说,两晋主要用“和上”,南北朝多用“和尚”;[①]进入唐朝,由于译音越来越严密,则基本上不用“和尚(上)”,而代之以“郁(邬、坞)波第(驮、陀、柁、地)耶(夜)”。南朝亦用“和阇”,但仅见于《菩萨内戒经》。

(12)仁者欲得知不?贤者舍利弗已取灭度,我今赍持和上舍利及钵、衣服。(竺法护《生经》卷一,T3,80a)

(13)我某甲,求长老为和尚,长老为我作和尚。(弗若多罗《十诵律》卷二一,T23,155a)

(14)汝今当敬重于佛,敬重于法,敬重于比丘僧,敬重和上。(法显《摩诃僧祇律》卷二三,T22,415a)

(15)和阇名明师,阿祇利名文殊师利。(求那跋摩《菩萨内戒经》,T24,1029a)

(16)我某甲今求尊为和尚,尊为我作和尚,我乐尊为和尚依止,尊为和尚故,得受具足戒。(佛陀什、竺道生《弥沙塞部和醯五分律》,T22,111a)

(17)时有比丘,欲诣他方城邑聚落,尔时和尚阿阇梨等语彼比丘如是:“长老,汝不须往。”(阇那崛多《佛本行集经》卷五十,T3,884c)

上述诸例,“和尚(上)”皆指男性,亦可指女性:

(18)我某甲,今求阿姨为和上,愿阿姨为我作和上,我依阿姨故得受大戒。大姐僧听:此某甲从和上尼某甲求受大戒,若僧时到僧忍听,某甲尼为教授师。(《昙无德律部杂羯磨》,T22,1048a)

(19)大姐僧听,我某甲沙弥尼,今从僧乞二岁学戒,某甲尼为和上,愿僧与我二岁学戒,慈愍故。(佛陀耶舍《四分律》,T22,755c)

(20)愿佛说女沙门几岁应受大戒,几岁应作沙弥尼师,几岁应作沙弥尼和上……比丘尼受三般具足戒十年,应作沙弥尼和上;比丘尼受三般具足戒二十年,应具足戒作和上。(失译《大爱道比丘尼经》卷下,T24,952b-c)

① 宋元明藏“和上”基本上全部写作“和尚”,只有高丽藏有分别,前者显然是后人所改。

3.2 "和尚(上)"在中土文献中的出现年代及其形义变化

魏晋以后，佛教在文人中的影响越来越大，"和尚(上)"开始进入文人和僧人的作品。南北朝以前基本上用"和上"，唐以后多用"和尚"，[①] 均表示对僧人的尊称。我们见到的最早用例是在高昌石窟寺发现的《诸佛要集经》抄本跋：

(21)□康二年正月廿二日，月支沙门法护手执□□，口授聂承远和上，弟子沙门竺法首笔□，□今此经布流，十分戴佩弘化速成□□元康六年三月十八日写已。(引自大谷光瑞《西域考古图谱》)

元康六年即296年。西晋用例仅此一见。东晋以后，逐渐多了起来。《法显传》、《高僧传》、《祐录》出现较多，但多用"和上"：

(22)我等诸师和上相承以来，未见汉道人来到此地。(《法显传·拘萨罗国舍卫城》)

(23)中山支和上遣人于仓垣断绢写之，持还中山。(《祐录》卷七)

(24)我是和上小乘师，和尚是我大乘师。(同上卷十四)

(25)大和上，国之神人，可急往告，必能致福。(《高僧传·佛图澄》)

(26)伏愿大和上垂怀，允纳下心，无惜神诰。(《弘明集》卷十一李淼《难佛不见形事》)

(27)弟子奉诏西行，祗别和尚。(《桂苑丛谈·方竹柱杖》)

(28)于是老人辞却和尚，去庵前百步以来，忽然不见。(《庐山远公话》)

(29)一寺僧徒，尽皆合掌道："此和尚果有德行。"(《大唐三藏取经诗话》)

(30)谒里人陈亚仙曰："老僧欲就檀越求坐具地，得不?"仙曰："和尚坐具几许阔?"(法海《六祖大师法宝坛经略序》，《全唐文》卷九一五)

也有仍表示"亲教师、授戒师"义，用于出家弟子称老师：

(31)吾和上等八人，同愿生兜率。和上及道愿等皆已往生，吾未得去，是故有愿耳。(《高僧传·释昙戒》)

"和上"指昙戒的老师释道安。

(32)诸弟子共谏请之，曰："声音禀受有定，非一生所及。和上当

---

① 我们考察了《全唐文》中出现"和尚(上)"字样的所有篇什，写作"和尚"的占三分之二强。写作"和上"，多见于初、中唐，日本真人元开《唐大和上东征传》(779)只作"和上"。

爱身行道,何有其于取弊?"(傅亮《光世音应验记》[1])

与佛经一样,中土文献中"和尚(上)"也可指女性。多见于碑铭,以《全唐文》为例,称女性为"和尚(上)"的篇目有:杨休烈《大唐济度寺故大德比丘尼惠源和尚神空志铭》(卷三九六)、权德舆《唐故东京安国寺契微和尚塔铭》(卷五零一)、韦同翊《唐故龙花寺内外临坛大德韦和尚墓志铭》(续拾卷二五)、佚名《唐观心寺禅律故尼大德坟前尊胜石幢记》(续拾卷六一)、武崇正《大唐都景福寺主威和上塔铭》(拾遗卷三)等。

在东晋六朝的文献里,"和上"还出现了一些变异形式:上、阿上。

(33)复南行二十里,到菩萨本苦行六年处……自上苦行六年处,及此诸处,后人皆于中起塔立像,今皆在。(《法显传·伽耶城贝多罗树下》)

(34)既而安上弘经于山东,什公宣法于关右。(僧祐《弘明论后序》)

(35)《悲华经》十卷。(昙摩谶译)《别录》或云龚上出。(《祐录》卷二)

"龚上"即法显,法显俗姓龚。

(36)大律师颖上,积道河西,振德江东。(同上卷十二《十诵律义记目录序》)

(37)承远上无常,弟子夜中已自知之。远上此去,甚得好处,诸佳非一。(《高僧传·僧远》)

(38)高上圣人自在,何能不一现?(同上《释玄高》)

(39)于是法师有语上:"上得生好处,当见将接。上是法师,小品檀越,勿见遗弃。"上即答云:"法师丈夫,又弘通经教,自应居胜地。某甲是女人,何能益法师?"(沈约《南齐禅林寺尼净秀行状》)

上述6例中的"上"均是"和上"的简称,指僧人,表尊称,例(34)"安上"与"什公"相对,其义甚明。惟前5例指男性,末例"上"表女性,指比丘尼净秀。

六朝人名、称呼前可加词头"阿"字,"和上"亦可称"阿上",但只用于彼此关系较亲密的场合,义指对僧人的尊称。

---

① 参傅亮等:《观世音应验记三种》,孙昌武点校,中华书局1994年版。

(40)(昙)谛曰:“向者忽言阿上,是谛沙弥为僧采菜,被野猪所伤,不觉失声耳。”(《高僧传·释昙谛》)

佛教发展到宋代,已渐趋式微,尤其是译经自宋初三大士以后,鲜有续译,加上隋唐以后和尚的品行良莠不齐,[①]和尚的地位也开始下降,它不再是对僧人的尊称,而是一种通称,甚至是一种贬义的说法:

(41)京师僧讳“和尚”,称曰“大师”;尼讳“师姑”,呼为“女和尚”……而秀州又讳“佛种”,以昔有回头和尚以奸败,良家女多为所染故耳。(庄绰《鸡肋编·天下方俗所讳》)

(42)洛下稻田亦多,土人以稻之无芒者为和尚稻。(朱弁《曲洧旧闻》)

(43)太庚麦无芒圆大,谓之和尚麦[②]。(王恽《玉堂嘉话》)

宋初沿用唐制,在京师设有译经院,遴选天下有德高僧充任其中,大多朝廷授有“大师”称号,因而出家人以得到大师封号为荣,“和尚”的称呼自然贬值。世风日下,女尼自可移花接木,称为“和尚”,何况是于古有征? 僧人与良家妇女有染,明清小说如《三言》、《两拍》、《禅真逸史》等多渲染其事,其时和尚也可指一般人,不仅有贬义,而且含有戏谑的意味:

(44)菩萨快休计较,我不相王和尚那样利心重。(《金瓶梅》七三回)

(45)你这等写着还说不滑稽,及到水里石头烂了时,知他和尚在亦不在。(《金瓶梅》四二回)

(44)和尚指女尼,(45)指一般人。今谚语有“跑得了和尚跑不了庙”,方言称剃光头为和尚头,和尚所包含的尊敬意味已荡然无存。

(原载《语言研究》2002年第1期第83-90页)

① 僧人霸占良田、犯戒之事,如隋末唐初常州弘业寺沙门法宣有《爱妾换马》、《和赵王观妓》诗;李绅《龟山寺鱼池》诗讥僧人云:“剃发多缘是代耕,好闻人死恶人生”;《鸡肋编》卷中:“广南风俗,市井坐估,多僧人为之,率皆致富。又例有室家,故其妇女多嫁于僧,欲落发则行定,既薙度乃成礼”;其他如《尚书故实》、《云溪友议》卷下“金仙指”条亦记之甚详。

② 以上两例转引自《汉语大词典》。《齐民要术·大小麦》云:“世有落麦者,秃芒是也。”今民间称木耳为和尚肉,亦为贬义。另,《高僧传·释僧慧》云僧慧“齐初敕为荆州僧主。风韵秀然,协道匡世,补益之功,有誉遐迩。年衰常乘舆赴讲,观者号为秃头官家。”此处称和尚为“秃头”尚无贬义。

“毗岚”的流变及其相关问题

“毗岚”一词，屡见于汉译佛典，义为迅猛风，汉语“毗岚”即导源于此。[①]它是一个音译词，梵文作 vairambhaka，vairambha，巴利文作 veramba，verambha，俗语作 velām，在佛典中有不同的译法，可译作随蓝、随岚、旋蓝、旋岚、惟岚、毗蓝（婆）、毗岚婆、岚婆、鞞蓝（婆）、吠岚（婆）、吠蓝婆、毗岚摩。蓝（婆）、岚（婆），与梵文的 rambha、巴利文的 rambha，ramba 相对，对音整齐；但梵文的 vai（巴利文作 ve）的对音却比较混乱，大体上分成三类：①吠、毗、鞞，《广韵》均属並纽，印度西北方言 v 念成 b，所以可对“毗、鞞”；②随、旋，《广韵》均属邪纽，读 z，与 v 不合；③惟，《广韵》属喻四纽，与 v 亦不合。可以看出，后两类与《切韵》不合，要解释这个问题，需要考察它在佛典中的流变及其相关的文字语音问题。

1

根据我们的考察，先有“随蓝（岚）、旋蓝（岚）”，“毗蓝”是较晚才出现的：

（1）譬若随蓝风一起时，诸树名大树而不能自制。（汉支娄迦谶译《佛说伅真陀罗所问如来三昧经》卷上，T15：351c）

（2）或云劫烧后，水补火处，随岚吹造宫殿讫。（失译附汉录《分别功德论》卷 1，T25：31a）

（3）又共生者，如来所行不可思议，常右胁卧如师子王，若草若叶无有动乱，旋蓝猛风不动衣服。（失译附汉录《大方便佛报恩经》卷 7，T3：164b）

---

① 参何亚南：《释“岚”》，《中国语文》1999 年第 4 期；陈秀兰：《也考“岚风”》，《中国语文》1999 年第 4 期。

(4)有风名随岚及断截风,飘坏三千大千世界。(西晋竺法护译《佛说幻士仁贤经》,T12:31c)

(5)四方诸风及寒热,旋岚之风亦成败。(西晋竺法护译《修行道地经》卷4,T15:207b)

(6)譬如毗岚风,震动一切地。(东晋佛驮跋陀罗译《大方广佛华严经》卷5,T9:428b)

(7)此是大菩萨福德业因缘变化力我未能忍,如须弥山王四面风起皆能堪忍,若随岚风至不能自安。(姚秦鸠摩罗什译《大智度论》卷42,T25:368a)

(8)譬如须弥山四边风起,不能令动,至大劫尽时毗蓝风起如吹烂草。(同上卷11,139b-c)

(9)杂尘风,不杂尘风,冷风,热风,黑风,旋岚风,[1]动地风。(姚秦昙摩耶舍等译《舍利弗阿毗昙论》卷6,T28:573a)

(10)近对治者,谓慈是也,犹如毗岚摩风处则无云翳,[2]彼亦如是。(北凉浮陀跋摩等译《阿毗昙毗婆沙论》卷31,T28:223c)

(11)猛风止随蓝,[3]日光翳须弥。(北凉昙无谶译《佛所行赞》卷4,T4:39b)

(12)复于空中作毗岚风,欲令诸女处处散灭不见于佛。(同上《大方等大集经》卷19,T13:130c)

(13)譬如空中狂风卒起从四方来,有尘土风,无尘土风,毗湿波风,鞞岚婆风,薄风。(刘宋求那跋陀罗译《杂阿含经》卷17,T2:120b)

(14)天下有蒐,其名惟岚。[4]惟岚一起,山山相搏,斯风有灭。(刘宋沮渠京声译《佛说佛大僧经》,T14:828b)

(15)吠岚僧伽大猛风,吹碎如斯诸世界。(《大宝积经》卷38,玄奘译,T11:215b)复有风轮名毗岚婆,能坏世界。(《大宝积经》卷85,唐菩提流志译,T11:487a)

(16)一时六返震动,如赡部法旃岚猛风,吹诸丛林草木动等。(唐菩提流志译《一字佛顶轮王经》卷1,T19:226c)

---

① 同经卷7(578c)作"毗岚风"。

② 玄奘译《阿毗达磨大毗婆沙论》卷56(T27:289b)作"吠岚婆风";又卷117(T27: 609c)作"吠蓝婆风"。

③ 宋元明藏作"旋岚"。

④《经律异相》卷17(T53:89a)"蒐"作"风","惟岚"作"惟蓝"。

（17）亦如大暴恶旋岚猛风飘众树叶，吹掷大众置于轮围山间。（不空译《金刚手光明灌顶经最胜立印圣无动尊大威怒王念诵仪轨法品》，T21：lb）

（18）毗蓝婆风振击时，普遍诸方皆吹鼓。（宋惟净译《大乘菩萨藏正法经》卷10，T11：801b）

从上面可以看出，东晋以前均译作“随岚（蓝）”、“旋蓝（岚）”，汉代只出现“随蓝（岚）”，“毗岚（蓝）”到东晋才出现，首见于鸠摩罗什译《大智度论》，其后的昙摩耶舍、佛驮跋陀罗、昙无谶、求那跋摩等人译经均是“旋（随）”与“毗（鞞）”共现，到梁陈以后，才以“毗岚（蓝）”为主，但直至唐代仍有“旋岚”（但不用“随岚”）一类的译法，（16）"旃岚”显然是“旋岚”笔误所致。它甚至可以简化作“蓝风”：

（19）须弥峻而蓝风起，宝藏积而怨贼生。（梁僧祐《弘明集序》，T52：la）

（20）劫火烧空，蓝风动地，其可坏乎？（如皎《传教院新建育王石塔记》，见宋宗晓《四明尊者行教录》卷7，T46：927a）

2

这种混乱现象，古代佛典音义如《玄应音义》、《慧琳音义》、《可洪音义》均说是“梵音楚夏耳”，[①]即梵文的方音差异导致了译音参差，但唐人音义对早期不合梵文的音译词都是以“梵音楚夏”为说，本不足据。其实，细究起来，并不是无章可循，它反映了佛典流传过程中的文字变异情况以及某些语音变化现象。

2.1 v-与旋

旋，邪纽，与梵文不合。从前文所举词例来看，后汉只出现“随蓝（岚）”，“旋蓝（岚）”到晋代才出现（失译《大方便佛报恩经》一般认为不太可能是后汉三国的译经），根据我们的调查，佛典翻译中“旋蓝”极少

① 见玄应音义卷1（中华藏56：815b）“毘岚”条（慧琳音义卷20，T54：431b），玄应音义卷17（中华藏57：17c）“旋岚”条（慧琳卷73，T54：782b），玄应卷22（中华藏57：85）“吠蓝婆风”条（慧琳卷48，T54：629a），玄应音义卷24（中华藏57：120b）“吠岚婆”条（慧琳音义卷70，T54：767b）；慧琳音义卷79（T54：819c）“随岚”条；可洪音义卷24“优堕”条（K35：450c）、“优堕”条（468c）。

见，只发现2例（不计经疏），而且自刘宋以后只用“旋岚”而不用“旋蓝”。先看下面的例子：

（21）庆喜复有真言，止诸灾障热风冷风旋岚恶风。（菩提流志译《金刚光焰止风雨陀罗尼经》，T19:728c）具寿庆喜复有真言，止诸灾障热风冷风旋风恶风。（同上735b）

（22）然则旋岚偃岳而常静，江河竞注而不流。（僧肇《肇论》，T45:151b）宗晓《宗镜录》卷33（T48:606a）引此句作“旋风”。

（23）旋风卒起，吹激其树，枝叶坏碎犹如微尘。（慧觉译《贤愚经》卷6，T4:387b）时舍利弗便以神力，作旋岚风吹拔树根，倒着于地，碎为微尘。（同上卷10，420b）

可见，“旋岚”与“旋风”是等义的，可以相互替换。《瑜伽师地论略纂》卷8（T 43:114a）云：“吠蓝婆，此云旋风，旧云旋岚风也”；元康《肇论疏》卷上（T45:168b）云“旋岚即旋风也”。这表明“旋岚”是个意译音译作合璧词，“岚（蓝）”是vairambha（ka）的略译，所以单用写作“蓝风”（见例19、20）。这种译音方式在佛典里是比较常见的，如“维那”，义为知事僧，“维”是纲维，“那”是梵文羯磨陀那之省。《广韵》“旋，还也，疾也”；《慧琳音义》卷79“随岚”条云：“旋风者，大风也”，与“随蓝”的汉义“迅猛”无别。

（24）有旋风来吹衣去，着内衣入祇洹。佛知而故问：“比丘，衣在何处？”答言：“世尊，旋风吹去。”（《摩诃僧祇律》卷31，T22:484b）

“岚”字“大风”义的获得始于六朝，盛行于唐代，[①] 这不但可以解释为什么“旋蓝（岚）”到晋代才出现，而且可以解释为什么元魏以后只出现“旋岚”，而不出现“旋蓝”，因为“岚”的大风义一旦进入汉语，“旋岚”就成了一个偏正结构，合乎汉语的构词法。

2.2 v-与随

随，从辵隋声，上古属舌尖塞音，中古属邪纽，但都难以解释何以对梵文的v，从字面看，我们可以推测出俗语*sv-<v-的音变形式，但得不到文献证明，而且v与邪纽的z距离也太远。

我们认为，“随”是“堕（隳）”的俗写，随、堕（隳）形近，后世遂误以

① 参何亚南：《释“岚”》，《中国语文》1999年第4期。

"随"为正。堕,《广韵》许规切,晓纽支韵合口,本作"隓"。隓,《广韵》作"陊",并以"堕"为其异体,"隳"为俗体;《集韵》"陊"字云:"或作隓堕,亦书作𡐦,俗作隳";《原本玉篇》阜部作"隓",许规反,下引书证除《尚书》作"陊"外,引《左传》作"随",杜注作"堕",《谷梁传》作"随",《方言》作"随",《说文》作"堕"。①可见,隓、陊、堕、随是可以自由替换的,"堕"下面的"土"写得马虎一点就成了"辶"。

《战国策·魏策三》"随安陵氏而欲亡之"汉帛书本"随"作"堕"。《出三藏记集》卷三"堕迦罗问菩萨经"静泰录卷五作"随";"忧堕罗迦叶经"彦琮录卷五作"随";卷四"堕释迦牧牛经"开皇三宝录卷十五注:"或作'随'字。"《古今译经图记》卷一、《贞元录》卷二五作"随";"堕迦经"贞元录作"随"。

《可洪音义》卷十三《大爱道般泥洹经》"堕舍(利)"(T2:867a)条:"音随,国名也。"同卷《优陂夷堕舍迦经》"堕舍迦"(T1:912a)条:"正作随也,正言随舍佉。"卷二四《出三藏记集》卷三"忧堕"条:"音随。或云忧毗,或云忧韦,或云优频,皆梵音楚夏耳。"卷四"憧蓝"条:"音随。或云维蓝,或云毗岚,梵言讹也。""堕舍"条:"音随。优婆夷名随舍佉,或云毗舍佉,或云吠舍佉,星名也。此云玄星,西方多依星立名也。又此题少佉字。"同卷《开皇三宝录》卷十四"优堕"条:"音随。迦叶名也,或云忧随罗,或云欝毗,或云忧韦,或云优楼频螺,皆讹略也……随、毗二字,如毗舍浮作随叶佛,皆梵言楚夏耳。"《开元释教录》卷十五"优堕"条:"音随。迦叶名忧随罗,或云欝毗罗,或云优楼频螺,皆讹略也……今作堕字,是书人笔误,无人订正,致使累代传非,诸师莫辨,良可悼哉。"按,根据可洪的注音体例,"音随"是注本字,即"随"当是"堕"的本字,之所以这样不厌其烦,是因为这些带"堕"的音译词,在佛典中大多作"随"。说"书人笔误"是对的,但不是"随"误作"堕",而是"堕"误作"随"。

2.3 v与惟维

与"毗蓝"相似的还有"鞞蓝"与"随叶"。鞞蓝,梵志名,又译作"比蓝"、"随蓝"(见《贤劫经》卷3,T14:20b)、"维蓝"(见《六度集经》卷3,

① 《原本玉篇残卷》,中华书局1985年版,第509页。

T3:12a);随叶 vessabhū,佛名,见《弥沙塞部和醯五分律》卷一(T22,1b),又译“维叶”(见十诵律卷52,T23:383a),均是v对“随、维”。惟维,《广韵》以追切,脂韵喻纽四等,与v不合。

维惟(喻$_{四}$)帷(喻$_{三}$)三字,虽然义各不同,形符有异,但在古籍中关系颇为密切,常常互为异文:(1)惟与帷:《左传·定公六年》“获潘子臣小惟子。”《释文》“惟本又作帷。”《吕氏春秋·察微》作“小帷子”。《庄子·渔父》“孔子乎游缁帷之林。”《释文》“帷本或作惟。”(2)惟与维:《书·舜典》“夙夜惟寅。”《史记·五帝本纪》作“夙夜维敬”。《诗·大雅·大明》“维师尚父。”《周礼·夏官·环人》郑注、《楚辞·天问》王注、《初学记》、《汉书·王莽传》颜注、《后汉书》李注、《文选》注引“维”均作“惟”。此类异文经典中触目皆是,不烦赘举。

俗字偏旁忄与巾常常相混,行书“惟”与“帷”几乎无别。《唐柳尚善碑》帙写作怢,《唐张君政碑》帏写作愇;《可洪音义》卷7《如来示教胜军王经》“惟幄”条:“从巾。”《慧琳音义》卷14《大宝积经》卷56“床帷”条:“有从心,非也。”佛典音义与敦煌写本中忄与巾基本不分。

《可洪音义》卷18《大比丘三千威仪经》卷下“(迦)舍淮”条:“以隹反,正作维、惟、唯三形,尊者名迦舍维,或云叶惟,或云迦叶毗,此译云饮光。”大正藏(T24:926a)作“迦叶维”。书人将“维”误书作“淮”,俗书“纟”颇类“彡”,与“氵”极似,见《周贺屯植碑》“绝终”、《魏元隽碑》“绵”、《隋范高碑》“绰”、《北徐州刘道景造象记碑》“涣”。[①]《慧琳音义》卷71《阿毘达磨顺正理论》卷7“方维”条:“以淮反。”按慧琳音系,“淮”不当作“维”的切下字,“淮”必是“惟”字误。《可洪音义》卷八《除恐灾患经》:“涱漫”:正作帐幔也。帐幔:同上,经从忄,非。”大正藏(17:553a)均作“帐幔”。可见,“巾”误作“忄”,“忄”再误作“氵”;《可洪音义》“簿”的“氵”多写成“忄”、“濯”作“耀”。

通过上面的分析,“维惟”都有可能是“帷”的俗写,“帷”属喻$_{三}$,对v就很自然了。v对“维、惟”,在晋代以前比较常见,而“维”更是多于“惟”,“帷”却不见,究其原因,恐怕与佛典的流传有关。早期汉译佛典均经过释道安的整理,后经累代传抄,而抄手又多是文化水平不高的信徒,以致佛典俗字充斥,一旦沿误成习,以非为是在所难免。这样

① 见秦公辑:《碑别字新编》,文物出版社1985年版。

"维惟"一统天下，也就有了堂而皇之的理由。

隋代以前，梵文v的对音，除了唇音帮系外，主要是喻纽三等、匣纽合口，另外还有喻四纽的"维、惟、遗、夷"等四字，晓纽的"堕"字，邪纽的"随"字("旋"只出现在"旋蓝/岚"中，上文已排除)，如：

毗沙门(vaiśravana)译作随沙门，毗舍浮(viśvabhu)译作随叶、浮舍；迦陵频伽(kalaviṅka)译作羯随；迦毗罗婆苏都(kapilavastu)译作迦维、迦维罗卫(阅、越)、迦夷(罗)、迦随罗卫；鞞提译作随提、韦提、毗提；优楼频螺(uruvelā)译作忧随罗、优毗罗、欝鞞罗、郁毗、忧韦、优韦罗；荼毗(jhāpita)译作耶维、阇维；毗舍离(vaiśāli)译作吠舍厘、堕舍(利)、随舍利、维耶(离)；毗摩罗诘(vimalakirti)译作维摩诘，毗舍佉(viśākhạ)译作堕舍迦、随舍迦；迦舍毗(kāśyapya)译作迦叶维、迦叶遗、迦叶惟；忧堕(经名)译作忧毗、忧韦、优频；憻蓝(经名)译作维蓝、毗岚，等等。可见，同一术语内部，v既可以对喻三、匣纽，也可以对喻四、晓纽，表明在译经者看来，它俩之间的音值是相等的。在早期梵汉对音中，喻三与匣纽合口均读w(俞敏1984)，[①]除"夷"字外，维类与随(堕)类均是合口字，偶然相混是可能的。但晓属清音，匣属浊音，与此不合，不过语音史上清浊偶尔相混的情况屡见不鲜。

形体相近致讹，读音相似，终于导致"毗岚"类音译词的复杂面貌。

(原载《汉语史学报》第2辑，上海教育出版社2002年第38-42页)

① 俞敏：《后汉三国梵汉对音谱》，见《中国语文学论文选》，光生馆1984年版；辛嶋静志：《〈长阿含经〉原语の研究》，平河出版社1994年版。

中古汉语里表示疼痛、惊讶的拟声词

1

“地狱”在佛典里常常提及，分为热、寒、孤地狱三大类。关于寒地狱的名称，译经僧人多用音译：

（1）其界有十大泥犁，第一名阿浮，第二名尼罗浮，第三名阿呵不，第四名阿波浮，第五名阿罗留，第六名优钵，第七名修揵，第八名莲花，第九名拘文，第十名分陀利。（西晋法立、法炬译《大楼炭经》卷2，T1：286c）

（2）八寒冰地狱者，一名頞浮陀，二名尼罗浮陀，三名阿罗罗，四名阿婆婆，五名睺睺，六名沤波罗，七名波头摩，八名摩诃波头摩，是为八。（鸠摩罗什译《大智度论》卷16，T25：176c-7a）

（3）八寒冰者，一阿浮陀，二尼罗浮陀，三阿罗罗，四阿婆婆，五喉喉，六优钵罗，七波头摩，八摩诃波头摩。（隋吉藏《法华义疏》卷6，T34：541b）

（4）复有余八寒奈落迦，其八者何？一頞部陀，二尼刺部陀，三頞哳吒，四臛臛婆，五虎虎婆，六嗢钵罗，七钵特摩，八摩诃钵特摩。（玄奘译《阿毘达磨俱舍论》卷11，T29：59a）

第三、四、五地狱名称，佛典音译名称多有不同，音节多寡也不一致，有的是双音节，有的是三音节；名称排列的顺序各经也不尽相同。先将不同的译名及其出处列表如下（见下页表）。

从表上看，一个梵文词对应了多个汉译形式，比较明显地反映了梵汉对音的特点，也反映出早期佛典的原典语言的俗语形式和汉语语音系统的嬗变。

梵 文	音 译	出处(经名、卷数、大正藏册数、页码、栏数)
aṭaṭa	阿罗留	大楼炭经2(T1:286c)
	阿罗逻	大智度论13(T25:157c)、十住毘婆沙论15(T26:102b)、大乘义章8(T44:625c)
	呵罗罗	翻译名义集2(T54:1091c)
	阿罗罗	大智度论16(T25:176c)、法华义疏6(T34:541b)
	阿吒吒	起世经4(T1:329a)、起世因本经4(T1:384a)、杂阿含经48(T2:352a)、根本说一切有部尼陀那1(T24:416c)、阿毘达磨俱舍释论8(T29:216a)、佛说立世阿毘昙论卷1(T32:173c)、佛祖统纪32(T49:317b)、法苑珠林7(T53:326a)
	頞哳吒	俱舍论疏卷11(T41:616b)、俱舍论颂疏论本卷11(T41:881a)、阿毘达磨俱舍论卷11(T29:59a)、阿毘达磨顺正理论卷31(T29:517a)
	喝哳沾	妙法莲华经玄赞6(T34:765c)
	喝哳詁	瑜伽师地论4(T30:294c)
hahava apapa	臛臛婆	俱舍论疏11(T41:616b)、俱舍论颂疏论本11(T41:881a)、阿毘达磨俱舍论11(T29:59a)、阿毘达磨顺正理论31(T29:517a)
	阿波波	杂阿含经48(T2:352a)、阿毘达磨俱舍释论8(T29:216a)、佛说立世阿毘昙论1(T32:173c)、大乘义章8(T44:625c)、法苑珠林7(T53:326a)
	阿波跛	三法度论卷下(T25:27a)、四阿鋡暮抄解卷下(T25:12c)
	阿婆婆	大智度论卷16(T25:176c)、法华义疏卷6(T34:541b)、翻译名义集卷2(T54:1091c)
	阿波浮	大楼炭经卷2(T1:286c)
	阿波簸	十住毘婆沙论卷15(T26:102b)
	呵呵婆	根本说一切有部毘奈耶药事卷7(T24:29c)
	郝郝凡	妙法莲华经玄赞卷6(T34:765c)、瑜伽师地论卷4(T30:294c)
	阿呼	起世经卷4(T1:329a)
	阿呵呵	根本说一切有部尼陀那卷1(T24:416c)
	阿浮	起世因本经卷4(T1:384a)
huhuva hāhā-dhara	虎虎婆	俱舍论疏11(T41:616b)、俱舍论颂疏论本11(T41:881a)、阿毘达磨俱舍论11(T29:59a)、阿毘达磨顺正理论31(T29:517a)
	呕喉	佛祖统纪32(T49:317b)、法苑珠林7(T53:326a)
	呕喉喉	佛祖历代通载卷1(T49:486c)、彰所知论卷上(T32:229a)
	阿休休	杂阿含经48(T2:352a)
	睺睺	大乘义章8(T44:625c)、大智度论16(T25:176c)、翻译名义集2(T54:1091c)

续 表

梵 文	音 译	出处(经名、卷数、大正藏册数、页码、栏数)
huhuva hāhā-dhara	沤睺睺	阿毘达磨俱舍释论8(T29:216a)
	嚘吼吼	佛说立世阿毘昙论1(T32:173c)
	休休	大智度论13(T25:157c)、十住毘婆沙论15(T26:102b)、翻梵语7(T54:1033a)
	鸺鸺	三法度论卷下(T25:27a)、四阿鋡暮抄解卷下(T25:12c)
	喉喉	法华义疏6(T34:541b)
	阿呵不	大楼炭经2(T1:286c)
	虎虎凡	妙法莲华经玄赞6(T34:765c)、瑜伽师地论4(T30:294c)
	阿呼呼	起世经4(T1:329a)、根本说一切有部尼陀那1(T24:416c)
	呼呼婆	起世经4(T1:329a)、起世因本经4(T1:384a)

A. 頞哳吒,梵文作aṭaṭa,又译阿罗留、阿罗逻、呵罗罗、阿罗罗、阿吒吒、喝哳沾、喝哳詀,ṭ对来纽出现在隋代以前,ṭ对知纽始见于刘宋求那跋陀罗,ṭ对"哳沾(詀)"只见于玄奘及其门徒的著作。

B. 臛臛婆,梵文据丁福保《佛学大词典》、《佛光大词典》作hahava,或作apapa("八寒地狱"条),又译阿波波、阿波跛、阿婆婆、阿波浮、阿波簸、呵呵婆、郝郝凡、阿呼、阿呵呵、阿浮。

C. 虎虎婆,梵文作huhuva(《佛光大词典》),或作hāhādhara(《佛学大词典》),又译呼呼婆、虎虎凡、阿呵不、阿呼呼、阿休休、呕喉、呕喉喉、沤睺睺、嚘吼吼、睺睺、喉喉、休休、鸺鸺。

末字用汉语闭口韵字对音,大体是梵文音节末尾附加了一个ṃ,变成-aṃ,所以对"沾、詀、凡",这种译法只出现在唐代以后,首见于玄奘译经。

B、C两类汉译首字多用"阿",B类我们可以说对的是apapa,但从玄奘译文来看,标准梵文应是hahava;C类汉译如是三音节,第一个汉字的对音往往没有着落。

从汉译来看,第一个音节是影纽、晓纽、匣纽字。第二个音节为晓(匣)纽、唇音帮(並)纽、舌音知纽、来纽,两字的韵部多属上古歌部、鱼部(平赅入)、侯部、幽部字。第三个音节与第二个音节多数相同,如果不是重复第二个音节,那么第三个音节的声母均是唇音。

从声母来看,第二个音节差别较大,梵文有-ṭ-、-h-、-p-三个辅音,按照梵文的连音规则,两个元音之间的清辅音易浊化,那么-p-就易读成-b-，而在俗语里b与v可以互换，汉语里亦不乏双唇塞音变成唇齿擦音的例子，所以-p-可以对帮、並、奉纽；早期佛典翻译，梵文辅音ṭ常常用来纽字对，季羡林先生认为是因为标准梵文的ṭ在俗语里变成了l，[①]所以汉译自然就选用来纽字，另外，汉语来纽字在上古与定纽关系密切，今天赣方言里仍然保存了这种现象。

从韵部来看，差别比较大，首先是由于梵文原词的元音有u、a(ā)之别，其次和汉语的语音变化有关，东汉以后歌鱼侯幽四部主元音出现位移：[②]

上古韵部	歌al	鱼a	侯o	幽u	
后汉韵部		a	o	u	ʉ
		歌部	鱼部	侯部	幽部

关于第三、四、五地狱名称的涵义，佛典里是这样说的：

（5）复次于中，何因何缘阿呼地狱名为阿呼？诸比丘，阿呼地狱，诸众生等，受严切苦，逼迫之时，叫唤而言："阿呼，阿呼"，甚大苦也，是故名为阿呼地狱。复次于中，何因何缘呼呼婆狱名呼呼婆耶？诸比丘，彼呼呼婆地狱中，诸众生等为彼地狱极苦逼时，叫唤而言："呼呼婆，呼呼婆"，是故名为呼呼婆也。复次于中，何因何缘阿吒吒狱名阿吒吒耶？诸比丘，彼阿吒吒地狱中，诸众生等，以极苦恼逼切其身，但得唱言："阿吒吒，阿吒吒"，然其舌声不能出口，是故名为阿吒吒也。（隋·阇那崛多等译《起世经》卷4，T1：329a）

（6）三阿罗逻，此患寒声；四阿波波，亦患寒声；五名睺睺，亦是寒声。此之三种。从声以名。（隋·慧远《大乘义章》卷8，T44：625c）

（7）頞哳吒，是忍寒声。寒增故口不得开。但得动舌作哳吒声；臛臛婆者，寒转增故舌不得动，但得作臛臛声；虎虎婆者，寒增故不得开口，但得作虎虎声。（唐·法宝《俱舍论疏》卷11，T41：616b）

（8）阿罗罗、阿波波：谓地狱寒苦之声也，此四地狱因声为名也。（《慧琳音义》卷26，T54：472b）

（9）歇哳詀：呼曷反，次陟辖反，下竹咸反。地狱苦声也，因声为名。郝郝凡：呼各反，寒战声也，亦因声为名。（《慧琳音义》卷48，T54：625c）

① 参季羡林：《论梵文tṭdḍ的音译》，《中印文化关系史论丛》，人民出版社1957年版。
② 参俞敏：《俞敏语言学论文集》，商务印书馆1999年版，第40页。

（10）三名阿吒吒，唇动不得舌作此声；四名阿波波，舌不得动唇作此声；五名呕喉，喉内振气作声。此三从声相受名。（宋·志磐《佛祖统纪》卷32，T49：317b）

从经文和慧琳等的解释看，“阿呼”等地狱得名于“从声以名”、“因声为名”、“从声相受名”，也就是说这些地狱之所以如此命名，是由于众生受不了地狱的寒苦或者疼痛，口中发出“阿呼、呼呼婆、阿吒吒”的声音，而在梵文里hahava等是表示惊恐、痛苦的拟声词，根据麦克唐纳（Arthur A.Macdonell）《梵英词典》的解释，梵文Ahaha、Hāhā、Hahā、ahū（aho），大体都是表示悲痛、痛苦、愤怒、惊讶、高兴的感叹词或拟声词，相当于英语的ah、oh、alas、aha等。

可见，梵文ahaha类词本身是拟声词，导致作为地狱名的“阿呼、呼呼婆、阿吒吒”等词“因声为名”，是音译词，但是“叫唤而言‘阿呼呼、呼呼婆、阿吒吒’”中的“阿呼呼”等词是否音译词，则难以遽下结论。因为根据上文第5）、7）例的解释，颇像是僧人用汉语词来比附梵文，再看佛典里的用例：

（11）言诵经门者，读诵八陀多等诸经故；言阿呼门者，随所作事不须余语，唯作是言“阿呼阿”故。（姚秦筏提摩多译《释摩诃衍论》卷9，T32：659a，660c）

（12）时彼场内所有人民，观看之者，悉唱“呼呼”叫唤之声，或出种种诸异音声。（隋阇那崛多译《佛本行集经》卷13，T3：712a）

（13）尔时世尊即告彼诸客比丘言：汝等比丘，何故如是作大高声？犹如世人诸诤斗起“呼呼呵呵”，其声犹如钓鱼之师，各各相竞趁逐诸鱼，各相唱唤。（《佛本行集经》卷36，T3，821a）

（14）然后所有供养鬼神等饮食取坛外却散，即闻大可畏声呵呵咽咽呼呼，当出此声，风云叆叇雷电霹雳，地皆震动，作如是等声勿怕惧。（《西方陀罗尼藏中金刚族阿蜜哩多军荼利法》，T21：66c）

（15）犹如师子王，处于群兽中，皆叹呜呼呼，奇特未曾有。（昙无谶译《佛所行赞》卷3，T4，26a）

（16）见其四个所爱之女，各举两手，大声号哭。作如是言：“呜呼呜呼，阿耶阿耶”。（《佛本行集经》卷26，T3：775b）

句中“阿呼阿、呼呼、咽咽、呵呵、呜呼、阿耶”均是拟声词，这就可能意味着，汉语里表示疼痛、惊讶的拟声词也是用“阿呼”等或者类似的词来记录的。

2

汉语里的拟声词和叹词有着千丝万缕的联系，由于叹词是独立成句的，而文言没有标点，这就导致理解上因人而异，同一个词，有人认为是叹词，有人认为是拟声词，差异明显。这里我们不纠缠于概念，不刻意区分叹词和拟声词。[①]

根据观察，中古以前汉语文献里出现的表示疼痛、痛苦、惊讶的拟声词主要有下面几类：

2.1 燠休、噢咻、噢咿、噢噫、嘟咿

(1)国之诸市，屦贱踊贵。民人痛疾，而或燠休之。其爱之如父母，而归之如流水。(《左传·昭公三年》)

杜注："燠休，痛念之声，谓陈氏也。"孔疏："服虔云：燠休，痛其痛而念之。若今时小儿痛，父母以口就之，曰：'燠休'，代其痛也。杜氏'燠休，痛念之声'，其意如服言也。"

从服虔、杜预的注看，"燠休"为表示疼痛的拟声词，汉代口语里仍然使用。《经典释文》云："燠，於喻反，徐音忧，又於到反，一音於六反。休，虚喻反，徐许留反。"陆氏读遇摄，徐邈读流摄。燠，《广韵》读於六切、乌皓切、乌到切，均无"痛念"义；《集韵》另增威遇切，云"燠休，痛念声，或作噢"。字亦作"噢咻"：

(2)天衢尚梗，师旅方殷，痛心呻吟之声，噢咻未息。(《旧唐书·陆贽传》)

噢，《广韵》於六切，"噢咿，悲也。"《集韵》委羽切，"痛声，噢咻"；颗羽切，"噢咻，痛声"；於九切，"痛声"；乙六切，"噢伊，悲也"。咻，《广韵》许尤切，"口病声也"(《集韵》释为"痛念声")，又况羽切，"噢咻，病声"(《集韵》作"痛声")。

(3)彼王逮臣武士臣细，靡不噢咿。王仰天长叹曰："吾无道哉！残天仁子矣！"(康僧会译《六度集经》卷2，T3，6c)

---

① 参储泰松：《普通话拟声词的语音规律及其例外分析》，《安徽师范大学学报》2012年第1期，第107-112页。

(4)举国人民莫不歔欷，王悲噢咿，涕泣交流。(支谦译《太子瑞应本地经》卷下，T3:476a)

(5)即叉手稽首，今日命绝，永替神化。嘟咿哽咽，斯须息绝。举国臣民，靡不躃踊，呼天奈何。(支谦译《佛说未生冤经》T14，775b)

噢咿，《慧琳音义》卷24(T54:460c)云："上於六反，下於祇反。《埤苍》噢咿，内悲也。亦痛念之声。《古今正字》并从口，奥伊皆声也。亦作嘟。"《广韵》咿，於脂切。

(6)时诸夫人闻王语已，默然不对，心悲噢噎，举声大哭，自拔头发，抓掴面目。(《大方便佛报恩经》卷2，T3:134a)

噢噎，《慧琳音义》卷43(T54:597a)云：於六反，下一结反。《埤苍》噢咿，内悲也。谓痛悲之声也。噎，塞也。经文有作郁，非体。

2.2 譆　譆

(7)或叫于宋大庙，曰："譆譆，出出。"鸟鸣于亳社，如曰"譆譆"。(《左传·襄公三十年》)

《释文》："譆，许其反；出，如字。郑注《周礼》引此作詘詘，刘昌宗亦音出。"譆，《说文》："痛也"(段注云当作"痛声")。《集韵》读虚其、於其二音。

2.3 呼服、呼謈、阿謈

(8)春，蚡疾，一身尽痛，若有击者，謼服谢罪。(《汉书·田蚡传》)

颜注："晋灼曰：'服音瓟。关西俗谓得杖呼及小儿啼呼为呼瓟。或言蚡号呼谢服罪也。'师古曰：'两说皆通。謼，古呼字也。若谓啼为謼服，则謼音火交反，服音平卓反。'"

(9)上令倡监榜舍人，舍人不胜痛，呼謈。(《汉书·东方朔传》)

颜注："服虔曰：謈音暴。邓展曰：呼音髐箭之髐，謈音瓜瓟之瓟。师古曰：邓音是也。谓痛切而叫呼也，与《田蚡传》'呼服'音义皆同。一曰，邓音近之。謈，自冤痛之声也。舍人榜痛，乃呼云謈。今人痛甚，则称阿謈，音步高反。"

呼服、呼謈，从所引注释来看，有两义：一为呼痛之声，二为号呼服罪。田蚡"呼服"，《论衡·死伪》作"其后，田蚡病甚，号曰诺诺"，据此，当以呼痛之声为长。

这个词的读音，根据颜注，呼读晓纽肴韵，服、暑读並纽觉韵，唐代转读阿暑(並纽豪韵)。暑，《广韵》蒲角切，云“嗃暑，大呼。《说文》云大呼自冤也。”又匹角切，“自冤。本蒲角切”。《集韵》又薄皓切。呼，《集韵》虚交切，云“吴人谓叫呼为詨，或作謼呼”。

2.4 安伟、阿癐癐

(10)道晖好着高翅帽、大屐，州将初临，辄服以谒见，仰头举肘，拜于屐上，自言学士比三公。后齐任城王湝鞭之，道晖徐呼“安伟，安伟”，出，谓人曰:“我受鞭，不[失]汉体。”复蹑屐而去。(《北史·儒林传·熊安生传》)

(11)周沧州南皮县丞郭务静每巡乡，唤百姓妇，托以缝补而奸之。其夫至，缚静鞭数十步。主簿李悊往救解之，静羞讳其事，低身答云“忍痛不得”，口唱“阿癐癐”，“静不被打，阿癐癐”。”(唐张鷟《朝野佥载》)

(12)淮人寇江南日，于临阵之际，齐声大喊“阿癐癐”，以助军威。(陶宗仪《辍耕录·阿癐癐》)

按，安，影纽寒韵；伟，喻三尾韵合口；阿，影纽歌韵；癐，《集韵》古外切，见纽泰韵合口；《字汇补》影规切，喊声；《正字通》云“俗字”，则字与“会”同音，“会”有匣纽读。中古歌寒两韵主元音相同，常可通转；止摄、蟹摄合口中古逐渐合流，所以“安伟”、“阿癐癐”实为同词异形。俞正燮《癸巳存稿》卷三《阿雅》:“其音(指安伟)即阿雅伟，俗书阿呀喂也，单字还音者。”

2.5 阿　与

(13)(刘)骆谷奏事，先问:“十郎何言?”有好言则喜跃，若但言“大夫须好检校”，则反手据床曰:“阿与，我死也!”李龟年尝敩其说，玄宗以为笑乐。(《旧唐书·安禄山传》)

末句《新唐书》作“则反手据床曰:‘我且死!’优人李龟年为帝学之，帝以为乐。”阿与，《象山县志方言考·释人》引作“阿焉”(见《吴方言词典》)，不知何据。与，《广韵》读鱼韵平上去三音，声纽均是喻四纽；《集韵》另收倚亥切，影纽海韵。此词本作“猗与”:

猗与漆沮，潜有多鱼。(《诗·周颂·潜》)

猗与伟与！何行而可以章先帝之洪业休德，上参尧舜，下配三王！(《汉书·武帝纪》)

猗与元勋，包汉举信，镇守关中，足食成军，营都立宫，定制修文。《汉书·叙传》

猗，《新方言》以为与“阿”同。[①]

2.6 啼、啼啼、喂、俙、嘍、夥、夥颐

(14)尔时六群比丘从禅坊中起在屏处闇地立，悚耳皱面反眼吐舌，作啼声恐怖十六群比丘……恐怖者，色声香味触，波夜提。波夜提者，如上说。色者，在闇地悚耳皱面反眼吐舌，乃至曲一指啼啼作恐怖相。(《摩诃僧祇律》卷19，T22:379c)

啼啼，拟声词，《可洪音义》所载《摩诃僧祇律音义》作“喂喂”，与今本大正藏稍有不同。[②]喂喂，《可洪音义》云：“乌悔反，谓黑处立地口中喂喂之声而恐怖小儿也。经音义以痏字替之，非也；郭氏作王贵反，亦非也；上方经作啼啼，应和尚作于罪反，《玉篇》音韦，今取初切为稳。”(卷15：1108c)可洪读影纽贿韵。字亦作䫻，宋赵与时《宾退录》卷五：“和鹹切，言隐身忽出以惊人之声也。”

《玄应音义》卷15“痏痏”条云：“诸书作侑，籀文作帷，案《通俗文》于罪反，痛声曰痏，惊声曰僘，音于简反。律文从口作啼喂二形，非也。”《慧琳音义》卷58(T54:691c)“于罪反”引作“于鬼反”。

啼，《集韵》于非切、羽鬼切，“呼声”；于贵切，“小儿啼声”。《玉篇》于归切，“失声也”。读喻$_{三}$纽微韵或其上去声。喂，《广韵》、《集韵》无，《玉篇》於韦切，恐也；《正字通》云“俗畏字”。读影纽微韵合口。

根据玄应所引《通俗文》，“痛声”字作痏，喻$_{三}$贿韵；“惊声”字作僘，喻$_{三}$产韵。根据文献记载，表痛声的“痏”也可写作“俙”。俙，《广韵》于罪切，“痛而叫也”，又胡茅切，“痛声”；《集韵》於罪切又于包切。《颜氏家训·风操篇》更有明确的记载：

(15)《苍颉篇》有俙字，《训诂》云：痛而呼也，音羽罪反。今北人痛则呼之。《声类》音于耒反，今南人痛或呼之。此二音随其乡俗，并可行也。”卢文弨补注：“俙字今读肴，不与古音合，又转为㖞，今俗痛呼阿

① 参章炳麟：《新方言》，见《章太炎全集》(七)，上海人民出版社1999年版。

② 参储泰松：《〈可洪音义〉注释的内容及其特色》，见《佛经音义研究》，上海古籍出版社2006年版。

唷，音育，声随俗变，无定字也。”

北方人读喻三贿韵；南方人读喻三旨韵合口。明岳元声《方言据》卷上：“偶为人所刺或灼而痛，即呼曰：侑侑羽罪反”。

（16）家人惊恐，女亡匿内中床下。扶持出门，令拜谒。武帝下车泣曰：“嚄！大姊，何藏之深也！”（《史记·外戚世家》）

《索隐》嚄，“乌百反，盖惊怪之辞耳。”《正义》嚄，“啧，失声惊愕貌也。”《汉书》作“帝下车立曰：‘大姊，何藏之深也？’”《广韵》胡伯切，“嚄啧，大唤。”《集韵》又屋虢切，“惊怛声”。

（17）见殿屋帷帐，客曰：“夥颐！涉之为王沉沉者！”楚人谓多为夥，故天下传之，夥涉为王，由陈涉始。（《史记·陈涉世家》）

夥颐，《汉书·陈胜传》作“夥”。司马贞《史记索隐》云：“服虔云：‘楚人谓多为夥。’按：又言‘颐’者，助声之辞也。”叶梦得《避暑录话》卷下：“夥，吴楚发语惊大之辞，亦见于今。”《吴下方言考》三：“案：伙颐，惊羡之声。今吴楚惊羡人势曰伙颐；谦退不敢当美名厚福，亦曰夥颐。”颐，《广韵》读喻四之韵，《集韵》又增曳来切，喻四咍韵。

2.7 咄、咄咄、咄叱、叱咄、叱咤（吒）、咄咤（吒）

（18）朔笑之曰：“咄！口无毛，声謷謷，尻益高。”（《汉书·东方朔传》）

（19）迦叶夜起，相视星宿，见火室洞然，噫噫言：“咄！是大沙门，端正可惜。不随我语，竟为毒火所害。”……迦叶惶遽，令五百弟子人，持一瓶水，就掷灭火。而一瓶者（著）更成一火，师徒益怖，皆言：“咄咄，杀是大沙门。”（支谦译《太子瑞应本起经》卷下，T3：481a）

（20）时彼梵志修跋，闻此语已，愕然惊怪。两手掩耳而作是说：“咄咄长者，甚奇甚特。此女乃能故在，又不自杀不投楼下，甚是大幸。”（瞿昙僧伽提婆译《增壹阿含经》卷22，T2：661a）

（21）其妇吐血死在一面，兄见弟妻尸死如此，呼曰：“咄咄！吾为逆天，所作酷裂，乃致于此。”（刘宋沮渠京声译《佛大僧大经》，T14：828c）

（22）大王不好书术而乐逸游，冯式撙衔，驰骋不止，口倦乎叱咤，手苦于棰辔。（《汉书·王吉传》）

（23）或有罗刹摇头动体，瞋目唱叫，腾踊跳掷，叱吒拍髀，或啸或

歌或时戏舞。(《无明罗刹集》卷下,T16:856b)

(24)若恣睢奋击,呴籍叱咄,则徒隶之人至矣。(《战国策·燕策一》)

(25)景闻之大惧,泣下覆面,引衾卧,良久方起,叹曰:"咄叱!咄叱!误杀乃公。"(《南史·贼臣传·侯景》)

(26)乃入厨见二人烧柴木有围炉之状。闾丘拜之,二人连声咄吒。(《宋高僧传》卷19,T50:831b)

(27)俄白亲老言:"儿乐从佛,心度世去。"二亲惊愕咄咤俾去,然无惭憔,再拜请命。(《宋高僧传》卷26,873c)

对于(18)颜注云:"邓展曰:咄音豽裘之豽也。师古曰:咄,叱咄之声也,音丁骨反。邓说非也。"《考声》云:"咄,叹也;诃也。"综合这些说法,"咄"是表示斥责的拟声词;咄,《说文》"相谓也",段注:"谓欲相语而先惊之之词。"《慧琳音义》卷27(T54:488c)云:"《字书》咄,叱也。今谓呼也,诃也。"可见"咄"也可叫呼、惊吓别人的拟声词。《广韵》当没切又丁括切,端纽没韵或末韵。邓展读同豽,豽《广韵》女滑切,娘纽黠韵。

咤(吒),《考声》云:"弹舌作声也",《礼记·曲礼上》"毋咤食"孔颖达疏:"咤,谓以舌口中作声也。"《通俗文》云:"痛惜曰咤也"。《广韵》陟驾切又陟加切,知纽麻韵平去声。《集韵》又都故切。叱咤,《史记·淮阴侯列传》"项王喑噁叱咤"索隐:"发怒声。"

从上面例句来看,本组这些词大都表示呵斥、惊讶、惊吓、痛惜、感叹的拟声词。

2.8 阿得脂

(28)坚之分氐户于诸镇也,赵整因侍,援琴而歌曰:"阿得脂,阿得脂,博劳旧父是仇绥,尾长翼短不能飞,远徙种人留鲜卑,一旦缓急语阿谁!"坚笑而不纳。(《晋书·苻坚载记下》)

从语音关系来看,"得脂"与"咄叱"是一音之转,同样是表感叹。

上面我们分析了中古文献里出现的表示疼痛、惊讶、叹惜的拟声词,下面将其语音关系列一简表:

词	声韵地位	词	声韵地位	词	声韵地位
燠休	影屋/豪/虞/尤:晓虞/尤	啈	喻$_{三}$微	咄	端没/末
噢咻		喂	影微	咄叱	端没/末:昌质
噢咿	影屋/豪/虞/尤:影支/脂	倄	喻$_{三}$/匣/影灰/肴	叱咤	端没/末:知麻/模
喔咿	影屋:影支/脂	嚄	匣/影陌	咄咤	
噢噫	影屋:影屑	夥颐	匣戈:喻$_{四}$之/哈	阿得脂	影歌:端德:章脂
安伟	影寒:喻$_{三}$微	呼謈	晓肴/模:並觉		
阿癐癐	影歌:见/匣/影泰$_{合}$/支	呼服			
譆譆	影/晓之	阿謈	影歌:並豪	阿与	影歌:喻$_{四}$鱼

注:两个词的音韵地位用冒号隔开。/表示又读。

按照音节的顺序把上表整理成下表:

次序	声 纽	韵 目
第一字	影晓匣喻$_{三}$〇端	屋豪肴虞模尤〇寒末歌戈陌〇之微灰
第二字	影晓匣喻$_{三}$〇喻$_{四}$知端〇並	觉鱼虞尤豪〇支泰咍麻屑德〇支脂微之质
第三字	章	脂

从表中看,第一、第二个字的声纽基本相同,大体可以分成牙喉音、舌音、唇音三类;韵部方面,从中古看,主元音大体属于u或o、a、i三类,声韵的分布和上文谈到的佛典音译词的类别基本一致,语音形式的这种特点,应该与人类思维的一致性有关。

由此可见,佛典里出现的"阿呼、呼呼婆、阿吒吒、阿呼阿、呼呼、呬呬、呵呵"等拟声词是汉语固有词,而语音形式恰巧与梵文相似。

3

根据上文的分析,我们对中古汉语里的拟声词可以有以下几点认识:

第一,拟声词是模仿声音的,说话情境、听者的语感、地域、时代等等因素都会对拟声词的记录形式产生影响,说短一点,就是一个音节;说长一点,就是两个或三个音节。所以,表达同一种意义的语音形式,书面记录下来的音节数多寡不一。

第二，从汉语语音特点来看，汉语表示疼痛、痛惜、惊讶的拟声词可以分成三类(见下表)，多数拟声词集中在牙喉音上，元音多是a、o、i三个。

	声　类	主元音	例　词
第一类	牙喉音	u、o、o(u) / a / i	燠休、噢咿、安伟、阿癐癐、譆譆、嘻、喂、嗄
第二类	舌音	a	咄、咄咤、叱咤、阿得脂
第三类	唇音	a(u)	呼暑、呼服、阿暑

第三，双音节的拟声词可能来自单音节拟声词，因为单音节的拟声词可以重叠使用，如譆譆、咄咄、嘻嘻；双音节的拟声词古代经师注音往往读成叠韵，如燠休、噢咻、呼暑、呼服等。有些原来读复韵母的单音节拟声词，后来往往变成双音节，如ai，读长一点即成a+i，再同化i后缀上a元音，如表示痛苦的俙，后来变成阿与、阿耶(啊呀)、阿唷(啊哟)，再音变成哎呀、哎哟。

第四，拟声词用"阿"类词开头，可能与牙喉音的发音机制有关。僧人在翻译梵文"r+元音"音节时，有时选择"晓匣影纽字+来纽字"这种组合，因为汉语没有类似于梵文r这样的辅音，用牙喉音字来描写其起势。从人类习得语音的顺序来看，牙喉音字往往较晚才习得，就像幼儿把"哥哥"读成"多多"一样；用a元音开头，使得发音过程先易后难，符合省力的原则；其次，表痛苦、惊讶类的拟声词出现的语境往往是出自意料之外，致使发音时开口度比较大，借以宣泄。

第五，拟声词第二个音节以唇音开头，可能与人类的思维方式有关。汉族人遇到难以承受的痛苦时，往往高呼父母，而而汉语记录"父母"的词都是唇音字("爹、爷、爹"除外)：

(1)人有忧疾，则呼天地父母，自古而然。今世讳避，触途急切。而江东士庶，痛则称祢。祢是父之庙号，父在无容称庙，父殁何容辄呼?(《颜氏家训·风操篇》)

(2)臣闻忠臣事君，如子事父，穷痛之至，则呼所亲，何者？君父恩深，臣子恳切。(陈子昂《为程处弼辞放流表》)

(3)臣闻物有穷者，必诉於昊天；人有痛者，必呼於父母。(张九龄《荆州谢上表》)

(4)复有夜叉从四方来，拔舌取心，置于幢端，其心战掉，号哭叫唤如醉象吼。或复细声，如毘舍阇吟。因是复见诸美音声，如人叫唤，称

己父母，骂詈无道。（刘宋沮渠京声译《治禅病秘要法》卷下，T15：238a-b）

（5）叫唤大哭称父母，诸神谁能拔济我。（《无明罗刹集》卷下，T16：857b）

第六，汉语拟声词随着语音的发展变化，其文字形式也随之改变，词无定形，音无定字，如“阿𤺋𤺋”，到明清小说里变成了“阿唷坏”（《九尾龟》7回）、“阿唷喂”（《海上花列传》21回）、“阿唷哇”（《描金凤》8回）、“阿乙坏”（《三笑》4回）。

（6）於戏！余维先人尝掌斯事，显于唐虞。（《汉书·司马迁传》）

於戏，颜师古注云：“叹声也。于读曰乌，戏读曰呼。古字或作乌呼，今字或作乌呼，音义皆同耳。而俗之读者，随字而别。”

（7）伊优亚者，辞未定也。（《汉书·东方朔传》）

《慧琳音义》卷86（861c）“导嗄聋”条引作“伊休亚，辞未定也。”

第七，拟声词表示的意义不断地产生变化，如“喂”表示躲在暗处恐吓别人发出的声音，后来主要表示为提醒别人注意而招呼的声音：

（8）（净作客出）喂！客长，相待过岭歇子。喂！（末）喂！客长。（净末相喂）（末）甚人？远观不审，近观分明。谁？（《张协状元》第八出）

（原载《合肥师范学院学报》2008年第5期第28-34页）

“毛道”杂考

“毛道”一词，中古佛典屡见。据笔者统计，在唐代以前的译经里，共出现139次，其中独用72次，与“凡夫”连文构成短语“毛道凡夫”67次，另有“毛头凡夫”5次，均只出现在北魏和隋代译经(较少，且多系沿用)中。此词《辞源》不收，《汉语大词典》设有两个义项：①佛教谓凡夫愚人。②方言。小路。揆诸中外文献，阙漏尤甚。本文拟梳理文献中出现的“毛道”及其相关的同类词，探讨其意义并对其语源作出说明。引文语句仅作语料分析，不涉佛理评价。

佛典里独用的“毛道”往往可以与“毛端、毛头、毛孔”互换，义为毛端、毛发的顶端、毛孔等，可视为一个偏正词组。

(1)设使一微毛端处，有不可说诸普贤。彼诸一切普贤等，说不可说不能尽。如一微细毛端处，十方世界亦如是。于彼一一毛端处，置不可说诸佛刹。毛端能量虚空尽，而说佛刹不可尽。于彼一一毛道中，种种无量诸佛刹。有同类者不可说，亦有异类不可说。于彼一一毛道中，有不可说净佛刹。以不可说庄严具，庄严彼彼诸佛刹。于彼一一毛道中，演出名身不可说。(东晋佛驮跋陀罗译《大方广佛华严经》卷29，T9：586c-587a)

(2)于一微细毛端处，有不可说诸普贤。一切毛端悉亦尔，如是乃至遍法界。一毛端处所有刹，其数无量不可说。尽虚空量诸毛端，一一处刹悉如是。彼毛端处诸国土，无量种类差别住。有不可说异类刹，有不可说同类刹。不可言说毛端处，皆有净刹不可说。种种庄严不可说，种种奇妙不可说。于彼一一毛端处，演不可说诸佛名。(唐实叉难陀译《大方广佛华严经》卷45，T10：238b)

“毛道”即“毛端”。以上两例是《华严经·阿僧祇品》的同经异译，佛驮跋陀罗“毛端、毛道”互见，而实叉难陀一律用“毛端”。亦作“毛头”：

（3）于一毛头中，见无量佛国。（鸠摩罗什译《十住经》，T10：520b）于一毛端中，观见世间性。（同上534a）

上揭诸例中的“毛道、毛端、毛头”，多是译自梵文vālapatha，是由vāla（毛、尾毛）和patha（小路，道）两部分构成的，汉译“毛道”颇为妥贴，但patha并无“头”义，经文译成“毛头”颇堪玩味。

用来指毛发顶端的“毛道”，不是本文要讨论的重点。

1 “毛道凡夫”与“毛头”

与“凡夫”连文的“毛道”，意义同上文提及的“毛道”有明显差别：

（4）如来说：“有我者，则非有我，而毛道凡夫生者以为有我。”须菩提！毛道凡夫生者，如来说名非生，是故言毛道凡夫生。（北魏菩提流支译《金刚般若波罗蜜经》，T8：756b）

《金刚般若波罗蜜经》，前后共有六译，“毛道凡夫”在这些异译里出现的情况是：鸠摩罗什译作“凡夫之人”（T8：752a）、真谛译作“婴儿凡夫”（T8：765c）、达摩笈多译作“小儿凡夫”（T8：771a）、义净译作“愚夫众生”（T8：775a）。

（5）大德舍利弗，随诸佛如来于何处行。毛道凡夫即彼处行。而毛道凡夫不知诸佛随处行。我亦彼处行。（菩提流支译《佛说法集经》卷4，T17：633c）

按，“毛道”宋本、元本作“毛道头”。亦作“毛头凡夫”，共出现5次（其中菩提流支译《佛说法集经》4次，明本“头”均作“道”）。

（6）复次信乐地位。毛头凡夫，经二万六千劫已讫，便信成就，无所阙失。（姚秦筏提摩多译《释摩诃衍论》卷4，T32：648b）

从上文引例看，“毛道”又作“毛道头”、“毛头”，且一定与“凡夫”连文。世俗文献里也有用例：

（7）毛道凡夫，火宅众生。胎卵湿化，一切有情。善根苟种，佛果终成。我不轻汝，汝无自轻。（白居易《赞众生偈》）

“毛道”的涵义，我们先看看佛典里的解释：

（8）毛道者，此义释云愚痴闇冥无有智慧，名为毛道。（北魏菩提流支《金刚仙论》卷9，T25：862a）

（9）毛道之名，译经人错。梵云婆罗必栗托讫那。言婆罗者，目此二义：一目毛，二目愚。此经意取愚痴。必栗托讫那，此名异生，各乘异业受生故。前代译经人，异生以爱生是凡夫，故名凡夫，取前愚义，目此凡夫故。新本云愚夫异生，真谛名婴儿凡夫。此论名小儿凡夫。婴儿、小儿，并取愚义。（窥基《金刚般若论会释》卷下，T40：775b）

这个说法为后来的佛典音义如《玄应音义》卷3“毛道”条、卷21“异生”条、卷23“异生性”条、《慧琳音义》卷10“毛道”条、《翻译名义集》卷2所继承。

（10）毛道：此名误也。旧译云婆罗必利他伽阇那，此言小儿别生，以痴如小儿不同圣生也，《论》中作小儿凡夫是也。正言婆罗必栗托仡那，婆罗此云愚，必栗托此云异，仡那此云生，应云愚异生。以愚痴闇冥无有智慧，但起我见不生无漏。亦名婴愚凡夫。凡夫者义译也，案梵语，毛言嚩罗，愚名婆罗，但毛与愚梵言相滥，此译人之失，致有斯谬也。《法集》等经言毛道头凡夫，或言毛头凡夫者，皆误也。（《玄应音义》卷3，中华藏56：865a）

根据窥基等唐人的解释，“毛道”是意译词，译自梵文bāla（义为“儿童、愚痴”），本应译作“小儿、婴儿”，但由于梵文b、v字形极其相似，译经者将梵文bāla误读作vāla（义为“毛、尾毛”），进而误译成“毛道”。不过，根据荻原云来《梵和大辞典》，梵文bāla亦有“毛”义，[①]与窥基所言相同（见（9）），那么就未必是译经人将bāla错认成了vāla。

更重要的问题是，既然vāla只有“毛”义，bāla也只有“儿童、愚痴、毛”义，译经者为何译成“毛道”？“道”者何来？

音义所云“婆罗必利他伽阇那”、“婆罗必栗托仡那”，即梵文bālapṛthagjana，经文中译作“毛道凡夫，愚痴凡夫，婴儿凡夫，小儿凡夫”等。“毛道、婴儿、小儿、愚痴”均译自bāla，小儿年幼无知，故有“愚昧、愚痴”义，这和汉语的“童”引申脉络完全一致。上文例4所举同经异译便是明证。

总之，“毛道凡夫”正是“小儿凡夫”等的别译，“毛道”必与“小儿、婴儿”同义。但“小儿、婴儿”为何可称“毛道”，引申为“愚痴、愚昧”义，佛典并没有给我们提供答案。其语源我们只能求诸中土文献。

① 参荻原云来：《汉译对照梵和大辞典》，新文丰出版公司1979年版，第921页。

2 “毛道”的语源与“髦头”、“旄头”

我们认为,“毛道”本当作“毛头”,后来由于译经者方言里“道、头”同音,所以译作“毛道”,理由除了上面提到的版本异文以外,我们还可以找到语音上的直接证据:

道,《广韵》晧韵徒晧切;头,《广韵》侯韵度侯切,声母均是定纽。在敦煌藏文对音材料里,侯韵与豪韵均读e'u,在《天地八阳神咒经》里,“道、头”均读' de'u,“道”另读de'u、te'u。[①]这说明,“道”和“头”至少在西北地区读音相同或相近。

在中古工具书里,也零星记录了一些豪侯两读的字:《广韵》堥,莫袍切,莫浮切;裯,都牢切,直流切;檮黀:徒刀切,直由切;尶,苦刀切,巨鸠切、去鸠切;猱,奴刀切,女救切;幬俦,徒到切,直由切;《经典释文·庄子》咢,胡刀反,徐许口反,又胡到反;捜,素高反,又悉遘反。

那么,“毛头”何以有“儿童、愚痴”的意思呢?我们认为其语源当来自于“髦”或“髦头”。

髦,《说文·髟部》:“髦,发也。”古代指儿童头发下垂至眉的一种发式。《诗经·柏舟》“髧彼两髦,实维我仪。”毛传:“髦者,发至眉,子事父母之饰。”陆德明《释文》:“《礼》子生三月,翦发为鬌,长大作髦以象之。”《礼记·内则》:“三月之末,择日翦发为鬌,男角女羁,否则男左女右。”郑玄注:“鬌,所遗发也。夹囟曰角。”黄生《义府·男角女羁》“男则横分两髻如角,故曰角。女则两髻一前一后,如马首,故曰羁。”

根据古人的记载,小孩生三月始剪发,但仍保留一部分头发不剪,叫“鬌”,扎束成髻,男孩成角状,女孩成羁状。稍长,则梳成“髦”。所谓“两髦”,是指头发分垂两边,直至眉毛。髦,《广雅·释器》“髦,毛也。”《仪礼·既夕礼》“马不齐髦。”郑玄注:“齐,翦也。今文髦为毛。”

可见,“髦(毛)”的意义主要有两个指向:一是年龄小;二是披发,其引申义也紧紧围绕着这两个意义指向。

第一,由于“髦”主要是儿童的发式,所以“髦”亦可指儿童,也写作

① 参罗常培:《唐五代西北方音》,科学出版社1961年版;周季文、谢后芳:《敦煌吐蕃汉藏对音字汇》,中央民族大学出版社2006年版,第12、57、208、221页;高田时雄:《敦煌资料与中国语史之研究》,东京创文社1988年版,第342-343、346-347页。

“毛头”：

（11）夫幼智之人，材智精達，然其在童髦皆有端緒。（曹魏刘劭《人物志·七缪》）

（12）民庶之负贩，童髦之缓急，燕越之车盖，及吾境者，俾无他虑。（钱镠[一作罗隐]《杭州罗城记》，《全唐文》卷130//895）

（13）乃损落枝叶，澄清泉源。诣长老大照，醒迷解缚。开心地如毛头，扫意尘于色界。（王缙《东京大敬爱寺大证禅师碑》，《全唐文》卷370）

（14）须亲造萧克润处拜姑婆，萧季广拜其内阃，皆汝幼时受保育乳哺之恩者，皆须四拜。盖有母道焉，两处皆须要人事。毛头娘家有儿女，亦须少与人事。（杨士奇《东里集·续集》卷53《家训》）

进一步引申指年轻的：

（15）毛头阿姐忒贪花，足足里做子三十多年老肉麻，油头粉面，妆扮转佳。（《明清民歌时调集·夹竹桃·野芳虽晚》）

《夹竹桃》称年轻女性多作“小阿姐”，“毛头阿姐”即“小阿姐”。

作为一个复音词，“毛头”还可以用来比喻极小的数或量：

（16）舍利弗，譬如蜜瓶置四衢道，而作是言：“若人能食一毛头者，常不老死。”尔时诸天世人各以刀杖卫护是瓶。时卫护者各作是言：“若或有人食一毛头者，我等当杀。”舍利弗，中有一人窃作是念：“是瓶中蜜，食一毛头，则不老死，我今何为惜死不噉？”（姚秦鸠摩罗什译《佛藏经》卷2，T15，791a）

（17）田园之入不足以卒岁，宾客之奉、晨夕之须，随所有无，淡淡自足，未尝营一毛头之利。（孙觌《宋故翰林学士莫公墓志铭》，《鸿庆居士集》卷38）

第二，“髦”作为发式，主要特征是头发下垂，即披发，而且古代“头”亦可指头发，如“蓬头垢面”、“头童齿豁”。《南齐书》称北魏云“被发左衽，故呼为索头。”胡三省云“以北人辫发，谓之索头也。”（见《资治通鉴·魏文帝黄初二年论》注）

髦、头同义，故可连文，多指披发、断发等发式，进而指披发、断发之人的冠服。中国古代周边少数民族最重要的装束特点也是披发、断发，所以“髦”或“髦头”亦可指周边的少数民族，即蛮夷戎狄。另外，古代二十八星宿中，昴星属西方七宿之一，其分野本是冀州或魏国，《史记·天官书》以其为“胡星”，后世遂目昴星为胡地之分野，《颜氏家训·归心篇》径以匈奴为其分野。因为胡人披发，所以昴星也叫髦头(亦作旄头、毛头)：

(18)西则突厥回纥，西北至妪厥律，其人长大髦头，酋长全其发，盛以紫囊。(胡峤《陷北记》,《全唐文》卷859)

(19)乘舆黄麾，内有羽林班弓箭手，左右执事官，带熊冠谓之髦头。(徐爰《释疑略注》)

(20)贞观三年，(谢)元深入朝，冠乌熊皮冠，若今之髦头，以金银络额，身披毛帔，韦皮行縢而著履。(《旧唐书·南蛮西南蛮·东谢蛮》)

(21)臣昨夜观察乾象，见毛头星现于东北方，旺壬癸真人。此星现，主有刀兵丧国之危。……按《天文志》，此星名毛头星，又名彗星，俗呼为扫星。(《大宋宣和遗事·前集》)

古人以为“髦头”(披发)可以驱巫，典出魏文帝曹丕《列异传》：“秦文公时梓树化为牛，以骑击之，骑不胜，或堕地髻解被发，牛畏之，入水，故秦因是置旄头骑，使先驱。”(见《后汉书·光武帝纪下》“赐东海王强虎贲、旄头”李贤注)《史记·秦本纪》张守节正义引《括地志》转引《录异传》“旄头”作“髦头”。后来把帝王出巡时走在前面开道的侍卫叫旄(髦)头。《汉官仪》“旧选羽林为旄头，被发先驱。”也作“毛头”：

(22)武骑虎贲惧惊乘舆，举弓射之，犹不肯去；旄头又以戟叉政，伤�，政犹不退。(《后汉书·儒林列传·杨政》)

(23)相气除气为前一，是正其前，毛头直指之吏也。所向者伏奸，不得复行为害，除前满平定气，皆善良吏也。(《太平经·壬部·太平气》)

儿童没有行冠礼，所以不带冠帽也称“毛头”：

(24)数年来，一举一动，原非为功名富贵计，止欲生归故里。日食二餐，或日食一餐，读书堂上，坐睡堂上，毛头赤脚，无复官长体统。(于成龙《于清端政书》卷一)

3 结 语

根据上文的讨论，“毛道”主要有两个意义：一是毛的顶端，与毛端同义；二是指儿童，在佛教文献里多与“凡夫”连文，很少独用。两个意义均可写作“毛头”，原因是译经者方言里“道、头”同音所致。

“毛道”的“毛端”义，既是直接源于原典梵文的vālapatha（vāla毛＋patha道）的意译，也源于汉语固有复合词“毛头”的字面意义。

“毛道”的“儿童”义，其语源来自“髦”或“髦头”，又写作“毛头”，本指未行冠礼的未成年儿童的一种发式，引申指小孩，儿童。儿童少不更事，故可引申指愚昧、幼稚无知，现代汉语的“毛头小伙”，多有贬义的意味，正是这种意义的遗留。小孩、儿童年龄小，故“毛道”可用来比喻极小的数或量。

（原载《长江学术》2014年第1期第118-122页）

第五部分
《可洪音义》研究

《可洪音义》札记

可洪《新集藏经音义随函录》，又名《可洪音义》，正文三十卷，书前有《前序》，书末附文四篇：《后序》、希悟《赞经音序》、《施册入藏疏文》一道、《庆册疏文》一道。训释难字则依据《开元释教录》所收佛典为序，起于《大般若经》，终于《比丘尼传》，共计释经1076部，5048卷。全书以千字文编次，始"天"终"英"。全书主要是以解释佛典疑难字词为主，但在字里行间又透露出不少语音史实，有助于汉语音韵史的研究，下面我们略举一二（引文所据版本是《中华大藏经》第59、60册）。

1 小韵之名

今人谈韵书的形制，一般称韵目为大韵，每韵下的同音字组称作小韵，但对其渊源演变，因材料所限，大都忽略不谈，《可洪音义》提供了这方面的线索：

紫鞕：五更反，坚牢也，按旧韵只一呼，《说文》亦作硬也；新韵载于競字数内，非也。（卷28，496c）

鞕，《广韵》只有诤韵五争切，《王三》映韵五劲反。

蚁佉：上尸向反，下丘迦反……《涅槃经》作儴佉，相承音穰，《切韵》遂载于穰字数，非也。又鱼绮反，非也，误。（卷29，539c）

儴佉：上而羊反，下丘迦反，此但相承作呼，《切韵》便取在穰字数中，致乖梵音字义耳。（同上，547c）

黧黑：上力夷反，新韵此例阙此字，见旧韵也。又力兮反，黄而黑也。（卷1，560a）

慧瑱：他见反又音田。新韵又载殿字数中，旧韵无。（卷28，491b）

剪鬀：他帝反，除发也，正作剃，《说文》及《字样》并作鬀音剃，新韵在弟字例中，误。（卷28，514a）

若(著)褶:音习,大袖衣也,袴也,又音十。(卷16,36b)

袴褶:上苦故反,下神汁反,挎(袴)也,新韵又载于习字数中。(卷28,491c)

褶:《广韵》是执、似入二切,《王三》神执反,笺注本《切韵》神执反。

上述例中,竸(竞)(字数)、穰(字数)、殿(字数)、弟(字例)、习(字数)等字,在中古韵书如笺注本《切韵》(S2071,无去声)、《王韵》、《广韵》里,均是小韵的首字,可知,可洪以"数"、"例"来称呼小韵。而大韵则呼为"韵":

口蛙:乌乖反,在街字韵中,今借乖为韵也。(卷25,358c)

之鼃:莫耿反,蛙属也,正作黾也,集文自音猛也。川音作鼃,乌娲反,在街字韵中。(卷29,537a)

"街"可能是"佳"字误,音义"佳"又写作"佳",两字形近。[①]

小韵的这一说法,大概起于中晚唐以后,因为《慧琳音义》无论大韵、小韵均称"韵":

觉寤:捡一切字书及教字韵中并无此字,多是笔授或传写人随情妄作,非也。(卷11,T54:373a)

各韵书"教"(古孝反/切)均为小韵首字。

箫璟:鬼永反,假借字也。本音影,亦近代先儒所出,共相传用,冏字韵中无此璟字也。(卷49,T54:635c)

笺注本《切韵》S2071"举永反"、P3693"举永反"以及《王三》"举永反"、《广韵》"俱永切"小韵首字作"憬"。

恼掠:下力尚反,又音略。字书云拷击也。《考声》云强取也……准经义,时俗并音略,《切韵》略字韵中无此字。(卷29,T54:501b)

"略"(离灼反/切)为小韵首字。

枹鼓:上音附牟反,亦音芳无反,并秦音……枹字吴音伏不反,不音福浮反,在尤字韵中。(卷84,T54:850c)

"尤"既为大韵标目,又是小韵首字。

到辽宋时期,仍有称大韵为"某字韵"的:

悉密嘌底(丁以反)者,此"底"字准《切韵》在荠字韵收,今言"丁

① 《可洪音义》的"某字韵"还可以指某字的反切,共40次,主要出现在给《玄应音义》所做的注解里,略举几例:"多捺:奴达反,怛字韵。"(卷7,807c)是指"多捺"是所注文献里给"怛"的注音,"韵"指反切。"子旦:多赞反,濽字韵。"(卷25,373b)

以”者，“以”字在止字韵收。意令将此荠韵底（都礼反）字于止字韵中呼之，是故切云“丁以”。问：“设不作丁以之切，只于荠韵呼之，有何不得?”答：“为顺梵音，要亲的故。”（辽·觉苑《大毗卢遮那成佛神变加持经义释演密钞》卷8，X23:627b）

“冈岗、暴曝、匊蓻、然燃，是为山山火火重加之缪”注：“暴音僕。《孟子》一日暴之。《史记》暴其所长于燕。又暴露于野。并音僕。号字韵者，非曝浴。”（志磐《佛祖统纪》卷45，T49:413c）

所谓荠字韵、止字韵、号字韵，均是《广韵》韵目。

2 篇韵

鲁国尧先生通过爬搜文献，考订出宋代存在两代篇韵：一是宋本《广韵》与宋本《玉篇》，二是《集韵》与《类篇》，[①]这已成为不刊之论。至于宋叶之前的唐代，是否已存在“篇韵”连文的说法，则由于文献难征，尚无人论及。《可洪音义》可以为我们提供这方面的线索。

初唐高僧道宣于贞观十九年（645）撰成的《续高僧传》已出现“篇韵”连文：

释慧熙，益州成都人。童稚出家，善明篇韵，文笔所趣宛而成章。（卷20）

句中“篇韵”是否指原本《玉篇》与《切韵》，不能确证。《可洪音义》“篇韵”出现五次：

立溊：音虽，尿也，篇韵无此呼。又奴吊反，正作尿也。（卷21，205c）

子瑍：音唤，出郭氏音。（卷27，457c）音唤，明也。出郭氏音，篇韵无此字。（卷21:206a）

仅看上例，依然不能肯定“篇韵”是否即是《玉篇》《切韵》，再看下例：

帝瑍：音唤，出郭氏音，《玉篇》《切韵》无此字。（卷24，324a）

两相对照，“篇韵”指《玉篇》《切韵》，当无疑问。音义中《玉篇》《切韵》常连文作为参照：

① 参鲁国尧：《〈卢宗迈切韵法〉述论》，见《鲁国尧语言学论文集》，江苏教育出版社2003年版，第341-343页。

波篦(蔗):道遮反,论文自切也,《切韵》《玉篇》无此音。(卷11,955a)

依俙:音希,《玉篇》《切韵》并无此呼。(卷24,320a)

诏令:川音作曌,《玉篇》《切韵》并无此曌字,未详何出。(卷26,431b)

从上面可以看出,唐代就已经存在"篇韵"连文的说法,指的是《玉篇》和《切韵》。《玉篇》和《切韵》连文,首见于窥基《法华音训》:

魑魅:上勑知反。《三苍》诸字书作"螭";《玉篇》《切韵》作"魑"。(见慧琳音义卷27,T54:487a)

3 轻重与清浊

这两个概念向无确解,所指也相当空泛。从《可洪音义》来看,轻重与清浊所指相同,均是指清音、浊音。只是在使用时有分工:轻重用于音译词,而清浊用于汉语词。

溛多:上乌没反,正作淴也。诸录并作僧淴多,陈言惣摄;亦云欝陁耶,亦云嗢拕,南唐言惣摄,亦云摄散。多陁二字,梵言轻重耳,文繁不能引证。又溛字音所立反,非也,此疑是录主改作溛字,非正改也。(卷24,344b)

坵舍:上丁兮、直尼(二)反,舍利弗本名也,或云鞮舍,或云提舍,轻重讹也。(卷20,177a)

坵舍,梵文作deśa,"多、坵、鞮",皆属端纽,清音;"陁、提",皆属定纽,浊音。

一逮:居业反,时名也,正作劫……又或作建,劫彦反。劫之与建或译主互用声转也,亦不失轻重也。(卷2,581a)

劫,梵文作kalpa,"建、劫"二字,声纽皆清音,所以说"不失轻重"。

玄奘:音藏,又自朗反,大也。此字上声去声并载之也。窃见诸师作子浪反,非也,盖不明清浊矣。(卷11:964c)

巑崱:仕则反,川音作创力反,非也,不明清浊也。(卷25:402a)

憋恶:上普灭、并列二反,怒也,急性也。又川音作毗结反,非也,清浊不辩也。(卷28,493a)

"奘、崱",韵书皆浊音,有的经师却注作清音;"憋",韵书清音,川音注成浊音，可洪以为是错误的。

声母分清浊，今天见到的最早的中土资料是《守温韵学残卷》，本书在谈到三十字母时说："喉音：心邪晓是喉中音，清；匣喻影亦是喉中音，浊。"所言清浊与三十六字母的清浊归类不同，而《可洪音义》对声纽的清浊分类与三十六字母完全相同。

4 声 转

最早提出这一观念的是扬雄的《方言》，如"庸谓之倯，转语也。"（卷三）"撲，铤，澌，尽也……铤，空也，语之转也。"（卷三）"緤，末，纪，绪也。南楚皆曰緤，或曰端，或曰纪，或曰末，皆楚转语也。"（卷十）后来郭璞注《尔雅》、《方言》，也吸纳了这一说法，如《方言》卷三"苏、芥，草也"郭注："《汉书》曰'樵苏而爨'，苏犹芦，语转也。"这里的"语转"大都是指声音相近而意义相同的词，单纯讲语音关系的比较少见。《传统语言学词典》"转语"条云"自扬、郭二人之后，一千三、四百年间无人提及转语"，[①]这是不确切的，《可洪音义》就多次提及声（音）转，而且与意义无关，专指语音的转化，而且是指韵母的对转。

一逮：居业反，时名也，正作劫……又或作建，劫彦反。劫之与建或译主互用声转也。（卷2，581a）

"建、劫"二字，韵有阳入之别，所以说"互用声转"。

釼暮：羯欠反，即羯磨声转也。（卷17，56c）

梵文作karman，釼，阳声韵；羯，入声韵，阳入相转。

羯毗：上居羯反，或云迦陵频伽，唐言好声鸟也。今言羯毗者，谓译主于迦下去陵，频下去伽，转音为羯毗，不亦是乎？（卷21，198b）

梵文作kalaviṅka，巴利文作karavīka。迦，戈韵；羯，月韵，阴入对转；频，真韵；毗，脂韵，韵有阳入之别。《慧琳音义》卷四十八（T54：630c）"羯罗频迦"条云："或作歌罗频伽，或作加罗毘加，亦作迦陵频迦，皆梵音轻重，声之讹转也。"亦以为是声转。

比啚醯：上音毗，中音徒，下呼兮反，即毗提醯，声之转也。（卷22，229a）

---

① 许嘉璐主编：《传统语言学辞典》，河北教育出版社1990年版，第612页。

啚，定纽模韵；提，定纽齐韵，声同韵异。

𠸌𡃬：上音烦，下音𡃬，式支反。上句云阿哦阇昙摩，下句云呵𡃬昙摩，声之转也。又此句中呵字是阿字误也。上又川音作蒲绀反，下音他，并非也；上又郭氏音淡，下未详。此盖传写久误也，第七卷作阿𠸌𡃬昙摩也。（卷23，285c）

𠸌，元韵；哦，月韵，阳入对转。

（原载《古汉语研究》2004年第2期第9-11页）

《可洪音义》注释的内容及其特色

可洪《新集藏经音义随函录》(以下简称《可洪音义》)主要是为疏通佛典疑难词语,进而更好地理解佛典的微言大义而编纂的,注释的内容较为丰富,不仅仅限于辨字形、注音读、解释词义,还涉及佛典的正伪与阅读问题。前者乃佛典音义的普遍形式,而后者佛典音义如玄应、慧苑、窥基、云公、慧琳、处观等人音义则根本不涉及,或只是偶尔言及,但在《可洪音义》中却是一个普遍现象,本文尝试对其特点、体例作一简要阐述。

1　辨经之正伪

佛教相传自汉明帝时传入中土,其后不久西域僧人开始来中原传译佛典。但早期所译经典,均是散在各地,既没有统一的收藏机构,亦无编目。直到苻秦释道安(314—385)才综集群经,编成目录,此后各朝续有目录问世。即便如此,鱼龙混杂、真伪难辨的情况仍比比皆是,早期译经如此,后期译经亦然。《可洪音义》的一个重要内容就是辨别伪经。

《可洪音义》所用底本藏经为延祚寺藏,收经主要依《开元录》,见于录者即目为正本,见于别录而藏经又收录者,一般视为伪经。(别录,可洪引用最多的是《品次录》,此书今已佚,又名《品录》、《一切经源品次录》、《贞元品次录》,三十卷,赵郡业律沙门从梵据《贞元释教入藏录》纂集,始于大中九年(855),成于咸通元年(860)。[①]

除了是否合乎《开元录》这一标准以外,可洪还根据抄经的纸数多寡、用语雅俗、经文的内容、用字的真俗等方面来判定一部经的真伪。

① 参储泰松:《可洪音义研究》,复旦大学博士后出站报告2002年。

(1)《摩诃僧祇律比丘僧戒本》一卷与《摩诃僧祇律比丘尼戒本》一卷：

《摩诃僧祇律比丘僧戒本》一卷，未详撰译者，出《品录》，不合《开元录》也。下方藏不写此本。今但录此本文字于册内。可洪详此戒本，疑是人依律集出，不是佛陀跋陀罗三藏亲译者也。《开元录》云“东晋天竺三藏佛陀跋陀罗译，第二译，两译一阙，二十纸。”此本二十三纸。又按《开元录》云“僧祇比丘戒本”，“僧祇”字下无“律”字，“比丘”字下无“僧”字，今此本云《摩诃僧律比丘僧戒本》，加下一“僧”字者，非也。如律字、僧字，验知是人集也。“摩诃僧祇”者，梵语也，摩诃，此云大，僧祇亦云僧伽，亦直云僧，此云众，谓大众部律也。律云：四人已上名为僧是也。详彼撰集者，尚不知僧之一字所用，而乃妄加僧字，将简男女岂不谬乎?《维摩经》云：佛法众为二佛即是法，法即是众，是三宝皆为相相是也。又或是古译本，纵是古译本者，固不合《开元录》矣。下方本云“僧祇比丘戒本”是也。廿纸。(卷17:44b)

《摩诃僧祇律比丘尼戒本》一卷，未详撰译者，与前《大比丘戒本》同是一个人撰，廿三纸，出《品次录》，不合《开元录》也。下方藏不写此本。今但录其文字于册内耳。《开元录》云：“《僧祇律比丘尼戒本》，亦云僧戒本比丘尼波罗提木叉，东晋平阳沙门法显共觉贤译，单本廿五纸。”下方本是廿五纸，昨将此本对勘，大同少异，盖是彼撰集者依仿此本及律文添减也。(卷17:46a)

按，《开元录》载《僧祇比丘戒本》(亦云《摩诃僧祇戒本》)是二十纸，《僧祇比丘尼戒本》(亦云《比丘尼波罗提木叉僧祇戒本》)是三十五纸，而《品次录》前者是二十三纸，后者为二十五纸，纸数不同，所以可洪断为伪经。

(2)《六字神咒王经》一卷与《佛说咒六字神王经》一卷：

《六字神咒王经》一卷，失译，《开元录》云六纸；《品次录》云二纸，此卷六纸，合《开元录》，不入《品录》中二纸者也。(卷8:814a)

《佛说咒六字神王经》一卷，此经出《品次录》，不合《开元录》，下方延祚寺藏不入此本。右此经按《开元录》云：《六字神咒王经》一卷，六纸。《品录》云：二纸，出传记《陀罗尼杂集经》第八卷。当藏依《开元录》本不入此二纸者也。且传记中既有此本，则不合却将载于目录，以为卷数只可抄诸经因缘于传记内耳。《品录》弃彼就此，得无谬乎？不应从未取本矣。今但录此经中文字于册内，以防诸藏有本处使用焉。（卷8:814b）

按，可洪根据经文的纸数来判断真伪，《六字神咒王经》六纸，与《开元录》合，即目为真经；而《佛说咒六字神王经》仅二纸，不合《开元录》，所以视为伪经。

（3）《陀罗尼杂集》音义文末云：

略述小序如后：

右此《陀罗尼杂集》，并是诸经中抄出，集为一部，非一本一主所译也。是故咒有重文，字有别体，真俗杂乱，清浊莫分；又兼传写误讹，偏傍变质，一豁典部，诸藏不同，致使前贤之所错详，后进由兹谬嗣；或有古人不识，晚叶罕穷，遂令杜口者如稻如麻，滥呼者若竹若苇。予乃见诸踳驳，聊定是非，所以字字重收，轴轴更出，冀其揽（览）者开卷易寻，彦学之流勿诮文繁矣。（卷23:295a-b）

按，《陀罗尼杂集》十卷，吕澂《新编汉文大藏经目录》入纂集部，并云："梁代，作者不详。"[①] 考《开元释教录》卷十三云："未详撰者，今附梁录。右一咒集，大周录中为大乘单本，复云失译者，不然。寻捡其文，乃是此方抄集而非梵本别翻。所以知者，如《七佛神咒经》及《陀鄰尼砵经》等并是入朝所翻，《护诸童子陀罗尼经》，元魏菩提留支所译；又《陀鄰尼砵经》共《最胜灯王经》二是同本，如此等经并皆集入，故非梵本所传，必是此方撰集，未知的是何人所撰，故此述也。"（T55:624b）亦指其为伪经，但没有提出具体的证据，而可洪则根据此经的内

① 吕澂：《新编汉文大藏经目录》，齐鲁书社1981年版。

容、咒语译音用字、抄本文字形式等方面断其为伪经。

(4)《沙弥威仪戒》、《沙弥威仪》:

> 《沙弥威仪戒》一卷,十一纸两行。……右此经是元译正本,目录遗弃,既是正经,不欲抽弃,且寄帙内,后九纸者是伪经也。

> 《沙弥威仪》一卷,九纸此卷纸数与《开元录》及《品录》并同,唯经身与前两卷大同小异,而后文各异,此卷后文云:盖闻道太阳垂晕,则苍生蒙朗。……右此经依《开元录》及《品次录》添之,后有十数五德及敬白文,洪疑此经是人集出也,如后文云:盖闻道太阳垂晕,则苍生蒙朗;真尊演教,有怀开悟云云,但此语是俗。(卷17:50a-51b)

按,《开元录》不收《沙弥威仪戒》,但收《沙弥威仪》,而可洪所据延祚藏恰恰相反,收《沙弥威仪戒》,不收《沙弥威仪》。根据内容及体式,可洪断定《沙弥威仪》一卷为伪经。今本藏经收《沙弥威仪》,但无《沙弥威仪戒》,从音义来看,今本藏经《沙弥威仪》即可洪所言之《沙弥威仪戒》。

(5)《孔雀王咒经一卷》与《大金色孔雀王咒经》一卷:

> 《孔雀王咒经》一卷,未详撰者。初有七里结界文者是也。下方藏不入此经,以伪妄讹故耳。右此经目录云:姚秦三藏鸠摩罗什译。洪详阅此经,乃是无知庸辈抄诸经鬼神、天龙八部、佛、菩萨、罗汉诸天名号,亦略《孔雀经》及真言兼杂咒撰成一卷,而妄引罗什为译主,其经实不是梵本正翻,亦不是佛所说也。如经云:“东方檀殿军头广百步口开穀山十十五五合依吞”,此文有五行,出《广弘明集·笑道论》;又云:“东方薄鸠深山沙罗佉收汝恶鬼项著枷”,此文亦五行;又云“清修菩萨入身求魔,净藏菩萨折髓求魔,火光菩萨把火求魔,月光菩萨放光求魔,持地菩萨掘土求魔”云云,自此已前并是彼人胸襟乱道,自此后是《法华经·序品》内八部龙神名也。又从此后云“南方定光佛,北方七宝堂,西方无量寿,东方药师琉璃光,上有八菩萨,下有四天王”云云,又云“韦提

希子阿闍世王山神王”乃至“仙人鬼大幻持咒王等皆当拥护某甲之身”云云，如上凡鄙言词，尚不出君子之口，岂况大觉圣人乎？且如阿闍世王是人王，彼乃来鬼神部内置之，岂不谬乎？盖撰录者粗心太甚，点检不精，但相承传行，不察真伪矣。籲！去圣遥远，将复呈谁？若不委述繁词，何以显其真赝也！延祚寺藏不入此本，但略彼经中文字于册内耳。（卷7:798b）

按，《孔雀王咒经》，吕澂《新编汉文大藏经目录》作《孔雀王神咒经》，云：“东晋帛尸利密多译。后误鸠摩罗什译，首尾伪托，今删。”亦认为其为伪经。此经大正藏收于密教部（T19:481），署作“姚秦龟兹三藏鸠摩罗什译”，在上引“仙人鬼大幻持咒王等皆当拥护某甲之身”后有小注云：“已上三纸七行经音指为伪经。”

《大金色孔雀王咒经》下云：

《大金色孔雀王咒经》一卷，此经不合录而是正经，或是录人遗漏也。今拾遗编入，以将替目录中有“七里结界场法”者，彼是伪经，诈云罗什译。（卷7:798a）

《开元录》误收伪经，而漏收正经，可洪排除了伪经，据经文内容补入真经。今本大正藏收于密教部（T19:477c-478c）。

如果某部经有真伪两种版本，可洪一般将其一起收入，接着辨明何者为真，何者为伪；收录伪经并为其作音义，主要是为阅读收伪经版本的藏经服务。

（6）《四分杂羯磨》一卷：

《四分杂羯磨》一卷，曹魏天竺三藏康僧铠译，内题云昙无德律部杂羯磨，《开元录》云三十四纸，此卷纸数合《开元录》，不依《品录》本。（卷17:55b）

《四分杂羯磨》一卷，未详撰者，出《品次录》，不合《开元录》，下方藏不入此本，以伪妄故。此本是后人将康僧铠所译本，采诸部律文，加添在内。

右按《开元录》云：《四分杂羯磨》一卷，内题云也，四十纸。《昙无德律部杂羯磨》三十四纸，曹魏天竺三藏康僧铠译。此《品录》本四十纸，题目亦与《开元录》不同，又抄略僧祇、十诵、四分等诸部律文，糅成一卷，当知是此土人所撰，不是僧铠元本译者也。若是人集，直言人集，不言翻译。既录中不言人集，即是伪妄。若是梵本翻译，即但述自宗，不涉诸部，只如五分羯磨、删补羯磨、四分比丘比丘尼羯磨等并是此方沙门所撰，出有朝代，录目分明，纸数、人名各有定标矣。延祚寺藏依《开元录》本，不写此四十纸者也。今但录彼本文字于此册内，恐诸藏有之，故述如前。（卷17：55b-c）

按，根据纸数、经题、律文内容等方面，可洪断后者为伪经。此经可洪所据底本延祚寺藏并不收录，却仍为其注音，是由于"恐诸藏有之"，便利读者。又，今本藏经作《昙无德律部杂羯磨》，一卷（T22：1041），无别本。

（7）《树提伽经》一卷：

《树提伽经》一卷，《开元录》云：宋三藏求那跋陀罗译，三纸单译。此本合《开元录》，不写《品录》中五纸三行者。（卷10：895c）

《树提伽经》一卷，此是伪经，未详改撰人名，出《品次录》，五纸三行。此本不合《开元录》，延祚寺藏不入伪本经也。

右按《开元录》云：宋三藏求那跋陀罗译，三纸单译。此本《品录》亦云：宋三藏求那跋陀罗译，五纸三行。可洪详阅此本，是人撰伪文，入在经内。其经文亦被添改删略，与正本不同。当藏依《开元录》本不入此五纸三行者。今但录其文字于册内，以备诸藏有此本处用矣。……不惓：於欠反，甘也。不惓，不甘也。此是撰经人添底字也。此本云："为我设拜，有何不惓？眼中泪出。"正本云："金银帷帐出设拜，眼中泪出。王曰：'何故泪出？'"是也。此处被添两行。黤黤：音掩，日无光也，忽也，正作晻奄二形也。下方本云"奄奄忽忽"是也，此亦是撰经人改作"黤"也。……荡照：上徒朗反。从荡照天下文已下，有八愿文，并是人撰凡词也。其第八愿云：愿我转今身，聪明如阿难，常欲教十方，不般於泥洹。斥曰：据经意，佛为国主说树提长者宿因事。此愿乃云：聪明如阿难，岂不谬乎？其余七愿，并皆言语凡鄙，谬妄显然，达鉴英贤，请详臧否。……枷杻：上音加，下音丑。从"八愿"后七行文却是正经，仍文不足；又从此后至末四十六行偈文一一并是人撰，又略《十住经》菩萨名入于此经内也。诸明眼贤达，请详真伪焉。

按，可洪所见此经版本有二：一为三纸单译，一为五纸三行，前者与《开元录》所载相同，后者与《品次录》同却与《开元录》不同，因而定其为伪经，而且经末八愿文出现了常识性的错误，加上言词凡鄙，就更不是原本正译了。在具体的注释过程中，可洪注意比较真伪两本在文字、句式上的差异，借此凸现伪经之伪。又大正藏收有两种《树提伽经》（T14：825a-826a；826a-c），一为71行，一为73行，文字差异很小，对照《可洪音义》，当是三纸单译本，末尾无所谓的八愿文。

（8）《尸迦罗越六向拜经》一卷：

《尸迦罗越六向拜经》一卷，后汉安息三藏安世高译。三纸十行，此经是下方延祚寺藏本，不写《品次录》本。（卷13：1022a）

《尸迦罗越六向拜经》一卷，此卷讹出《品次录》，亦称后汉三藏安世高译，整四纸，当藏不入此本，但录文字于册内耳。……呗偈：上步芥。从"作礼而去"已前是正经，从"佛说呗偈"字已后二十行偈文，是人撰，未详撰者，其偈言语凡浅，伪妄显然，而《品录》以此本为正，却真经，深为不可也。彼撰《品录》者，但见经即录而不察真伪，粗心甚矣。其偈初云："鸡鸣当早起，披衣来下床。澡漱令心静，两手捧花香"云云。此二十行偈不是佛说，达鉴可明。（卷13：1022a）

按，吕澂《新编汉文大藏经目录》认为此经本名《大六向拜经》，云："西晋竺法护译。后误题《尸迦罗越六方礼经》，安世高译。"改变经名与译者，始自《开元释教录》。可洪所见版本有二：一为三纸十行本；一为整四纸本，后者比前者多出二十行偈文，而偈文"言语凡浅"，据此断其为伪经，并批评了《品次录》作者不察真伪，误以伪经为真经。今本大正藏作《佛说尸迦罗越六方礼经》（T1：250c-252b），后汉安世高译。文末"作礼而去"后确实是"佛说呗偈"，共八十句（如四句一行，恰是二十行；今本两句一行共四十行），与可洪所说吻合，则今藏经所收即可洪所说之伪经。至于文末偈文乃后人所加，从偈文押韵亦可看出端倪：一般来说，佛典呗偈是不押韵的，可此经偈文却押韵，韵脚是：床香当方、根连鲜言、期欺期疑、者者道、喜已、尊人、王光强藏长、人新轮因人、渊然天、欲足狱辱、祥方梁光，共11个韵段。从这个角度看，文末偈文为后人妄作，确凿无疑。

除了整部经都是伪经这种情况以外，还有的只是经中某一部分内容为后人妄加进去，可洪亦注意到了这种情况，并作出了辨析：

(9)《观虚空藏菩萨经》音义"驱儐"条云：

> 卑进反。此后三十五佛名及忏悔回向文出《决定毗尼经》及《宝积经》第九十卷内，目录中无。此后文昨依录截去，恐是三藏安之。故却续尾题之后耳也。(卷3:640b-c)

今本大正藏《观虚空藏菩萨经》(T13:678a)文末亦云：

> 右《观虚空藏菩萨经》，按《开元录》系是单译，止有二纸。经后旧尚有八纸经文，准校勘大藏竹堂讲师批，该是后人采集虚空藏经咒并诸经中佛名及咒，以为劝世修行法，不可连在《观虚空藏经》后，下竺本及福本皆无。又按此经世尊先于深功德经，说治罪法，名《决定毘尼》，有三十五佛者，即出《宝积经》第九十卷《优波离会》，与《决定毘尼经》同本，余文皆例此。然详观所批理，亦可以意会。徒存似是。姑为删之。

从上面引文可以看出，这些所谓的伪经，延祚藏或收或不收；不收者，可洪则依别藏作音释。这也说明可洪音义的训释范围已超出了延祚藏。

2　据经意比证异文定经文文字之正误

佛典经累代传抄，而抄手又多是文化水平不高的信徒，以致俗字充斥，几经辗转，非复本来面目，一旦沿误成习，以非为是就在所难免，这时自然就影响对佛典的正确理解。面对这种情形，可洪常见的做法是比证异文、推定经意而后作出判断，下面我们以《佛说优填王经》为例（T12：70c）：

经文：淫人曳踵行，恚者操指步；愚者足蹢地，斯迹天人尊。

《可洪音义》：

曳踵：上尸人反，正作申。

操指：上力染反，正作斂也，又七刀、七到二反，并非也，久误也。

足蹢：七六反，踏也，正作蹴也。经意谓佛行时足不到地也，诸经中云："如来行时，其足离地，四指而有印文现"是也；《六度集》云"淫者申足行，多恚斂指步，愚者足筑地"、《诸经要集》云"愚者足踏地"，并是也。《解脱道论》云"欲行人举脚疾行，卒举脚不广"，"举脚"即此经云"淫人申踵行"是也；《解脱道论》云"瞋人急起脚，急下相触，以半脚入地"，即《六度集》云"多恚斂指步"是也；《解脱道论》云"痴人起脚摩地，亦摩下以脚触脚行"，即《六度集》云"愚者足筑地"是也。言佛行足迹平稳，不趿地下脚起脚也。又力用、力钟、丑龙三反，并非也，误。（卷2：612c）

注中所引诸经是指《大般若波罗蜜多经》卷五七三（T7：961b）："如来行时，其足去地，如四指量而现印文。"

从经意看，"曳踵"、"操指"、"足蹢"不可解，可洪认为曳当读作申、操当读作斂、蹢当读作蹴，根据就是经意以及与此经相关的别经异文。从字形上说，"申、蹴"辗转传抄之后变成"曳、蹢"，但"操"与"斂"在字形上并无相通之处，定"操"为"斂"之俗，多半是依据《六度集经》（T3：20a）、《诸经要集》、《解脱道论》（T32：401b）而来。《优填王经》为西晋释法矩译出，距有唐年代颇远，所以说"久误也"。

再如《摩诃僧祇律》卷13（T22：336c）：

我当于彼出家，作是念已，便往旷野精舍欲心出家，见比丘教诸童子学诵，如似童子在学堂中受诵之声。时婆罗门作是念：我今欲心胜法从彼出家，而此中啅啅似如童子在学堂中学诵声。亦复不知何者是师谁是弟子。

《可洪音义》：

啅啅：宜作于靴反，小儿读书声也。律文云"如似童子在学堂中学诵声"是也。又经音义以痏脩（偫？）愇三字替之同于罪反，《说文》痛声曰痏也。非用；又《玉篇》音韦，说文失声也。郭氏作于鬼反。宜作嗵，小人相麐声也。（卷15：1107a）

《摩诃僧祇律》卷十九（T22：379c）：

尔时六群比丘从禅坊中起在屏处闇地立，悚耳皴面反眼吐舌，作啅声恐怖十六羣比丘……恐怖者，色声香味触，波液提。波液提者，如上说。色者，在闇地悚耳皴面反眼吐舌，乃至曲一指啅啅作恐怖相。

《可洪音义》：

喂喂：乌悔反，谓黑处立地口中喂喂之声而恐怖小儿也。经音义以痏字替之，非也；郭氏作王贵反，亦非也；上方经作啅啅，应和尚作于罪反，《玉篇》音韦，今取初切为稳。（卷15：1108c）

啅啅、喂喂，均是象声词，可洪所见《摩诃僧祇律》（延祚藏）卷13作"啅啅"，卷19作"喂喂"，与今本大正藏稍有不同。

《可洪音义》与此相关的注释还有一条：

啅喂：上律意是嗵，于靴反，小儿啅啅读书声也。律云"似童子在学堂中学诵声"也；下乌罪反，律意谓黑处立地，口中作喂喂声以怖小儿也。喂字在律文第十九卷内，所用字因缘不同，义亦有异，而应和尚总以痏字替之，非也。（《玄应音义》卷15，卷25：

376c）

这是解释《玄应音义》卷十五《僧祇律》卷十三“痏痏”条的。玄应原文作“痏痏：诸书作侑，瘤文作帷，案通俗文于罪反。痛声曰痏，惊声曰僞，音于简反。律文从口作噑喂二形，非也。”《慧琳音义》卷五八引作“诸书作侑，瘤文作炜。案《通俗文》于鬼反，痛声曰痏，惊声曰僞，音于简反。律文从口，作噑喂二形，非也。”（T54：691c）

可洪根据版本及经意并多方引证字书而后定正字。在可洪看来表示小儿读书声的“噑噑”，正字当作“啝”，而吓唬别人的“噑噑”，字当作“喂”。啝，《广韵》户戈切，“小儿相应”。《玉篇》于戈反，《龙龛》戈禾二音，“小儿麐言也”；可洪读喻三纽戈韵。喂，《广韵》、《集韵》无，《玉篇》于韦切，“恐也”，喻三纽微韵；可洪读影纽贿韵。

再如《可洪音义·贤劫经卷一》（卷8：832a-b）

判伴：上普口反，正作剖；下普半反，正作判胖拌三形也。剖判，断割也，分析也，谓善能安立，义理分别，抉择无疑滞，故谓之剖判慧也。上又应和尚经音作判博江反，下又步满反，并非也。此帙内有六个剖判字，后并作判伴，并误也。上方经作剖判是也。

按，今大正藏《贤劫经》卷一（T14：2b）作“剖判”，下文讹作“阝半伴”（3a、12b、50a）。可洪根据经意以及上方藏断定“判伴”当作“剖判”。

林菡：胡咸反，菡萏，花发皃也。《切韵》言荷花未舒，扃（？）言也。川音作苟，居力反，急敕草也，与义句不称也。且据传文云“妖异之谤林菡，是非之论蜂起”，以起字对之，明知“菡”字是盛发之义，宜取菡。（卷28：494c）

按，菡，川音作“苟”，可洪以为从文意看不合适：此字与“起”对文，而“菡”有“盛发”义，所以字当作“菡”。今本大正藏《续高僧传》卷二六（T50：677b）作“林蒸”，蒸与菡俗书形体极其相近，相混在所难免。此处字恐当作“蒸”，可洪有误：

故使英俊林蒸，业正云会；每法筵一建，听侣千余。（《续高僧传》卷15，T50：548c）

清信之士林蒸，高尚之宾云结。（《广弘明集》卷25，T52：284c）

下句《可洪音义》正作"林烝"，之陵反，烝即蒸，"蒸"有"兴盛"义。

3 断句及定衍文字

佛典在流传的过程中，不但不断产生俗字，而且不断出现衍、脱现象，给研读佛典带来很多障碍；再加上佛教义理比较深奥，有的译文又比较晦涩，因而准确的理解经文绝非易事。对此，可洪有比较深刻地体认，所以音义注解的一个重要方面，就是解决经文形式上的一些障碍。

（1）指出衍文及正确的句读，并引原文为证。

墨尘墨：上音黑，中音陈，剩下"墨"字也。《七佛咒》作"釜底黑尘"。

按，剩者，余也，长也，衍也。可洪常用此字表示衍文，经文两个"墨"字，前者应是"黑"字误，后者乃承前衍。

津藻：上即辛反，下子老反，文藻也，水草也。上属上句，下属下句。（卷29：566c）

架築築：上音架，下二音竹，剩下一个築字。（卷30：583c）

蓝琰：上郎甘反，下以染反。《辨正论》无"追蓝琰"三字也，《辨正论》云"求华璞者无惮三袭之险"。此中剩也。（卷29：560b）

按，此条是解释《广弘明集·辩惑篇》之法琳《辨正论》，但可洪所见延祚藏《辨正论》卷6无"追蓝琰"三字，所以说"此中剩也。"今本《广弘明集·辨正论》（T52：182c）与单行本《辨正论》（T52：532a）均作"夫辨奇货者，采丽珠不忌九洄之深；求华璞者，追蓝琰无惮三袭之险，贵其实也”。从句式看有“追蓝琰”三字为长。

色残线：下二同音線，从歹者误也。传文云“宁五色残（线），线别贯白珠，以此约树”是也；残属上句，线属下句。（卷28：491c）

按，此条解释的是《续高僧传》卷二五，今本大正藏（T50：644b）“残”作“线”，“宁”作“穿”。

（2）分析衍文及文字乙倒的原因，并指出正确的形式。

结绞跤趺：中间二字同音交，书人悟（误）作绞字而更书跤字也。（卷18：106a）

按，今大正藏本《阿毘昙毘婆沙论》卷五三（T28：384c）作“结交趺”三字。

怍懊恼：上二同乌老反，正作怄也。应是读者发怍作懊，后书人相和，写在行内而剩懊字也。经本作怄惱也。（卷23：264b）

除肜出：下二同音出，书人误作肜而更作出字，剩下出也……降胜除出：前作除肜，此后数处并无肜字，此句正。（卷20：172a）

两渚：上力掌反，下之与反，两字属下句，渚字属上句也。正言“阎浮提西有五百渚，两中间有五百饿鬼城”，而书人误升渚字于两字上也。《大婆沙》云“赡部洲西有五百渚，两行而住，两行中间有五城”是也。（卷18：100a）

按，此条解释《阿毘昙毘婆沙论》卷七（T28：48c）“阎浮提西，有五百渚，两渚中间，有五百饿鬼城”；《大婆沙》指《阿毘达磨大毘婆沙论》，此经卷一七二（T27：867b）作“于此赡部洲西有五百渚两行而住，于两行渚中有五百城”。从经意看，可洪所言颇为精当，但其所见经文可能有脱文。

（3）指出脱文及被注词所在的正确位置。

诸寺馁：下奴罪反，饿也。此句内少字。（卷28：490a）

按，此处所释为《续高僧传》卷二四，今本大正藏（T50：636b）作“诸寺饥馁，烟火不续”，佛典中“馁”一般不单用，所以可洪说“句内少字”。

蚕蜣蜋：上自南反，中丘羊反，下力羊反。此二字在“他陀”二字中间也。（卷4：681b）

按，所释词见《大般涅槃经》卷八，大正藏作“他者名愚痴义，众生流转，生死缠裹，如蚕蜣蜋，是故名也。陀者名曰大施，所谓大乘是故名陀。”（T12：413c）“他、陀”为梵文字母ta、da，被释词出现在解释根本字“他、陀”两个字母中间。

（原载徐时仪、陈五云、梁晓虹编《佛经音义研究——首届佛经音义研究国际学术研讨会论文集》，上海古籍出版社2006年）

第六部分
其他

《高僧传》标点指误

《高僧传》是中古时期的一部重要文献，它对佛教研究的价值人所共知，对研究中古汉语的词汇、语法也有重要作用。汤用彤先生的校注本（中华书局1992年版）是我们今天见到的最好的版本，但是书标点失误较多，汪维辉、董志翘二先生已著文揭而出之（文载《古籍整理研究学刊》1997年第3期、1999年第1期）。然笔者在研读此书时，发现除汪、董二文揭示的误断之外，还有不少值得商榷之处。今按致误之由分类表而出之，以就教于博达君子。

1　不明专名而误例

善风仪，解《大、小乘经》，常游化为任。（卷一，汉洛阳白马寺摄摩腾，第1页）

第页乃弃舍世荣，出家精苦，诵《大、小乘经》及诸部《毗尼》。（卷一，魏洛阳昙柯迦罗，第13页）

按，大、小乘是印度佛教的两个基本流派，宣扬其教义的经典被称为大乘经、小乘经，它们不是书名。毗尼，梵文vinaya音译，又译毗奈耶，汉译为调伏、律，是所谓的三藏（经、律、论）之一，指佛所制定的戒律，它也不是书名。佛教基本戒律分为五部，所以说“诸部毗尼”。两例中的书名号均应去掉。卷七《释道温传》：“善大乘经，兼明数论。”（第287页）卷十四《序录》：“弘赞毗尼，则禁行清洁。”（第525页）不把“大乘经”、“毗尼”当作书名，是。另，“出家精苦”不成句，“出家”当属上，“精苦”属下，去掉逗号。

于是宣译众经，改胡为汉，出《安般守意》、《阴持入》、《大》、

《小》、《十二门》及《百六十品》。(卷一,汉洛阳安清,第5页)

按,据《祐录》(《出三藏记集》,下同)卷二"安世高译经目录",内有《大十二门经》、《小十二门经》,则句中应标作《大、小十二门》。

乃呼十方佛祖,前身罪缘,欢喜毕对,愿从此以后,与辅为善知识,无令受杀人之罪。(卷一,晋长安帛远,第26页)

按,佛教把一切方位中的佛即所有的佛称为十方佛,又叫十方诸佛,但不称十方佛祖,"佛祖"是一个很晚的说法,如卷三《求那跋陀传》:"可同心并力念十方佛,称观世音,何往不感。"此句应标作:乃呼十方佛:"祖(帛远字法祖)……杀人之罪。"

其先后所出《观佛三昧海》六卷,《泥洹》及《修行方便论》等,凡一十五部。(卷二,晋京师道场寺佛驮跋陀罗,第73页)

按,"六卷"当属下。据《祐录》卷二,《观佛三昧海》为八卷,《泥洹》(即《般泥洹经》)有七个译本,卷数均不相同,惟佛驮跋陀罗与法显译本为六卷;《六卷泥洹经记》亦云是佛驮跋陀罗所译。本书卷七《竺道生传》云:"六卷《泥洹》先至京师"(第256页),是为明证。

以常持《心梵经》,空理幽远,故偏加讲说。(卷四,晋豫章山康僧渊,第151页)

按,宋元明藏"以常"作"常以","梵"下有"天"字,是。佛藏无《心梵经》,当是《持心梵天经》,后鸠摩罗什改译作《思益经》,见《祐录》卷八。校著沿底本"以常"之讹,误以"常持"连文,谬甚。"持"当置书名号内。

其间比对,则兰护开潜。渊遁崇邃,皆亚迹黄中。或不测人也。(卷七,宋京师东安寺释慧严,第261页)

按，本书校例，人名下均加直线，此处脱。“兰护开潜”分别指于法兰、竺法护、于法开、竺法潜；“渊遁崇邃”分别指支法渊、支遁、竺法崇、于道邃。人名后宜用顿号断开。

说一切姓皆得受戒，名萨婆，若帝婆，即萨婆多也。（卷十一，明律论，第442页）

按，“萨婆，若帝婆”不应断开，这是一个音译词，又译萨婆谛婆、萨婆多，即说一切有部。宋元明藏无“若帝婆”，是。

原夫梵呗之起，亦兆自陈思。始著《太子颂》及《睒颂》等，因为之制声。吐纳抑扬，并法神授。今之皇皇顾惟，盖其风烈也。其后居士支谦，亦传梦呗三契，皆堙没而不存。世有共议一章，恐或谦之余则也。唯康僧会所造《泥洹》梵呗，于今尚传。即敬谒一契，文出双卷《泥洹》，故曰泥洹呗也。爰至晋世，有高座法师初传觅历。今之行地印文，即其法也。籥公所造六言，即大慈哀愍一契，于今时有作者。近有西凉州呗，源出关右，而流于晋阳，今之面如满月是也。凡此诸曲，并制出名师。（卷十三，经师论，第508-509页）

按，文中罗列的是佛教呗赞乐曲的渊源流变情况，从最后一句话来看，“皇皇顾惟、共议、敬谒、大慈哀愍、面如满月”均是佛曲名，应加书名号，“尚传”下应改为逗号。另，本书卷一《祐录》卷十三《（帛）尸梨蜜传》均云蜜“授弟子觅历高声梵呗，传响于今”，《祐录》卷十二引《经呗导师集》卷六有觅历《高声梵记》，据此，“觅历”也应加书名号（下面句号改逗号），是以“觅历”代表“觅历高声梵记”。

齐竟陵文宣王《三宝记》传，或称佛史，或号僧录。（卷十四，序录，第524页）

按，“传”当在书名号内，书末《索引》正是作《三宝记传》。

初元嘉三年徐州刺史王仲德，于彭城请外国伊叶波罗译出《杂心》，至择品而缘碍，遂辍。（卷三，宋京师祇洹寺求那跋摩，第108页）

按，《杂心》即《杂柯毗昙心论》，十一卷，第十卷名《择品》，所以上文“择品”应加书名号。

2 不明词义、句义而误例

安公以为若及面禀，不异见圣，列代明德，咸赞而思焉。（卷一，汉洛阳安清，第7页）

按，前两句是表明道安对安世高的无限崇敬之情；后两句是说后人对世高传译佛典的赞叹与思念。前后主语不同，所述各有侧重，“圣”下逗号当改为句号。

去月发江陵，在道多诸恶情，迟兼常，本冀经过相见。（卷六，晋庐山释慧远，第221页）

按，“情”当属下。“迟”表思义，“情迟”指内心的想望、思念。“兼常”指倍常，超过平常。如卷四《竺法潜传》：“尊重挹服，顶戴兼常，迄乎龙飞，虔礼弥笃。”（第156页）《支遁传》：“思君日积，计辰倾迟，知欲还剡自治，甚以怅然。”（第160页）

近见颜延之《推达性论》，宗炳《难白黑论》，明佛汪汪，尤为名理并足，开奖人意。（卷七，宋京师东安寺释慧严，第261页）

按，本书在并列叙述两个人或物后，常用“并”字作结，如卷七《释昙斌传》：“时庄严复有昙济、昙宗，并以学业才力见重一时。”（第291页）卷八《释慧集传》：“三藏方等，并皆综达。”（第341页）句中“开奖人意”是对颜、宗二文的总评，“并足”当属下。

至月十五日，度为设会，尚又来，同众礼拜，行道受戒而去。（卷八，齐琅琊嵎山释法度，第331页）

按，“行道”当属上，它是指法会进行时，以右肩对着佛像并围着佛像转圈，表示对佛的礼拜供养。它与礼拜均是在受戒前进行的一种仪式。卷七《释慧义》：“便至心烧香行道。”（第266页）正是此义。

陶练众经，而独步于《涅槃》、《成实》。讲说徒众，常数百余人。（卷八，梁山阴云门山寺释智顺，第335页）

按，“独步”指独一无二，最擅长，其对象是“讲说”，而非《涅槃》、《成实》，“讲说徒众”亦不成文。后两句当标作：而独步于《涅槃》、《成实》讲说，徒众常数百人。

远公既限以虎溪，安师乃更同辇。舆夫高尚之道，如有惑焉。（卷八，义解论，第343页）

按，这句是说慧远、道安德行为天下所宗，而慧远隐居庐山，从不出虎溪以远，道安却与苻坚同辇舆，出入王宫，对比如此鲜明，让人对“高尚之道”迷惑不解。“舆”当属上，此字元本、明本作“舆”，校者大概以“舆”字为是，故将其断为下句，致使文义扞格。从骈体文句式看，“舆”字为长，两句均为七言，句式相对，文义更顺。

时河南有二僧，虽形为沙门，而权侔伪相。恣情乖律，颇忌学僧，昙无毗既西返舍夷。二僧乃向河南王世子曼谗构玄高。（卷十一，宋伪魏平城释玄高，第410页）

按，“既”表已经完成义，一般要求有下文，叙述相关的另一件事。据此，“学僧”下应改句号，“舍夷”下改为逗号。

3 引言起止而误例

什答书曰:“(略)可备法物之数也,并遗偈一章曰:‘(略)幸愿示其要。’”远重与罗什书曰:“(略)欲取决于君耳。并报偈一章曰:‘(略)相与期暮岁。’”(卷六,晋庐山释慧远,第217页)

按,“并遗偈一章”、“并报偈一章”是典型的叙述语,而非信中的话,文中用“并”字可证,“并”连接的是“书”和“偈”,表明两人既相互回信,又互赠偈语示怀。此句当改作:什答书曰:“(略)可备法物之数也。”并遗偈一章曰:“(略)幸愿示其要。”远重与罗什书曰:“(略)欲取决于君耳。”并报偈一章曰:“(略)相与期暮岁。”卷四《竺僧度传》第174页的类似句式正是如此标点。

慧预告弟子曰:“吾宿对寻至,诫劝眷属令勤修福善。”尔后二日,果收而刑之,春秋五十八矣。(卷十,晋襄阳竺法慧,第371-372页)

按,从上下文看,“诫劝眷属令勤修福善”并非法慧说的话,而是一句叙述语,因此句中后引号当至“寻至”止,“至”下逗号改为句号。

明旦见人著单衣袷来,曰:“此乃仆之所居,昨行不在家中,遂至搔动,大深愧怍。”猷曰:“若是君室,请以相还。”神曰:“仆家室已移,请留令住。”猷停少时。(卷十一,晋始丰赤城山竺昙猷,第404页)

按,“令住”是叙述语,非神所说之言,所以下文说“停少时”。后两句应标作:神曰:“仆家室已移,请留。”令住,猷停少时。

4 引言失标例

开尝使威出都,经过山阴,支遁正讲《小品》。开语威言,道林

讲，比汝至，当至某品中，示语攻难数十番。云："此中旧难通。"（卷四，晋剡白山于法开，第168页）

按，此句标点，颇扞格难通。法开与支遁（道林）对《小品》的理解不同，所以示意弟子法威前去发难，下文因云："威既至郡，正值遁讲，果如开言，往复多番，遁遂屈。"从文义看，"道林讲……某品中"是法开对法威说的话，后半应标作：开语威言："道林讲，比汝至，当至某品中。"示语攻难数十番，云："此中旧难通。"

后刘思考临州，大设法祀，请汪讲说，乃应请。或问法师常誓守靖，何以亏节，答曰："刘公笃信，方欲大法凭之，何辞小劳耶。"（卷七，宋蜀武担寺释道汪，第283-284页）

按，问答对举，答用引号，问后亦当视为引言：或问："法师常誓守靖，何以亏节？"

焘乃梦见其祖及父，皆执剑烈威，问汝何故信谗言，枉疑太子。（卷十一，宋伪魏平城释玄高，第411页）

按，句中用"汝"，则"问"后当为引言，应标作：问："汝何故信谗言，枉疑太子？"

愿后出，憩在湘宫。銮驾自幸，降寺省慰。愿云脚疾未消，不堪相见，帝乃转跸而去。（卷十三，齐正胜寺释法愿，第518页）

按，这句是说法愿受到齐武帝的隆礼厚待，"云"后当加冒号、引号，"相见"后改为句号，加后引号。

5 当断不断、不当断而断例

（安世高）遂达会稽。至便入市，正值市中有乱相打者，误著高头，应时殒命。（卷一，汉洛阳安清，第6页）

按，安世高在市中碰到的是“有乱”，以致被“相打者”误中其头而丧命。此句《祐录》作：至便入市，正值市有斗者，乱相殴击，误中世高，应时命终。”所以“相打者”当属下，做“误著”的主语。

后桓玄征殷仲堪军经庐山，要(慧)远出虎溪，远称疾不堪，玄自入山。(卷六，晋庐山释慧远，第219页)

按，“征”后出现人名时，一般不接“军”字，“仲堪”后宜加逗号，否则会产生歧义。

所著论序铭赞诗书集为十卷，五十余篇，见重于世。(同上，第222页)

按，论、序、铭、赞、诗、书，皆为文体名，“集”为动词，指这些著作可汇集为十卷，“书”后当逗号，否则易将“集”误为文体名。

(慧观)著《辩宗论》、《论顿悟渐悟义》及《十喻序赞》诸经序等，皆传于世。(卷七，宋京师道场寺释慧观，第265页)

按，“诸经序”是与前面三文相并列的著作，据《祐录》载，慧观著有《修行地不净观经序》、《胜鬘经序》。“诸经”前应加顿号，“序”可加书名号。

(昙谛)后随父之樊、邓，遇见关中僧䂮道人，忽唤䂮名，(略)谛曰：“向者忽言阿上，是谛沙弥，为众僧采菜，被野猪所伤，不觉失声耳。”䂮经为弘觉法师弟子，为僧采菜，被野猪所伤。(略)䂮乃悟而泣曰：“即先师弘觉法师也。师经为姚苌讲《法华》，贫道为都讲，姚苌饷师二物，今遂在此。追计弘觉舍命，正是寄物之日。复忆采菜之事，弥深悲仰。”(卷七，宋吴虎丘山释昙谛，第279页)

按，前文说昙谛前身是弘觉，弘觉投胎前曾以麈尾与书镇寄与谛母。昙谛见到僧䂮，不禁想起前身被虎所伤之时喊僧䂮的事。故“沙弥”后不应断开。另，佛徒一般不直呼师名，所以“追计”以下不当为僧碧所说，后引号当至“在此”处止。

（原载《古籍研究》2001年第2期第11-14页）

附　录

唐代的梵汉对音材料及其研究

唐代的域外对音材料主要有梵汉对音、藏汉对音，古代西域或中亚地区的民族语言如于阗文、突厥文、回鹘文也包含了一些对音材料，另外日译汉音大概也可以归入对音材料，其中数量最丰富的是梵汉对音。

唐代译经事业很发达，翻译质量也被公认为是最好的。究其原因，汤用彤《隋唐佛教史稿》认为有四个方面："一人材之优美；二原本之完备；三译场组织之精密；四翻译律例之进步。"说的是译经人才水平高超，华梵兼美；经文梵本多系汉人直接携自西方，主要是于阗、天竺，没有经过中间媒介；有专设的译场组织，翻译程式与条例更加完备。这也就决定了唐代的梵汉对音材料的特点：数量大；质量高；译音准确度高；反映的语音现象多而广。

1 唐代梵汉对音的研究材料

梵汉对音研究主要材料是经文中的音译术语和音译密咒，唐代亦不例外。根据《大正藏》统计，唐代共译经486部，2425卷。

1.1 音译术语

佛典翻译的专有名词术语，在唐代以前的译经中基本上都出现了。这些词是否音译，前代并没有统一的规定，对此，玄奘提出了"五不翻"理论："一秘密故，如陀罗尼。二含多义故，如薄伽梵具六义。三此无故，如阎浮树，中夏实无此木。四顺古故，如阿耨菩提，非不可翻，而摩腾以来常存梵音。五生善故，如般若尊重智慧轻浅。"（周敦义《翻译名义集序》，T54：1055a）它包含了五种情况下要采用音译：第一是咒语即陀罗尼不翻译；第二是一词多义或者含义复杂的概念不翻译；

第三是原典中的词所代表的事物中国没有则不翻译；第四是前代翻译且历代沿用，即已经约定俗成的不重新翻译；第五是能引发善心但只可意会不可言传的词不翻译。

这五条原则对后世翻译实践影响很大。后四条都是术语翻译的问题，其中，第二、三、五条是新译，第四是沿用。正因为有这些音译，梵汉对音才成为可能。不过，从音韵学研究的角度来说，既然是沿用前代翻译形式，那么，音译术语还有语音研究的价值吗？先看《大唐西域记》卷一（T51：869a）的一条材料：

海中可居者，大略有四洲焉：东毗提诃洲旧曰弗婆提，又曰弗于逮，讹也、南赡部洲旧曰阎浮提洲，又曰剡浮洲，讹也、西瞿陀尼洲旧曰瞿耶尼，又曰的（劬）伽尼，讹也、北拘卢洲旧曰欝单越，又曰鸠楼，讹也。

玄奘在旧译中选择一条自己认为合适的译音或重新翻译，然后再用小注说明其他的译音形式，不过这些旧译在他看来是“讹”，是错误的。在今天看来，实际上是汉语语音发生了变化，旧的译音形式已经与梵文不能匹配。再看《慧琳音义》卷一（T54：313b）的一条注释：

耆阇崛山（gṛdhrakūṭa）：正梵音云纥哩二合驮啰二合屈吒，唐云鹫峰山。

新罗憬兴《三弥勒经疏》（T38：305b）云：

弥勒者，亦名弥帝隶者，古所传皆讹也，今正梵音云梅怛利耶，此云为慈。

唐·智俨《佛说金刚般若波罗蜜经略疏》卷上（T33：239c）云：

《佛说金刚般若波罗蜜经》，元魏三藏留支译。[音释]琳音云：正梵音嚩折罗（vajra），此翻云金刚。般若：般，本梵音云钵啰二合，啰取罗字上声兼转舌，其二合者，两字各取半音合为一声。古云般者，讹略也；若而者反：正梵音枳音鸡以反娘取上声二合，合为一声《守护国界经呪》

云：枳娘，唐言智慧，或云正了知。古云若，略也。波罗蜜：波，正梵音应云播波箇反引声；罗，正梵音应云啰取罗上声转舌呼之；蜜多，正云弭多弭迷以反。具足应言嚩折啰钵啰二合枳娘二合播罗弭多素怛缆（prājñāpāramitāsūtra）。

《玄应音义》卷三（C56：854c）云：

萨婆若（sarva-jña）：又言萨芸然，或云萨婆若，皆讹也，正言萨伐若，此译云一切智也。

澄观《大方广佛华严经随疏演义钞》卷5（T36：36c）

毘奈耶（vinaya）藏……若敌对翻，正称为律。若素律师疏云：梵曰毘尼，或云鞞泥迦，毘那耶，鼻那夜。此等皆由梵音轻重不同，传有讹略，不得正名，正曰毘奈耶，此云调伏。（T36：36c）

在列出旧的译音形式的同时，为表明旧的译音形式已经不合时宜，所以给出"正梵音""正云/曰/言"，即自己认为正确的译音形式。由此可见，即使是沿译，唐人大都给出了他们认为是译音正确的形式，仍是我们考察唐代语音的重要材料。

1.2 咒　语

在我们今天见到的汉译经文里，咒语一般是不翻译的，其原因是只有保持梵音，才能收其功效。只要把音念正确，就有不可思议的境界，而咒语的真实含义，普通人则不需要详知。如梵语 oṃ mani padme hūṃ，音译作"唵嘛呢叭咪吽、嗡嘛呢呗咪吽、唵么抳钵讷铭吽、唵摩尼钵头迷吽"等，它是密教的重要咒语，又称观世音菩萨心咒，诵读的人很多，但知道其含义（归命莲华上之宝珠）的人甚少。

从音韵学研究来看，与音译术语不同的是，咒语的利用有比较大的限制。经文的梵文原典多数亡佚，因而汉译咒文的原文多数已经不得而知。今天在《大正藏》中能见到的约略有以下几类：

（1）汉译密教经典中的梵汉双出形式，汉译同时保留了原典形式。如：

《金刚顶经毘卢遮那百八尊法身契印》一卷，善无畏、一行译，刊于大正藏十八册(331-335页)，底本是缩册大藏经，正文咒语梵汉对照。

《苏悉地羯罗供养法》，善无畏译，见于大正藏十八册(No.894)，大正藏收有两个版本：一是三卷本(692-704页)，底本是高丽藏，咒文不附梵文；另一为两卷本(704-718页)，底本是天喜三年(1055)写高山寺藏本，咒语均为汉梵对照。

《金刚峰楼阁一切瑜伽瑜祇经》二卷，金刚智译，刊于大正藏第十八册(253-269页)，经中咒语梵汉双书，梵文音节后附汉译。

《尊胜佛顶修瑜伽法轨仪》二卷，善无畏译，底本享保年间(1716—1735)刊丰山大学刊本，见大正藏第十九册No.973；卷上正文有梵汉对照尊胜佛顶真言(372a-373a)，共55句，卷末另附宽治八年(1094)写仁和寺藏本汉译以及灵云寺版普通真言藏本梵咒。另有别本：底本东寺三密藏古写本；梵汉对照本。

(2)咒语所对的梵文附于文末。如：

《摄大毘卢遮那成佛神变加持经入莲华胎藏海会悲生曼荼罗广大念诵仪轨供养方便会》三卷，输婆迦罗译，一行笔授，宝月译语；刊于大正藏第十八册(No.850，65-90页)，底本是正德元年(1711)丰山大学藏本。经中有189段咒语，经末附有这些咒语的梵文原文。

《孔雀经真言等梵本》，见大正藏第十九册(No.983B，441b-446b)，底本系高野山高野院藏本，并同时校以平安时代写石山寺藏本。汉译有不空《佛母大孔雀明王经》三卷，见大正藏十九册(No.982，415-439页)；义净《佛说大孔雀咒王经》三卷，见大正(No.985，459-476页)。

另外，可参考的还有：

房山石经收有一部咒语集成《释教最上乘秘密藏陀罗尼集》，前有行琳序，作于唐昭宗乾宁五年(898)，此书不见于刻本大藏经，今《中华藏》收于68册，编号为1619(500-675页)，可以参考。台湾林光明将其重新编排，增列梵文拉丁转写与悉昙字，改名为《房山明咒集》，2008年嘉丰出版社出版。

庄亲王允禄主持编纂的《御制满汉蒙古西番合璧大藏全咒》，汇编佛藏451部经中的10402咒，于乾隆三十八年(1773)刊行，中国书店2007年原版影印出版，台湾林光明2001年将其重编为《新编大藏全咒》，由嘉丰出版社出版，共18册。

稻谷祐宣校注《普通真言藏》，东方出版株式会社1979年/2008年版。

(3)拉丁文转写梵本。

大正藏不少咒文均附有拉丁转写梵文，大多以小注的形式出现，按正文中汉译顺序排列，如上文提到的不空译《佛母大孔雀明王经》(日人田久保周誉有梵文本《孔雀明王经》)、义净译《金光明最胜王经》(No.665)等等。藤枝晃《佛顶尊胜陀罗尼经》(见村田治郎编《居庸关》I，京都大学工学部，1957年)咒语梵文校定本，参考了汉、藏、梵、西夏、回鹘、八思巴文六体石刻。

这些原典咒文全部是以悉昙体书写，且大都源于日本的古写本。另外，简丰祺校注《古梵文佛教咒语全集》(佛陀教育基金会2007年)也可参考。中亚出土的梵文佛经写卷自十九世纪末开始整理出版以来，已经有很多成果问世，

除了上文所说的术语和密咒以外，主要还有下面几类：

1.3 藏经的文字品、字母品

这就是常说的圆明字轮或四十九根本字的译音。主要是(可查《佛藏子目引得》)：

(1)玄奘译《大般若波罗蜜多经》(660-663年)卷53(T5:302b)、卷415(T7:81c-82a)、卷490(T7:489b-490a)。

(2a)地婆诃罗译《方广大庄严经》卷4(683年，T3:559-560)。

(2b)地婆诃罗译《大方广佛华严经入法界品》(685年，T10:877)。

(3)实叉难陀译《大方广佛华严经》卷76(695-699年，T10:418)。

(4)菩提流志(572—727)《不空羂索神变真言经·不思议观陀罗尼真言品》卷14(T20:300a-c)。

(5a)善无畏、一行译《大毘卢遮那成佛神变加持经》卷6(724年，T18:10a，38c，41b，86b-c)。

(5b)善无畏、一行译《摄大毘卢遮那成佛神变加持经入莲华胎藏海会》(T18:82c-83a，83b-c)。

(6)一行译《大毘卢遮那成佛神变加持经疏》卷7、17、19(725年，T18:651c-656a，756b-c，774b-c)。

(7a)不空译《大方广佛华严经入法界品四十二字观门》(771年，

T19:707-708)。

(7b)不空译《文殊师利问经字母品第十四》(T14:509-510)。

(7c)不空译《瑜伽金刚顶经释字母品》(T18:338-339)。

(7d)不空译《大方广佛花严经入法界品顿证毘卢遮那法身字轮瑜伽仪轨》(T19:709)。

(8)惟谨译《大毗卢遮那经阿阇梨真实智品阿字观门》(T18:194a-c)。

(9a)般若、牟尼室利译《守护国界主陀罗尼经》卷3(790年,T19:534c-535a)。

(9b)般若译《大方广佛华严经》卷31(798年,T10:804-805)。

(10a)法全《大毘卢遮那成就仪轨》卷下(见《大毘卢遮那成佛神变加持经》卷二,T18:125a-b)。

(10b)法全《大毘卢遮那成佛神变加持经莲华胎藏菩提幢标帜普通真言藏广大成就瑜伽》卷中(T18,151b)。

另外见于经疏、音义、悉昙类著作:

(11)窥基(632—682)《瑜伽师地论略纂》卷1(T43:18b)。

(12a)唐澄观(738—839)《大方广佛华严经疏》(T35:953a-c)。

(12b)唐澄观(738—839)《大方广佛华严经随疏演义钞》(T36:435c,688a-692a)。

(13)玄应《一切经音义》卷2(贞观末649年)。

(14)义净《南海寄归内法传》(690—692年,引自《悉昙藏》卷2,T84:379c-380a)。

(15)慧苑《续华严经略疏刊定记》卷9(引自《悉昙藏》卷5,T84:408a-b)。

(16a)慧琳《一切经音义》卷5《大般若波罗蜜多经》(785—810年,T54:334c)。

(16b)慧琳《一切经音义》卷24《大方广佛华严经四十二字观门经》(459b)。

(17)智广(780—804?)《悉昙字记》(T54:1187-1188)。

(18a)日本空海《梵字悉昙字母释义》(T84:362a-c;363b-364a)。

(18b)空海(774—835)《梵字悉昙字母释义》(1卷)。

(19)全雅《手书悉昙》(引自《悉昙藏》卷5,T84:414a)。

(20)裴休(791—864)《裴氏文字》(引自《悉昙藏》卷5,T84:412a-b)。

(21)安然(842—935?)《悉昙藏》(8卷)、《悉昙十二例》(1卷)。

(22)玄昭(1132—1211)《悉昙略记》(1卷,成书于900年)。

(23)淳祐《悉昙集记》(3卷,成书于942年)。

(24)可洪《新集藏经音义随函录》卷4(681b-c)。

1.4 音义、经疏类著作

唐五代是佛典音义制作的高峰期,今天能见到的佛典音义除宋代处观《绍兴重雕大藏音》外,全是唐人所作,即玄应《一切经音义》、慧苑《华严经音义》、窥基《妙法莲华经音义》、云公《涅槃经音义》、慧琳《一切经音义》、希麟《续一切经音义》、可洪《新集藏经音义随函录》等。音义著作里解释了很多音译词,在解释的同时给出了作者认可的新译形式,这就成为研究当代语音的材料。

澄观、湛然的经疏很值得注意。

1.5 梵汉双语词汇集

大正藏里收录了几部梵汉对照词汇集,类似于现在的梵汉字典。主要有下面几部:

(1)义净《梵语千字文》,也有人认为是伪托,大正藏收有两个版本:No.2133A、B。A本唯有意译而无音译,B本有译注,末附悉昙体梵文兼音译,旁注汉译。内容包涵995个常用的梵字。俞敏先生有《梵语千字文校本》可参考。

(2)利言《梵语杂名》,No.2135(T54:1223a-1241b),释词1221条,有梵文和意译、音译。

(3)《唐梵两语双对集》,No.2136(T54:1241b-1243c),题作天竺僧人僧怛多蘗多和波罗瞿那弥舍沙合撰。内容次序与利言《梵语杂名》完全相同,但内容略少。无梵文,有音译和意译。周一良先生认为是"后人节钞利言的书,随意加上两个僧人的名字"。这两人在别处也无可考。译音所用汉字也大都和《杂名》相同。

(4)全真《唐梵文字》,No.2134(T54:1216b-1223a),有梵文、意译,无音译。收录1117个字,除去最后四百字外,与义净《千字文》完全相同,而略有省减。

2　唐代梵汉对音的特点

唐代僧人的梵汉对音，较之前代，底本纯用梵文，译音条例更加严格、规范，技巧更加娴熟。总体说来，玄宗以前的译音基本上承袭了前代译音的原则规范，但到玄宗以后，佛典翻译主要以密教经典为主，出现了一大批密教翻译名家，代表人物是“开元三大士”善无畏、金刚智、不空，其中又以不空声名最著。密教经典多咒语，音译数量庞大，对汉语音译的处理彻底打破了前代相沿已久的传统和规范，出现了与前代迥然不同的格局，这就是所谓的“不空学派”，具体差别见下表(参聂鸿音1985)：

梵文	汉译	
	不空以前	不空以后
短元音/长元音	不定	上声//去声
c组辅音	章组	精组
j-	船组、禅组	日组
不送气浊塞辅音	全浊声母	鼻声母
送气浊塞辅音	全浊声母	全浊声母去声字
鼻音＋a、i、e	开音节	带舌根鼻音尾的闭音节
v-	並组，少数微组	微组

不空前后的这种译音差别只是相对而言，并不是绝对的，也有个别交错的现象。梵文c组辅音在不空以前对汉语章组字，不空以后用精组字对，但初唐的译经大家地婆诃罗、玄奘、义净等人译经中亦偶见用汉语精组对译梵文c组的。这种现象可能不是突发的，而是渐进的。如何认识“不空学派”的这种对音特点，各家的看法并不一致，但大体上可以归纳为两点：第一，源于印度密宗某个教派的梵文读音或者来自梵文方音；第二，它真实地反映了汉语语音的变化。

3　唐代梵汉对音的研究视角

近九十年来，学界对唐代的梵汉对音材料进行了全方位的深入研究，开风气之先者是法国学者马伯乐的《唐代长安方言考》，此文借助不空密咒的译音系统考察了八世纪唐代长安的语音系统。此后，唐代的梵汉对音材料成为学者考证唐代音系的重要佐证材料，包括声韵调系统。从利用材料的角度来说，其研究可以分成以下几端：

第一，全面考察某个僧人译经的译经系统，通过归纳整理这个僧人的全部译音材料，勾勒僧人方音的声韵调系统。代表作有：施向东《玄奘译音中的梵汉对音和唐初中原方音》；聂鸿音《慧琳译音研究》；刘广和《不空译咒梵汉对音研究》；柯蔚南《义净梵汉对音探讨》。

第二，利用梵汉对音资料来论证《切韵》或者断代音系的某些语音特点。陆志韦《试拟切韵声母之韵值并论唐代长安语之声母》、水谷真成《唐代汉语语头鼻音的denasalization过程》均利用了梵汉对音资料考证全浊声母鼻音化的始见年代；李荣《切韵音系》、邵荣芬《切韵研究》、麦耘《利用梵汉对音构拟〈切韵〉遇流二摄元音》等论著均曾利用对音论证《切韵》的拟音。

第三，利用悉昙资料和某些音节的具体对音探讨四声的音长、音高等。如：平山久雄《安然〈悉昙藏〉里关于唐代声调的记载》、《日僧安然〈悉昙藏〉里关于唐代声调的记载——调值问题》；尉迟治平《日本悉昙家所传古汉语调值》。

第四，研究某些具体问题。王邦维《玄奘的梵音"四十七言"和义净的"四十九字"》、刘广和《〈圆明字轮四十二字诸经译文异同表〉梵汉对音考订》是讨论根本字的对音问题；刘广和《介音问题的梵汉对音研究》利用对音材料讨论介音问题，认为重纽三等有[r]介音，四等有[i]介音，指出不空对音纯四等字可以对梵文有-y-的音节，但是没有讨论纯四等字对梵文没有-y-的音节的情况，也没有对梵文字母表中用纯四等字对-e的现象作出解释。

4 唐代梵汉对音有待研究的课题

第一，唐代梵汉对音的语音基础。

译经用什么语言，关系到对对音音系性质的认识；在长安译经是否就是用长安方音来翻译？在敦煌、洛阳译经就是用敦煌、洛阳方音吗？译经者若是汉人，就一定要用他自己的方音来翻译吗？如果真是这样，佛教的传播也就成了一纸空谈了。

传教的目的，无非是希望教义广泛传播，家喻户晓，不分老幼，不论贤愚，能看得懂，能听得明白，这就要求传教文本语言通俗易懂，这也是佛教文本接近口语的原因；至于咒语，由于大部分的咒语都没有意义，所以只能用音译。念咒时要求发音正确，才能获得最好的结果。基于传教的目的，咒语的翻译也势必不会用某地的方音去译音，否则有违佛教普度众生的理念。这从明代以来西方传教士一些传教活动的记载可以得到印证。

除早期外，中国历代译经向来都不是个体行为，都有专门的翻译场地及组织，朝廷面向各地征召硕学大德参与译经，如来自外地，他们的方言习惯就有可能与译主不同，而且也不一定会说译经地的方音。

所以说，译经语言用通语而不用方言；唐代译经非个人行为而是政府行为，决定了翻译不会选择方言。刘广和先生与尉迟治平先生曾辩论过周隋京师与玄奘、义净、不空译音系统是否反映长安、洛阳方言的问题，争论的视角放在空间因素上，如果我们从时间因素上来考虑，可能比较容易理解隋唐译音系统为何不同。

第二，圆明字轮与四十九根本字对音研究。

圆明字轮出自《般若经》、《华严经》，将梵文的42个字母(其中有11个复辅音音节：ṣṭa、sva、kṣa、sta、rtha、sma、hva、tsa、ska、ysa、śca)排成圆轮，通过字义阐述佛理。最早见于竺法护于西晋太康七年(286)译《光赞经·摩诃般若波罗密观品》。四十九根本字主要是解释梵文49个字母，分布范围很广，首见于法显译于刘宋义熙十三年(417)《佛说大般泥洹经·文字品》(T12：887-8)。而分布于密教经典里的某些根本字材料颇具悉昙性质。根据我们统计，这两类材料唐代至少有44种以上，对考察某些语音的变化、构拟声母与韵母有重要作用。

第三，僧人个体译音研究。

唐代重要的译经家如玄奘、不空、义净等人的梵汉对音已有了研究成果，次要的译者如地婆诃罗、菩提流志、宝思惟、金刚智与善无畏等人译经中的梵汉对音尚无人探讨，值得做进一步的研究。

第四，唐代梵汉对音与藏汉对音比较研究。

唐代梵汉对音的一些重要语音特点在韵书和其他音注资料里没有或者极少反映，但是却和藏汉对音、回鹘对音以及宋代的西夏对音相一致，为何如此，马伯乐、罗常培、刘广和、聂鸿音等先生都曾进行过解释，但仔细考察唐代的对音材料，这些解释都存在这样那样的破绽或漏洞，因此还值得深入考察。

藏汉对音的材料，分为对音本和音译本，主要见于敦煌遗书和碑铭，可以参考罗常培《唐五代西北方音》（收5种），高田时雄《基于敦煌资料的汉语史研究——九、十世纪的河西方言》（收14种），李方桂、柯蔚南《古代西藏碑文研究》，周季文、谢后芳《敦煌吐蕃汉藏对音字汇》（收18种）。目前材料收集最齐全的是周季文、谢后芳《敦煌吐蕃汉藏对音字汇》，共收18种材料，字次数达到7689个（含重复）。使用这本书的材料要注意：材料基本转自他人，没有核对底卷，辨识与校勘方面问题不少，一定要尽可能核对原底卷照片。

回鹘文对音，主要有回鹘文译本《玄奘传》，见聂鸿音《回鹘文〈玄奘传〉中的汉字古音》；夏汉对音材料可参考李范文《宋代西北方音》、龚煌城《汉藏语研究论文集》。这些西域材料还可参考冯承钧先生翻译的《西域南海史地考证译丛》。

详细比较两类对音材料所反映的语音系统，归纳其异同，可以帮助我们更好地认识所谓唐五代西北方音。可参考马伯乐《唐代长安方言考》、柯蔚南《唐代西北方言声母札记》《韵母札记》。

第五，不空系统的流变研究。

梵文全浊不送气辅音对汉语鼻音声母、送气辅音对汉语全浊声母，那么汉语鼻音声母是否有两套、全浊声母是否送气？c组辅音多数对精组，但也有部分字仍然对章组、某些梵文开音节对汉语的带后鼻音韵尾音节（主要是宕、梗、曾摄）等等不空流派的译音，根据我们考察，这些现象在不空以前的译经中也偶有出现，不过数量较少，而且密教译经内部也存在差异，但具体情形不得而知。

第六，唐代梵汉对音与日译汉音比较研究。

日语译音有上古音、吴音、汉音、唐宋音五种，同是唐代的《古事记》（712）、《万叶集》（759年后）用的是吴音，而后于《古事记》8年的《日本书纪》（720）却用的是汉音（藤堂明保1957）。将日本的汉字音与梵汉对音成果进行比较，可能有助于我们更好地认识唐代的通语及方音。

第七，唐代梵汉对音的译音规范研究。

对音包括三个方面：悉昙章、术语、密咒，三者的翻译有同有异。

大致而言，唐代以前已经大致形成一个约定俗成的译音条例，不过缺少系统的归纳整理。到唐代，改变旧译成为风气，代表人物是玄奘、不空。改变的方式方法有待进一步研究，可参考尉迟治平《论五种不翻》。另外，黑水城出土文献里有西夏人用汉语翻译的密教经典，对我们研究译音条例很有参考价值。

第八，唐代与前代或唐代内部的同经异译研究。

《金光明经》，有北凉昙无谶译本、北周阇那崛多译本、梁真谛译本、唐义净译本，隋宝贵将前三位所译合编成《合部金光明经》。

《孔雀王咒经》，姚秦鸠摩罗什、梁僧伽婆罗、唐义净、不空都翻译过，大正藏还收有两个失译本。

《大方广佛华严经》，有东晋佛驮跋陀罗、唐实叉难陀、般若三个译本。

这些同经异译经典的对音系统如能放在一起进行历时比较，应该是一个可以挖掘的研究领域。

梵汉对音研究论著目录

说明：本目录以梵汉对音研究为主，兼收与之关系密切的藏文、回鹘文、突厥文、西夏文对音研究文献，以及日译吴音、汉音与朝鲜、越南汉字音研究文献。

1. 阿斯姆森：《前伊斯兰时代中亚粟特语和回鹘突厥语基督教文献概述》，陈怀宇译，《国际汉学》第4辑，大象出版社1999年。

2. 阿伊达尔·米尔卡马力：《从敦煌出土回鹘文佛教文献看汉语对回鹘文佛典语言的影响》，新疆大学博士论文2007年。

3. 白鸟库吉：《东胡民族考》，方壮猷译，商务印书馆1934年。

4. 榜迦德·列文、沃罗巴耶娃·吉斯雅托夫斯卡雅：《新疆出土梵文佛典及其相关问题》，王新青、杨富学译，《佛学研究》2004年。

5. 榜迦德·列文、沃罗巴耶娃·吉斯雅托夫斯卡雅：《新疆发现的梵文佛典》，王新青、杨富学译，《吐鲁番学研究》2008年第2期。

6. 伯希和：《中国载籍中之梵衍那》，见《西域南海史地考证译丛》第1编，冯承钧译，商务印书馆1995年。

7. 伯希和：《梵衍那考补注》，见《西域南海史地考证译丛》第5编，冯承钧译，商务印书馆1995年。

8. 伯希和：《塞语中之若干西域地名》，见《西域南海史地考证译丛》第2编，冯承钧译，商务印书馆1995年。

9. 伯希和：《汉译突厥名称之起源》，见《西域南海史地考证译丛》第2编，冯承钧译，商务印书馆1995年。

10. 伯希和：《畏吾儿文残卷中之地名》，见《西域南海史地考证译丛》第5编，冯承钧译，商务印书馆1995年。

11. 伯希和：《突厥语与蒙古语中之驿站》，见《西域南海史地考证译丛》第5编，冯承钧译，商务印书馆1995年。

12. 伯希和:《中亚史地丛考》,见《西域南海史地考证译丛》第5编,冯承钧译,商务印书馆1995年。

13. 伯希和:《高昌和州火州哈喇和卓考》,见《西域南海史地考证译丛》第7编,冯承钧译,商务印书馆1995年。

14. 伯希和:《吐谷浑为蒙古语系人种说》,见《西域南海史地考证译丛》第7编,冯承钧译,商务印书馆1995年。

15. 蔡奇林:《巴利学引论:早期印度佛典语言与佛教文献之研究》,台湾学生书局2008年。

16. 蔡耀明:《吉尔吉特(Gilgit)梵文佛典写本的出土与佛教研究》,《正观》2000年第13期。

17. 蔡瑛纯:《李朝朝汉对音研究》,北京大学出版社2002年。

18. 陈观胜:《佛经翻译中几个问题》,《清华学报》1960年第2卷第1期。

19. 陈明:《梵汉本〈阿阇世王经〉初探》,《新疆师范大学学报》2003年第4期。

20. 陈明:《敦煌出土的梵文于阗文双语医典〈耆婆书〉》,《中国科技史料》2001年第1期。

21. 陈明(Chen Ming): *The Transmission of Indian Ayurvedic Doctrines in Medieaval China: A Case Study of Aṣṭāṅga and Tridosa Fragments from the Silk Road*, *Annual Report of The International Research Institute for Advanced Buddhology*, *Vol.IX*, 2005。

22. 陈淑芬:《汉语中梵文外来语之研究》,《清华学报(新)》2000年第30卷第3期。

23. 陈淑芬(Chen Shu-fen): *Rendition Techniques in the Chinese Translation of Sukhavati-vyuha*, *Linguistic Theory and English Teaching*. The Crane Publishing Co., 2001年。

24. 陈淑芬: *Vowel Length in Middle Chinese Based on Buddhist Sanskrit Transliteration*, *Languageand Linguistics*, 2003年第4期。

25. 陈淑芬: *Lexical Translation and Transliteration in the Diamond Sutra*, In Hsien-Chin Liou, Johanna Katchen & Hsu Wang (eds.), *Lingua Tsing-Hua: A 20th Anniversary Commemorative Anthology*. Taipei: Crane Publishing Co., LTD, 2003年。

26. 陈淑芬：*On Xuan-Zang's Transliterated Version of the Sanskrit Prajñāpramithdaya sūtra(Heart Sutra). Monumenta Serica*, 2004年第52期。

27. 陈淑芬：《三部梵语佛典的汉译技艺》(*Rendition Techniques in the Chinese Translation of three Sanskrit Buddhist Scriptures*)，Cambridge：Hardings Simpole，2004年。

28. 陈淑芬：*Dharmagupta' s Translation of the Diamond Sutra* (*Vajracchedik Prajñāpāramitāhrdaya-sūtra*)，In Raung-fu Chung，Hsien-Chin Liou，Jia-ling Hsu，and Dah-an Ho (eds.)，*On and Off Work：Festschrift in Honor of Professor Chin-Chuan Cheng on His 70th Birthday. Language and Linguistic Monograph Series Number W-7*.Taipei：Institute of Linguistics，Academia Sinica，2006年。

29. 陈寅恪：《四声三问》，《清华学报》1934年第2期。

30. 陈云龙：《梵汉对音中来纽对译t、ṭ、d、ḍ现象再探》，《古汉语研究》1992年第3期。

31. 陈云龙：《音韵与佛学研究浅谈》，《湛江师范学院学报》1994年第2期。

32. 陈云龙：《三国吴支谦等所译佛经中的梵汉对音研究导言》，见申小龙、李耀楠、赵世举主编《中国语言与中国文化论集》，香港亚太教育书局1993年。

33. 储泰松：《梵汉对音概说》，《古汉语研究》1995年第4期。

34. 储泰松：《鸠摩罗什译音研究(声母部分)》，《语言研究》(增刊)，1996年。

35. 储泰松：《施护译音研究》，见谢纪锋、刘广和主编《薪火编》，山西高校联合出版社1996年。

36. 储泰松：《梵汉对音与中古音研究》，《古汉语研究》1998年第1期。

37. 储泰松：《梵汉对音与上古音研究》，《南京师大学报》1999年第1期。

38. 储泰松：《鸠摩罗什译音的韵母研究》，《安徽师范大学学报》1999年第1期。

39. 储泰松：《"和尚"的语源及其形义的演变》，《语言研究》2002

年第1期。

40. 储泰松:《“毗岚”的流变及其相关问题》,《汉语史学报》(第二辑),2002年。

41. 储泰松:《唐代音义所见方音考》,《语言研究》2004年第2期。

42. 储泰松:《唐五代关中方音研究》,安徽大学出版社2005年。

43. 储泰松:《中古佛典翻译中的“吴音”》,《古汉语研究》2008年第2期。

44. 储泰松:《中古汉语里表示疼痛、惊讶的拟声词》,《合肥师范学院学报》2008年第4期。

45. 储泰松:《唐末以前音义文献中的“轻重”及其涵义》,见《中国音韵学——中国音韵学研究会南京研讨会论文集·2006》,南京大学出版社2008年。

46. 褚俊杰:《敦煌古藏文本〈般若心经〉研究:同藏文大藏经本、梵文本和汉文本的语词比较》,见《中国民族古文字研究》第3辑,天津古籍出版社1991年。

47. 船山彻文:《六朝佛典的翻译和编辑中存在的中国化问题》,杨金萍译,《法音》2014年第4期。

48. 丹尼尔·布歇(Daniel Boucher):《犍陀罗语与早期汉译佛经的再思考》,见朱庆之编《佛教汉语研究》,商务印书馆2009年。

49. 邓文彬:《中国古代语音研究的兴起与反切法和四声说的产生》,《西南民族大学学报》2004年第1期。

50. 狄原云来编:《汉译对照梵和大辞典》,东京讲谈社1986年。

51. 丁邦新:《上古阴声字具有辅音韵尾说补证》,见《丁邦新语言学论文集》,商务印书馆1998年。

52. 丁邦新:《汉语声调源于韵尾说之检讨》,《汉学会议论文集·语言文字组》,台湾“中央研究院”1981年。

53. 丁邦新:《平仄新考》,《史语所集刊》1975年47本第1分。

54. 丁锋:《琉汉对音与明代官话音研究》,中国社会科学出版社1995年。

55. 丁锋:《慧琳改订玄应反切声类考——兼论唐代长安声母演变过程》,见《音史新论——庆祝邵荣芬先生八十寿辰学术论文集》,学苑出版社2005年。

56. 丁锋:《慧琳改译玄应反切反映的唐代长安声调状况》,《汉语史学报》第6辑,上海教育出版社2006年。

57. 段晴、李建强:《悉昙"字本"说源》,《语言学论丛》第32辑,商务印书馆2006年。

58. 范淑玲:《日语上代、中古音韵与汉语中古音的比较研究》,山东大学博士论文2009年。

59. 方壮猷:《匈奴语言考》,《国学季刊》1930年第2卷,又见林幹《匈奴史论文选集》,中华书局1983年。

60. 方壮猷:《鲜卑语言考》,燕京大学1930年。

61. 方壮猷:《三种古西域语之发现及考释》,《女师大学术季刊》1930年第1卷第4期。

62. 冯承钧:《西域地名》,陆峻岭增订,中华书局1980年。

63. 冯承钧:《西域南海史地考证译丛》(第1-9编),商务印书馆1995年。

64. 冯家升:《回鹘文写本〈菩萨大唐三藏法师傅〉研究报告》,中国科学院1953年。

65. 冯家升:《冯家升论著集粹》,中华书局1987年。

66. 冯蒸:《汉语中古音的日母可能是一个鼻擦音》,《汉字文化》1994年第3期。

67. 傅定淼:《梵文拼音原理传入与反切起源关系新探》,《汉字文化》2001年第1期。

68. 傅林:《契丹语和辽代汉语及其接触研究》,北京大学博士论文2013年。

69. 钢和泰:《音译梵书与中国古音》,《国学季刊》1923年第1期。

70. 钢和泰:《论对十世纪汉字音译梵赞的重新构拟——佛说观自在菩萨梵赞》,《燕京学报》1935年第17期。

71. 高华平:《谢灵运佛教著述研究》,《中国文化研究》2006年第4期。

72. 高明道:《论"诸教决定名义论"所载华梵对音若干问题》,《木铎》1978年第7期。

73. 高明道:《"嚬呻欠呿"略考》,《中华佛教学报》1993年第6期。

74. 高田时雄:《和田文书中的汉语语汇》,见《汉语史の诸问题》,

京都大学人文科学研究所1988年。

75. 高田时雄:《回鹘文〈慈恩传〉中的汉语词汇和河西方言—兼论回鹘字音的历史变迁》,见《敦煌文薮》(上),新文丰出版公司1999年。

76. 高田时雄:《中国语史の数据と方法》,京都大学人文科学研究所1994年。

77. 高田时雄:《敦煌资料与中国语史之研究》,创文社1988年。

78. 高田时雄:《敦煌·民族·语言》,中华书局2005年。

79. 高田时雄:《可洪随函録と行瑫随函音疏》,见《中国语史の数据と方法》,京都大学人文科学研究所1994年。

80. 高田时雄:《敦煌遗书与汉语史研究》,《敦煌研究》2006年第6期。

81. 高婉瑜:《"大悲咒"汉梵对音研究》,《汉学研究》2011年第29卷第3期。

82. 高婉瑜:《从梵汉对音看"大悲咒"的标音与断句》,见《第十三届社会与文化国际学术研讨会论文集》,淡江大学2010年。

83. 葛承雍:《中亚粟特胡名"伽"字考证》,《唐韵胡音与外来文明》,中华书局2006年。

84. 耿世民:《古代突厥文碑铭研究》,中央民族大学出版社2005年。

85. 龚煌城:《十二世纪末汉语的西北方音(声母部分)》,《史语所集刊》1981年52本第1分;又见《汉藏语研究论文集》,北京大学出版社2004年。

86. 龚煌城:《十二世纪末汉语的西北方音(韵尾问题)》,《第二届国际汉学会议论文集·语言文字组》,1989年;又见《汉藏语研究论文集》,北京大学出版社2004年。

87. 龚煌城:《十二世纪末汉语西北方音韵母系统的构拟》,*The Joint Meeting of the 4th ICCL and 7th NACCL*,1995年;又见《汉藏语研究论文集》,北京大学出版社2004年。

88. 顾满林:《试论东汉佛经翻译不同译者对音译或意译的偏好》,《汉语史研究集刊》2002年第5辑。

89. 顾满林:《东汉译经中半音译半意译的外来词简析》,《汉语史研究集刊》2003年第6辑。

90. 顾满林:《东汉经音译词的同词异形现象》,《汉语史研究集刊》2005年第8辑。

91. 顾满林:《汉文佛典音译词的节译形式与全译形式》,《汉语史研究集刊》2006年第9辑。

92. 顾满林:《汉文佛典用语专题研究》,四川大学博士论文2006年。

93. 顾满林:《汉文佛典中Kapila-vastu一词的音译形式考察》,《汉语史研究集刊》2007年第10辑。

94. 顾满林:《汉文佛典中"讹略"一语的五种用法》,《汉语史研究集刊》2008年第11辑。

95. 广中智之:《汉唐于阗佛教研究》,新疆人民出版社2013年。

96. 函阔:《西藏文字与悉昙梵字的比较》,见袁家骅等著《少数民族语文论集》(2),中华书局1958年。

97. 何方耀:《晋唐时期海路交通中往来佛僧的群体考察》,《普门学报》2006年第32卷。

98. 何九盈:《汉语和亲属语言比较研究的基本原则》,见林焘主编《语言学论丛》第29辑,商务印书馆2004年。

99. 何启民:《佛教入华初期传布地理考》,见《现代佛教学术丛刊》第5册,大乘文化基金会1980年。

100. 何亚南:《从佛经看早期外来音译词的汉化》,《南京师大学报》2003年第3期。

101. 河野六郎:《朝鲜汉字音の研究》,东京平凡社1979年。

102. 黄柏祺:《梵语成为佛教经典语言之探讨》,《正观》2013年第64期。

103. 黄笑山:《"儿郎伟"和"悉昙颂"的和声》,《河南广播电视大学学报》2001年第3期。

104. 黄笑山:《中古二等韵介音和〈切韵〉元音数量》,《浙江大学学报》2002年第1期。

105. 黄笑山:《〈切韵〉元音分韵的假设和音位化构拟》,《古汉语研究》2002年第3期。

106. 黄笑山:《中古三等韵的ɨ介音的前移和保留》,《郑州大学学报》1995年第1期。

107. 黄仁瑄:《玄应音系中的舌音、唇音和全浊声母》,《语言研究》2006年第2期。

108. 黄仁瑄:《希麟音系的声纽对音及其语音系统》,《华中科技大学学报》2007年第1期。

109. 黄仁瑄:《唐五代佛典音义音系中的舌音声母》,《语言研究》2007年第2期。

110. 黄仁瑄:《唐五代佛典音义音系中的全浊声母》,《语言科学》2010年第4期。

111. 黄仁瑄:《唐五代佛典音义音系中的唇音声母》,《语言研究》2010年第4期。

112. 黄仁瑄:《唐五代佛典音义中的"楚夏"问题》,《南阳师范学院学报》2010年第1期。

113. 黄仁瑄:《唐五代佛典音义研究》,中华书局2011年。

114. 黄仁瑄:《唐五代佛典音义音系中的牙音声母》,《汉语学报》2011年第1期。

115. 黄耀堃:《碛砂藏随函音义初探》,见《黄耀堃语言学论文集》,凤凰出版社2004年。

116. 季羡林:《浮屠与佛》,《史语所集刊》1948年20本上册第93-105页;又见《中印文化关系史论文集》三联书店1982年。

117. 季羡林:《中印文化关系史论丛》,人民出版社1957年。

118. 季羡林:《中印文化关系史论文集》,三联书店1982年。

119. 季羡林:《印度古代语言论集》,中国社会科学出版社1982年。

120. 季羡林:《大唐西域记校注》,中华书局1985年。

121. 季羡林:《原始佛教的语言问题》,中国社会科学出版社1985年。

122. 季羡林:《梵语》,《外语教学与研究》1989年第2期。

123. 季羡林:《吐火罗语》,《外语教学与研究》1989年第2期。

124. 季羡林:《梅怛利耶与弥勒》,《中国社会科学》1990年第1期。

125. 季羡林:《玄奘〈大唐西域记〉中"四十七言"问题》,《文史知识》1991年第1期。

126. 季羡林:《季羡林学术论著自选集》,北京师范学院出版社

1991年。

127. 季羡林：《敦煌吐鲁番吐火罗语研究导论》，新文丰出版公司1993年；又见《季羡林文集》第十二卷，江西教育出版社1998年。

128. 季羡林：《季羡林佛教学术论文集》，东初出版社1995年。

129. 季羡林：《所谓中天音旨》，《禅学研究》(第2辑)，江苏古籍出版社1994年。

130. 季羡林：《再论浮屠与佛》，《历史研究》1990年第2期。

131. 季羡林：《梵语佛典及汉译佛典中四流音r，ṝ，ḷ，ḹ问题》，见《季羡林自选集》，山东教育出版社1998年。

132. 季羡林：《佛教十五题》，中华书局2007年。

133. 季羡林：《季羡林文集》第三卷，《印度古代语言》，江西教育出版社1998年。

134. 季羡林：《季羡林文集》第七卷，《佛教》，江西教育出版社1998年。

135. 简丰祺：《古梵文佛教咒语全集》，佛陀教育基金会2007年。

136. 姜南：《汉译佛经音节衬字辩说》，《语言研究》2008年第4期。

137. 蒋忠新：《梵文〈妙法莲华经〉写本〉》，中国社会科学出版社1988年。

138. 金基石：《中古日母字的演变与朝鲜韵书的谚文注音》，《延边大学学报》1998年第2期。

139. 金克木：《梵语语法〈波泥你经〉概述》，载《语言学论丛》第7辑，商务印书馆1981年。

140. 金克木：《印度文化论集》，中国社会科学出版社1983年。

141. 金雪莱：《慧琳〈一切经音义〉语音研究》，浙江大学博士论文2005年。

142. 金钟赞：《大般涅般经文字品字音理、釐二字对音研究》，《声韵论丛》1991年第3辑。

143. 金钟赞：《论摩多》，《声韵论丛》1999年第8辑。

144. 柯蔚南（Cobin, W. South）：*Notes on the Dialect of the Han Buddhist Transcriptions*，《国际汉学会议论文集·语言文字组》，台湾"中央研究院"1981年。

145. 柯蔚南：*A Handbook of Eastern Han Sound Glosses*，香港中文

大学出版社1983年。

146. 柯蔚南:*A Sinologist's Handlist of Sino-Tibetan Lexical Comparisons*,*Steyler Verlag*,1986年。

147. 柯蔚南:*Notes on the Initial of a Northwest Dialect of Tang Times*,《第二届国际汉学会议论文集·语言文字组》,台湾"中央研究院"1989年。

148. 柯蔚南:*Notes on the Finals of a Northwest Dialect of Tang Times*,《史语所集刊》59卷第3分,1988年。

149. 柯蔚南:*Notes on Sanghabhara's Mahāmāyūrī Transcription*,*CLAO*,*VOLxix*,*No2*,1990年。

150. 柯蔚南:《义净梵汉对音探讨》,《语言研究》1991年第1期。

151. 柯蔚南:*Studies in Old Northwest Chinese*,*Journal of Chinese Linguistics Monograph Series*,Berkeley,1991年第4期。

152. 柯蔚南:*Thoughts on Dentilabialization in the Tang-time Dialects of Shazhou*, *T'oung Pao LXXVII*,1991年。

153. 柯蔚南:*Comparative Studies on some Tang-time Dialects of Shazhou*,*MS 40*,1992年。

154. 柯蔚南:*BTD Revisited—A Reconsideration of the Han Buddhist Transcriptional Dialect*,《史语所集刊》1993年63本第4分。

155. 柯蔚南:*A Compendium of Phonetics in Northwest Chinese*,*Journal of Chinese Linguistics Monograph Series*, Berkeley.1994年第7期。

156. 柯蔚南:*Remarks on Some Early Buddhist Transcriptional Data from Northwest China*,*MS 42*,1994年。

157. 柯蔚南:*Periodization in Northwest Chinese Dialect History*,*JCL*,1999年第1期。

158. 黎新第:《从研究材料看百年来中国近代汉语语音研究》,《重庆师院学报》2002年第3期。

159. 李范文:《宋代西北方音——〈番汉合时掌中珠〉对音研究》,中国社会科学出版社1994年。

160. 李方桂、柯蔚南:《古代西藏碑铭研究》,清华大学出版社2007年。

161. 李怀林:《对应论——〈切韵〉研究与方法》,见《丫山三论》,华中理工大学出版社2000年。

162. 李辉:《〈宿曜经〉汉译版本之汉化痕迹考证》,《上海市科学技术史学术年会论文集》,2006年。

163. 李建强:《伯希和2855号残卷于阗文咒语对音研究》,《语言研究》2008年第4期。

164. 李建强:《伯希和2855于阗文咒语版本比较研究》,《中西学术》2009年第1期。

165. 李建强:《从P.2855、2782于阗文咒语对音看于阗字母对音》,《华西语文学刊》(第1辑),四川文艺出版社2009年。

166. 李建强:《两份于阗文写本无量门陀罗尼比较研究》,《敦煌研究》2009年第1期。

167. 李建强:《唐代梵汉对音中云母字为啥不出现了?》,《华西语文学刊》2012年第1期。

168. 李建强:《P.T.396的版本来源及其反映的汉语语音现象》,《语言研究》2013年第2期。

169. 李开:《现代学术史关于古音学的三次大讨论》,《南京大学学报》2005年第5期。

170. 李荣:《切韵音系》,科学出版社1956年。

171. 李维琦:《从〈大唐西域记〉汉译梵音看作者的语音(声母部分)》,《古汉语研究》1988年第1期。

172. 李小荣:《论〈大波涅槃经〉卷八之"文字品"》,《法音》2003年第5期。

173. 李炜:《早期汉译佛经的来源与翻译方法初探》,中华书局2011年。

174. 李无未、于冬梅:《日本学者的汉梵对音译音研究》,《延边大学学报》2006年第3期。

175. 李无未:《日本唐五代汉藏对音译音研究》,《民族语文》2010年第5期。

176. 李无未:《日本学者对日语汉字音与汉语中古音关系的研究》,《吉林师范大学学报》2004年第4期。

177. 李无未:《日本学者的越南汉字音研究》,《延边大学学报》

2006年第1期。

178. 李新魁:《梵学的传入与汉语音韵学的发展》,见《李新魁音韵学论集》,汕头大学出版社1997年。

179. 梁慧婧:《隋唐长安方音唇音声母研究》,北京大学硕士论文2009年。

180. 梁慧婧:《汉译〈法华经〉陀罗尼译音所反映的韵母系统》,《南阳师范学院学报》2012年第7期。

181. 梁慧婧:《释家反切考》,《语言与翻译》2013年第2期。

182. 梁启超:《佛学研究十八篇》,天津古籍出版社2005年。

183. 廖湘美:《敦煌石室〈心经〉音写抄本所反映之声母现象——兼论译者归属问题》,《中国学术年刊》2008年第2期。

184. 廖湘美:《〈释教最上乘秘密藏陀罗尼集〉梵汉对音之研究》,2010年。

185. 列维:《王玄策使印度记》,见《西域南海史地考证译丛》第7编,商务印书馆1995年。

186. 列维、沙畹:《罽宾考》,见《西域南海史地考证译丛》第7编,商务印书馆1995年。

187. 列维:《大藏方等部之西域佛教史料》,见《西域南海史地考证译丛》第9编,商务印书馆1995年。

188. 林光明:《汉文佛典之梵字音义研究》,见《佛经音义研究——首届佛经音义研究国际学术研讨会论文集》,上海古籍出版社2006年。

189. 林光明:《梵汉对音初探》,台湾嘉丰出版社2011年。

190. 林光明:《以梵汉对照的佛教音译词,作为声韵学研究的新材料和新方法——以〈梵汉大辞典〉、〈房山明咒集〉为例》,2007年。

191. 林光明:《梵字悉昙入门》,台湾嘉丰出版社1999年。

192. 林光明:《简易梵字入门(基础篇)》,全佛出版社1999年。

193. 林光明:《简易梵字入门(进阶篇)》,全佛出版社2000年。

194. 林光明:《大悲咒研究》,迦陵出版社1994年。

195. 林光明、林怡馨:《梵汉大辞典》,台湾嘉丰出版社2005年。

196. 林梅村:《西域文明:考古、民族、语言和宗教新论》,东方出版社1995年。

197. 林梅村:《汉唐西域与中国文明》,文物出版社1998年。

198. 林梅村:《古道西风——考古新发现所见中西文化交流》,三联书店2000年。

199. 铃木宏节:《暾欲谷碑文研究史概论》,《中国史研究动态》2006年第1期。

200. 刘广和:《唐代八世纪长安音声纽》,《语文研究》1984年第3期。

201. 刘广和:《试论唐代长安音重纽》,《中国人民大学学报》1987年第6期。

202. 刘广和:《唐代八世纪长安音声纽的韵系和声调》,《河北大学学报》1991年第3期。

203. 刘广和:《东晋译经对音的晋语声母系统》,《语言研究》增刊,1991年。

204. 刘广和:《大孔雀明王经咒语义净跟不空译音的比较研究》,《语言研究》增刊,1994年。

205. 刘广和:《东晋译经对音的晋语韵母系统》,见谢纪锋、刘广和主编《薪火编》,山西高校联合出版社1996年。

206. 刘广和:《〈圆明字轮四十二字诸经译文异同表〉梵汉对音考订》,《中国人民大学学报》1997年第4期。

207. 刘广和:《西晋译经对音的晋语韵母系统》,《芝兰集》,人民教育出版社1999年。

208. 刘广和:《西晋译经对音的晋语声母系统》,《中国语言学报》2001年第10期。

209. 刘广和:《介音问题的梵汉对音研究》,《古汉语研究》2002年第2期。

210. 刘广和:《音韵比较研究》,中国广播电视出版社2002年。

211. 刘广和:《南朝梁语声母系统初探》,见《音韵论丛》,齐鲁书社2004年。

212. 刘广和:《南朝梁语韵母系统初探》,见《音史新论》,学苑出版社2005年。

213. 刘祥清:《音译的历史、现状及其评价》,《中国科技翻译》2008年第2期。

214. 刘震:《禅定与苦修》,上海古籍出版社2010年。

215. 刘震:《梵本〈长阿含〉概述》,《人大复印资料·宗教》2011年第4期。

216. 卢顺点:《论晚唐汉藏对音资料中汉字腭化情形》,《大陆杂志》1990年第5期。

217. 卢明辉、李烨:《蒙古高原中国古代碑铭、瓦当遗存与汉学东渐》,《国际汉学》2003年第8辑,大象出版社。

218. 陆志韦:《汉语的全浊声母是什么时候才送气的?》,俞敏译,哈佛燕京社英文单行本第7种,1940年;又见《陆志韦语言学著作集》(二),中华书局1999年。

219. 陆志韦:《三四等与所谓"喻化"》,《燕京学报》1939年第26期;又见《陆志韦语言学著作集》(二),中华书局1999年。

220. 陆志韦:《试拟切韵声母之韵值并论唐代长安语之声母》,《燕京学报》第28期,1940年。

221. 陆招英:《〈切韵〉系韵书中歌戈韵与梵汉、汉藏对音比较》,《莆田学院学报》2004年第2期。

222. 吕叔湘:《南北朝人名与佛教》,《中国语文》1988年第4期。

223. 罗常培:《知彻澄娘音值考》,《史语所集刊》1931年3本第1分。

224. 罗常培:《梵文颚音五母之藏汉对音研究》,《史语所集刊》1931年3本第2分。

225. 罗常培:《唐五代西北方音》,科学出版社1961年,又商务印书馆2012年。

226. 罗新:《中古北族名号研究》,北京大学出版社2009年。

227. 马伯乐:《唐代长安方言考》,聂鸿音译,中华书局2005年。

228. 马伯乐:《唐代长安方言的声母系统》,《音韵学研究通讯》1990年第14期。

229. 马雍:《古代鄯善、于阗地区佉卢文字资料综考》,《中国民族古文字研究》,中国社会科学出版社1984年。

230. 麦耘:《利用梵汉对音构拟〈切韵〉遇流二摄元音》,《语言研究》增刊,1991年。

231. 麦耘:《论重纽及〈切韵〉的介音系统》,《语言研究》1992年第

2期。

232. 梅祖麟:《中古汉语的声调与上声的起源》,黄宣范译,《幼狮月刊》1974年第40卷第6期;又见《梅祖麟语言学论文集》,商务印书馆2000年。

233. 孟昭连:《汉译佛经语体的形成》,《中南民族大学学报》2009年第2期。

234. 那体慧(Nattier, Jan.):《心经:一部中国的伪经?》(*The Heart Sūtra: A ChineseApocryphalText?*),《国际佛教研究协会会志》(*Journal of the International Association of Buddhist Studies*),1992年第15卷第2期。

235. Nattier, Jan: *Church Language and Vernacular Language in Central Asia Buddhism*, Numen(《国际宗教史评论》),1990年第37卷第2期。

236. Nattier, Jan: *The Ten Epithets of the Buddha in the Translations of Zhi Qian* 支謙, *Annual Report of The International Research Institute for Advanced Buddhology*, *Vol. VI*, 2002年。

237. Nattier, Jan: *The Twelve Divisions of Scriptures* (十二部經) *in the Earliest Chinese Buddhist Translations*, *Annual Report of The International Research Institute for Advanced Buddhology*, *Vol. VII*, 2003年。

238. Nattier, Jan: *Heaven Names in the Translations of Zhi Qian*, *Annual Report of The International Research Institute for Advanced Buddhology*, *Vol.XII*, 2008年。

239. Nattier, Jan: *A Guid to the Earliest Chinese Buddhist Translations: Texts from the Eastern Han and Three Kingdoms Period*, *The International Research Institute for Advanced Buddhology*, 2008年。

240. Nattier, Jan: *The Names of Amitābha/Amitāyus in Early Chinese Buddhist Translation*,《创价大学国际佛教学高等研究所年报》,2006年第1期,2007年第2期。

241. Nattier, Jan: *Who produce the Damingdu Jing* 大明度经(T225)? *A reassessment of the evidence.Journal of the International Association of Buddhist Studies*, 2008年第31卷第1-2期。

242. 聂鸿音:《慧琳译音研究》,《中央民族学院学报》1985年第

1期。

243. 聂鸿音:《论契丹语中汉语借词的音系基础》,《民族语文》1988年第2期。

244. 聂鸿音:《西夏语中汉语借词的时间界限》,《民族语文》1994年第1期。

245. 聂鸿音:《回鹘文〈玄奘传〉中的汉字古音》,《民族语文》1998年第6期。

246. 聂鸿音:《契丹语的名词附加成分*-n和*-in》,《民族语文》2001年第2期。

247. 聂鸿音:《番汉对音和上古汉语》,《民族语文》2003年第2期。

248. 聂鸿音:《粟特语对音资料和唐代汉语西北方言》,《语言研究》2006年第2期。

249. 聂鸿音:《梵文jñā对音》,《语言研究》2008年第4期。

250. 聂鸿音:《〈仁王经〉的西夏译本》,《人大复印资料·宗教》2010年第5期。

251. 聂鸿音:《西夏文献中的"柔然"》,《宁夏师范学院学报》2010年第5期。

252. 聂鸿音:《论"八思巴字梵语"》,《民族语文》2011年第2期。

253. 聂宛忻:《玄应〈一切经音义〉中的借音》,《南阳师范学院学报》2003年第11期。

254. 潘悟云:《汉语历史音韵学》,上海教育出版社2000年。

255. 朴万圭:《就汉梵对音收-t/-l韵尾试论韩汉入声译音收-l韵尾》,《声韵论丛》1999年第8辑。

256. 平川彰:《佛教汉梵大词典》,东京灵友会1997年。

257. 平山久雄:《安然〈悉昙藏〉里关于唐代声调的记载》,《王力先生纪念论文集》,三联书店1987年。

258. 平山久雄:《日僧安然〈悉昙藏〉里关于唐代声调的记载——调值问题》,见《纪念王力先生百年诞辰学术论文集》,商务印书馆2002年。

259. 平田昌司:《梵赞与四声论(上)》,第二届国际声韵学学术研讨会暨第十届全国声韵学学术研讨会论文,1992年。

260. 平田昌司:《谢灵运〈十四音训叙〉的系谱》,见高田时雄编《中国语史の数据と方法》,京都大学人文科学研究所1994年。

261. 平田昌司:《略论唐以前的佛经对音》,见朱庆之编《佛教汉语研究》,商务印书馆2009年。

262. 蒲立本(Pulleyblank,E.G.):《上古汉语的辅音系统》,潘悟云、徐文堪译,中华书局1999年。

263. 蒲立本:*Some Further Evidence regarding Old Chinese -s and its Time of Disappearance*,*BSOAS*,1973年第36卷。

264. 蒲立本:*The Transcription of Sanskrit K and Kh in Chinese*,*AM*,1965年第11卷第2期。

265. 蒲立本:*Some Examples of Colloquial Pronunciation from the Southern Liang Dynasty*,*in Studia Sino-mongolica*:*Festschrift für Herbert Franke*,ed.byWolfgang Bauer.Wiesbaden。

266. 蒲立本:*Stages in the Transcription of Indian Words in Chinese from Han to Tang*,*Sprachen des Buddhismus in Zentralasien*,Otto HarrassowitzWiesbaden,1983年。

267. 蒲立本:《一份以中亚婆罗米文书写的汉语文献:晚期中古汉语和于阗语发音的新证据》(*A Chinese Text in Central Asian Brahmi Script*: *New Evidence for the Pronunciation of Late Middle Chinese and Khotanese*), With R. E. Emmerick. Rome: Istituto Italiano per il Medio ed Estremo Oriente,1994年。

268. 蒲立本:*The Name of the Kirghiz. Central Asiatic Journal*,1990年第34卷。

269. 蒲立本:*The"High Carts"*:*a Turkish Speaking Ppeople before the Türks.Asia Major* 1990年第3卷。

270. 普慧:《齐梁诗歌声律论与佛经转读及佛教悉昙》,《文史哲》2000年第6期。

271. 齐冲:《汉语音译词汇中省音现象的分析》,《汉语史学报》2002年第2辑。

272. 乔斯·勃格:《文本类型与翻译》,上海外语教育出版社2012年。

273. 桥本贵子:《陀羅尼の音写字から見た次濁鼻音の非鼻音化について》(*DenasalizationofCizhuoInitialsin Dhāranī Transcriptions*),

《中国语学》第254卷。

274. 钱文忠:《印度的古代汉语译名及其来源》,《中国文化》1991年第1期。

275. 覃勤:《悉昙文字与反切起源》,《广西师范学院学报》2006年第3期。

276. 覃勤:《日传悉昙文献与汉语中古音研究》,华中科技大学博士论文2007年。

277. 芮传明:《古突厥碑铭研究》,上海古籍出版社1998年。

278. 饶宗颐:《梵学集》,上海古籍出版社1993年。

279. 荣新江:《海路还是陆路——佛教传入汉代中国的途径与流行区域研究述评》,《北大史学》第9辑,北京大学出版社2003年。

280. 荣新江:《西域胡语与西域文明》,见中华书局编辑部编《复旦文史讲堂5:牖启户明》,中华书局2013年。

281. 阮氏玉华:《越南语佛教词语研究》,华中科技大学博士论文2011年。

282. 三根谷彻:《越南汉字音の研究》,东洋文库1972年。

283. 三根谷彻:《中古汉语和越南汉字音》,汲古书院1993年。

284. 桑德:《简易梵学研究与西藏的梵文文献》,《西藏研究》2010年第1期。

285. 桑德:《西藏梵文〈法华经〉写本及〈法华经〉汉藏文译本》,《中国藏学》2010年第3期。

286. 沙畹:《宋云行纪笺注》,见《西域南海史地考证译丛》第6编,商务印书馆1995年。

287. 沙畹:《魏略西戎传笺注》,见《西域南海史地考证译丛》第7编,商务印书馆1995年。

288. 山田龙城:《梵语佛典导论》,许洋主译,华宇出版社1988年。

289. 邵荣芬:《切韵研究》,中国社会科学出版社1982年;校订本,中华书局2008年。

290. 沈钟伟:《契丹小字韵文初探》,《民族语文》2009年第3期。

291. 沈钟伟:《契丹小字汉语音译中的一个声调现象》,《民族语文》2012年第1期。

292. 施向东:《玄奘与语言学》,《克山师专学报》1982年第3期。

293. 施向东:《玄奘译音中的梵汉对音和唐初中原方音》,《语言研究》1983年第1期。

294. 施向东:《鸠摩罗什译经与后秦长安音》,见《芝兰集》,人民教育出版社1999年。

295. 施向东:《十六国时代译经中的梵汉对音(声母部分)》,《中国音韵学研究会第十一届学术讨论会论文集》,香港文化教育出版社有限公司2000年。

296. 施向东:《十六国时代译经中的梵汉对音(韵母部分)》,《天津大学学报》2001年第1期。

297. 施向东:《梵汉对音与古汉语的语流音变问题》,《南开语言学刊》2002年第1期。

298. 施向东:《北朝译经反映的北方共同汉语音系》,见《音韵论丛》,齐鲁书社2004年。

299. 施向东、黄海英:《俞敏先生〈后汉三国梵汉对音谱〉的学术贡献》,《南开语言学刊》2008年第1期。

300. 施向东:《等韵学与音位学》,载《中国音韵学:中国音韵学研究会南京研讨会论文集·2006》,南京大学出版社2008年。

301. 施向东:《玄奘译著中的梵汉对音研究》,见《音史寻幽》,南开大学出版社2009年。

302. 施向东:《音史寻幽》,南开大学出版社2009年。

303. 施向东:《梵汉对音与"借词音系学"的一些问题》,载徐时仪、陈五云、梁晓虹编《佛经音义研究——第二届佛经音义研究国际学术研讨会论文集》,凤凰出版社2011年。

304. 施向东:《悉昙学与等韵学关系再探》,第三届汉文佛典语言学国际学术研讨会论文集《汉文佛典语言学》,法鼓佛教学院主编,台北法鼓文化(出版社)2011年。

305. 施向东:《梵汉对音和两晋南北朝语音》,《语言研究》2012年第3期。

306. 施向东:《古音研究存稿》,南开大学出版社2013年。

307. 释见豪:《印度佛教史的文献资源概介》,《佛教图书馆馆讯》2004年第39期。

308. 释若学:《式叉摩那考》,《正观》2003年第25期。

309. 石文:《梵语梵文》,《语文建设》1984年第2期。

310. 水谷真成:《中国语史研究》,三省堂1994年。

311. 水谷真成:《针对音译汉字注音的诸种形态》,见《入矢教授退休纪念文集》,1954年。

312. 水谷真成:《慧琳音义杂考》,《支那学报》创刊号,1956年。

313. 水谷真成:《唐代汉语语头鼻音的denasalization过程》,《东洋学报》1957年第4号。

314. 水谷真成:《慧琳的语言系属》,《佛教文化研究》1955年第5号。

315. 水谷真成:《慧苑音义音韵考》,《大谷大学研究年报》1959年第11辑。

316. 水谷真成:《Brahmi文字转写罗什译金刚经的汉字音》,见《名古屋大学文学部十周年纪念论集》,1959年。

317. 宋兆祥:《中上古汉朝语研究》,华中科技大学博士论文2008年。

318. 孙伯君:《胡汉对音和古代北方汉语》,《语言研究》2005年第1期。

319. 孙伯君:《西夏译经的梵汉对音与汉语西北方音》,《语言研究》2007年第1期。

320. 孙伯君:《法藏敦煌P.3861号文献的梵汉对音研究》,《语言研究》2008年第4期。

321. 孙伯君:《西夏新译佛经陀罗尼的对音研究》,中国社会科学出版社2010年。

322. 孙伯君:《西夏佛经翻译的用字特点与译经时代的判定》,《中华文史论丛》2007年第2期。

323. 孙伯君:《〈吉祥遍至口合本续〉中的梵文陀罗尼复原及其西夏字标音》,见杜建录主编《西夏学》(第3辑),宁夏人民出版社2008年。

324. 孙伯君:《契丹小字几类声母的读音》,《民族语文》2007年第3期。

325. 孙伯君、聂鸿音:《契丹语语音的历史地位》,《满语研究》2005年第2期。

326. 谭代龙:《汉译佛经人名研究初探》,《汉语史研究集刊》第7辑,2005年。

327. 谭洁:《关于"四声"与佛经转读关系的研究综述》,《河北大学学报》2009年第3期。

328. 谭世宝:《敦煌写卷S.1344(2)号中所谓鸠摩罗什法师〈通韵〉之研究》,《中国文化》1994年第10期。

329. 谭世宝:《汉译悉昙字的一些问题研究》,《中国文化》1996年第13期。

330. 谭世宝:《汉文献中的"胡本"与"梵本"考辨》,《哈尔滨师专学报》1996年第1期。

331. 谭世宝:《佛教诸经论的悉昙字母入华传播概述》,中国敦煌学国际研讨会论文,杭州大学1997年。

332. 谭世宝:《悉昙字音与汉字字音分析之关系》,见王尧编《佛教与中国传统文化》,宗教文化出版社1997年。

333. 谭世宝:《略论佛典中的对音详略增减问题》,见项楚编《敦煌文学论集》,四川人民出版社1997年。

334. 谭世宝:《略论佛教的语言文字政策及其伟大成果》,《佛学研究》1999年第11期。

335. 谭世宝:《悉昙学与汉字音学新论》,中华书局2006年。

336. 藤堂明保:《中国语音韵论》,江南书院1957年。

337. 藤堂明保:《日本汉字音》,《中国书目季刊》1992年第4期。

338. 瓦尔德施密德特:《中亚出土梵语佛经残卷(*Bruchstücke buddhischen sūtras aus dem Zentralasiatischen Sanskrit-Kanon*)》,莱比锡1932年;重印本:威斯巴登1979年。

339. 万金川:《从"佛教混合汉语"的名目谈汉译佛典的语言研究》,《圆光佛学学报》2002年第7期。

340. 万金川:《石室〈心经〉音写抄本校释初稿之一》,《佛学研究中心学报》2004年第9期。

341. 万金川:《石室〈心经〉音写抄本校释初稿之二》,《圆光佛学学报》2005第9期。

342. 万金川:《敦煌石室〈心经〉音写抄本校释序说》,《中华佛学学报》2004年第17期。

343. 万金川:《佛经译词的文化二重奏》,《普门学报》2003年第18期。

344. 万金川:《宗教传播和语文变迁:汉译佛典研究的语言学转向所显示的意义(一/二)》,《正观》2001年第19期,2002年第20期。

345. 万金川:《佛典汉译流程里"过渡性文本"的语文景观》,《正观》2008年第44期。

346. 万金川:《佛经语言学论集:佛典研究的语言学转向》,正观出版社2005年。

347. 汪荣宝:《歌戈鱼虞模古读考》,《国学季刊》1923年第2期。

348. 王邦维:《玄奘的梵音"四十七言"和义净的"四十九字"》,《周绍良先生欣开九秩庆寿文集》,中华书局1997年。

349. 王邦维:《鸠摩罗什通韵考疑暨敦煌写卷S.1344号相关问题》,《中国文化》1992年第7期。

350. 王邦维:《谢灵运〈十四音训叙〉辑考》,《国学研究》1995年第3辑;修订稿载《北京大学百年国学文粹·语言文献卷》,北京大学出版社1998年。

351. 王邦维:《四十二字门考论》,《中华佛学学报》1999年第12期。

352. 王邦维:《北凉昙无谶依龟兹国文字说十四音事辩证》,《华学》第9-10辑,上海古籍出版社2008年。

353. 王邦维:《语言、文本与文本的转换:关于古代佛经的翻译》,《清华大学学报》2013年第2期;又见《人大复印资料·宗教》2013年第3期。

354. 王红生:《梵汉对音与中古汉语全浊声母的音读问题》,《西安文理学院学报》2012年第6期。

355. 王继红:《玄奘译经四言文体的构成方法——以〈阿毗达磨俱舍论〉梵汉对勘为例》,《中国文化研究》2006年第2期。

356. 王继红:《玄奘译经的语言学考察——以〈阿毗达磨俱舍论〉梵汉对勘为例》,《外语教学与研究》2006年第1期。

357. 王继红:《语言接触与佛教汉语研究》,《安阳工学院学报》2006年第3期。

358. 王力:《汉越语研究》,见《龙虫并雕斋文集》(第二册),中华书局1980年。

359. 王琪、周杨:《悉昙与汉语语音史研究概述》,《学术论坛》2007年第2期。

360. 王琪:《日本悉昙家所记古汉语声母》,华中科技大学硕士论文2006年。

361. 王琪:《运用日本悉昙文献材料进行对音的原则》,《广西社会科学》2007年第5期。

362. 王珊珊:《梵汉对音中的一个特殊现象》,《古汉语研究》2003年第1期。

363. 王珊珊:《谈谈梵汉对音中来母对译tṭdḍ现象——兼论喻四对译td问题》,《中国音韵学研究会第十一届学术讨论会暨汉语音韵学第六届国际学术研讨会论文集》,香港文化教育出版社有限公司2000年。

364. 王文颜:《佛典汉译之研究》,天华出版事业股份有限公司1984年。

365. 王新华:《唐五代敦煌语音研究》,山东大学博士论文2008年。

366. 王翼青:《斯坦因与吉尔吉特写本——纪念吉尔吉特写本发现七十周年》,《敦煌学辑刊》2001年第2期。

367. 望月信亨、冢本善隆等:《望月佛教大辞典》(第8版),东京世界圣典刊行会1973—1978年。

368. 吴其昌:《印度释名》,《燕京学报》第四期,1928年。

369. 吴汝钧:《佛教大辞典》,商务印书馆国际有限公司1995年。

370. 吴汝钧:《梵文入门》,弥勒出版社1984年。

371. 吴圣雄:《由长承本〈蒙求〉看日本汉字音的传承》,《声韵论丛》1998年第7辑。

372. 吴圣雄:《平安时代假名文学所反映的日本汉字音》,《声韵论丛》2000年第9辑。

373. 吴圣雄:《日本吴音研究》,台湾师范大学博士论文1991年。

374. 吴圣雄:《〈新撰字镜〉所载日本汉字音之研究——直音部分》,《声韵论丛》2000年第10辑。

375. 吴圣雄:《日本汉字音材料对中国声韵学研究的价值》,第十届声韵学研讨会论文,1992年。

376. 吴世畯:《从朝鲜汉字音看一二等重韵问题》,《声韵论丛》(第4辑),1991年。

377. 吴廷璆、郑彭年:《佛教海上传入中国之研究》,《中外关系史论丛》第5期,书目文献出版社1996年。

378. 吴英喆:《契丹小字中的汉语入声韵尾的痕迹》,《汉字文化》2007年第3期。

379. 吴正彪:《中古时期少数民族族名翻译特例》,《民族语文》2000年第5期。

380. 吴钟林:《从五种方言和译音论重纽的音值》,《中国文学研究》1990年第4期。

381. 萧蜕:《华严字母学音篇》,《国学论衡》1934年第4期下,1935年第5期上。

382. 谢纪锋、刘广和:《薪火编》,山西高校联合出版社1996年。

383. 谢云飞:《佛经传译对中国音韵的影响》,见谢云飞《汉语音韵十论》,台湾大风出版社1971年。

384. 谢云飞:《十二转声释义》,新加坡南洋大学《贝叶》1970年第5期。

385. 谢云飞:《汉语音韵字母源流》,《南洋大学学报》1972年第6期。

386. 熊娟:《中古同经异译佛典词汇研究》,浙江大学硕士论文2007年。

387. 辛嶋静志:《长阿含经原语的研究》,平河出版社1994年。

388. 辛嶋静志:《汉译佛典的研究》,《俗语言研究》1997年第4辑。

389. 辛嶋静志:《汉译佛典的语言研究(二)》,《俗语言研究》1998年第5辑。

390. 辛嶋静志:《正法华经词典》,创价大学国际佛教学高等研究所1998年。

391. 辛嶋静志:《妙法莲华经词典》,创价大学国际佛教学高等研究所2001年。

392. 辛嶋静志:《早期汉译佛教经典所依据的语言》,《汉语史研究集刊》2007年第10辑。

393. 辛嶋静志:《道行般若经词典》,创价大学国际佛教学高等研究所2010年。

394. 辛嶋静志(Seishi Karashima):*A Study of the Language of Early Chinese Buddhist Translations: A Comparison between the Translations by Lokaksema and Zhi Qian.ARIRIAB*,2012年第16卷。

395. 辛勉:《藏文三十字母与守温三十字母的关系》,《庆祝瑞安林景伊先生六秩诞辰论文集》,1969年。

396. 辛勉:《古代藏语和中古汉语语音系统的比较研究》,台湾师范大学博士论文1972年。

397. 徐朝东:《〈妙法莲花经释文〉三种例外音切之考察》,《山西大学学报》2010年第4期。

398. 徐嘉媛:《浅析佛经翻译对中国语言的影响》,《延安大学学报》2010年第3期。

399. 徐时仪:《佛经音义所释外来词考》,《汉学研究》2005年第1期。

400. 徐通锵、叶蜚声:《历史比较法和〈切韵〉音系的研究,《语文研究》1980年第1期。

401. 徐通锵、叶蜚声:《译音对勘与汉语的音韵研究》,《北京大学学报》1980年第3期。

402. 徐通锵:《音系的结构格局和内部拟测法》(上、下),《语文研究》1994年第3、4期。

403. 徐真友 (Richard Spahr) :《关于佛典语言的一些研究》,万金川译,《正观》1997第1期。

404. 徐真友:《佉留文字与四十二字门,《正观》1999年第9期。

405. 徐真友:《也谈古代印度汉名》,《正观》2001第17期。

406. 许理和:《佛教征服中国》,江苏人民出版社1998年。

407. 许理和:《汉代佛教与西域》,吴虚领译,《国际汉学》第2辑,大象出版社1998年。

408. 许理和:《关于初期汉译佛经的新思考》,顾满林译,《汉语史研究集刊》第4辑,2001年。

409. 许端容:《可洪〈新集藏经音义随函录〉敦煌写卷考》,见《第二届敦煌学国际研讨会论文集》,1991年。

410. 许端容:《可洪〈新集藏经音义随函录〉音系研究》,台湾文化大学博士论文1991年。

411. 许良越:《梵汉对音法的提出及其在音韵研究中的影响》,《西南民族大学学报》2009年第1期。

412. 薛宗正:《汉晋古音与古西域地名》,《新疆大学学报》2000年第1期。

413. 颜洽茂:《〈菩萨本缘经〉撰集者和译者之考辨》,《浙江大学学报》2010年第5期。

414. 杨富学:《德藏西域梵文写本:整理与研究回顾》,《西域研究》1994年第2期;收入《西域敦煌宗教论稿》,甘肃文化出版社1998年。

415. 杨富学:《论所谓的"喀什本梵文〈法华经〉写卷"》,《中华佛学学报》1994年第7期。

416. 姚永铭:《慧琳〈一切经音义〉研究》,江苏古籍出版社2003年。

417. 俞理明:《"比丘"和它的异译》,《汉语史研究集刊》第9辑,2006年。

418. 俞敏:《后汉三国梵汉对音谱》,见《中国语文学论文集》,光生馆1984年;又见《俞敏语言学论文集》,商务印书馆1999年。

419. 俞敏:《等韵溯源》,《音韵学研究》1984年第1辑;又见《俞敏语言学论文集》,商务印书馆1999年。

420. 俞敏:《佛教词语小议》,见《俞敏语言学论文集》,黑龙江人民出版社1989年。

421. 俞敏:《梵语千字文校本》,见《中国语文学论文选》,光生馆1984年。

422. 俞敏:《章太炎语言文字学里的梵文影响》,见《中国语文学论文选》,光生馆1984年。

423. 俞敏:《世尊称谓小考》,见《俞敏语言学论文二集》,北京师范大学出版社1992年。

424. 宇井伯寿:《译经史研究》,岩波书店1971年。

425. 尉迟治平:《周隋长安方音初探》,《语言研究》1982年第2期。

426. 尉迟治平:《周隋长安方音再探》,《语言研究》1984年第2期。

427. 尉迟治平:《论隋唐长安音和洛阳音的声母系统》,《语言研究》1985年第2期。

428. 尉迟治平：《日本悉昙家所传古汉语调值》，《语言研究》1986年第2期。

429. 尉迟治平：《鱼歌二部拟音述评》，《龙岩师专学报》1986年第2期。

430. 尉迟治平：《武玄之〈韵诠〉考——〈韵诠〉研究之一》，《语言研究》增刊，1994年。

431. 尉迟治平：《〈韵诠〉五十韵头考——〈韵诠〉研究之二》，《语言研究》1994年第2期。

432. 尉迟治平：《论中古的四等韵》，《语言研究》2002年第4期。

433. 尉迟治平：《悉昙学和〈韵诠〉研究——〈韵诠〉研究之三》，《南大语言学》2005年第2编。

434. 尉迟治平：《上声厉而举解》，见中国音韵研究会编《音韵学研究》第3辑，中华书局1994年。

435. 尉迟治平：《论五种不翻》，见邢福义主编《文化语言学》，湖北教育出版社2000年。

436. 尉迟治平：《对音还原法发凡》，《南阳师范学院学报》2002年第1期。

437. 尉迟治平：《先飞集——尉迟治平语言学论集》，华中科技大学出版社2011年。

438. 尉迟治平、朱炜：《梵文"五五字"译音和玄应音的声调》，《语言研究》2011年第2期。

439. 尉迟治平、汪璞赟：《〈韵诠〉五十韵头续考——〈韵诠〉研究之五》，《语言研究》2013年第4期。

440. 远藤光晓：《〈悉昙藏〉的汉语声调》，见《汉语史诸问题》，京都大学人文科学研究所1988年。

441. 曾晓渝：《见母的上古音值》，《中国语文》2003年第2期。

442. 曾晓渝：《论次清声母在汉语上古音系里的音类地位》，《中国语文》2007年第1期。

443. 曾晓渝：《后汉三国梵汉对音所反映的次清声母问题——再论次清声母在汉语上古音系里的音类地位》，《中国语文》2009年第4期。

444. 张福平:《天息灾译著的梵汉对音研究与宋初语音系统》,见谢纪锋、刘广和主编《薪火编》,山西高校联合出版社1996年。

445. 张广达、荣新江:《于阗史丛考》(增订本),中国人民大学出版社2008年。

446. 张嘉慧:《法云〈翻译名义集〉的语言研究——以音写语段的分析为中心》,台湾大学硕士论文2008年。

447. 张曼涛:《佛典翻译史论》,大乘文化出版社1978年。

448. 张曼涛:《佛教与中国文化》,上海书店1988年。

449. 张清常:《唐五代西北方音的一项参考资料——天城梵书金刚经对音残卷》,《内蒙古大学学报》1963年第2期;又见《语言学论文集》,商务印书馆1993年。

450. 张世禄:《从日本译音研究入声韵尾的变化》,《史语所周刊》1929年第99期。

451. 张铁山:《敦煌莫高窟北区B52窟出土回鹘文——〈阿毗达磨俱舍论实义疏〉残叶研究》,《敦煌学辑刊》2002年第1期。

452. 张竹梅:《从西夏语看中古浊音送气与否》,《西北第二民族学院学报》1996年第2期。

453. 张竹梅:《从西夏语看中古知、章、庄的合流》,《固原师专学报》2000年第2期。

454. 沼本克明:《日本汉字音の历史的研究》,汲古书院1997年。

455. 沼本克明:《日本汉音》,见日本中国语学会编《汉字音研究の现在》,好文出版社2003年。

456. 赵翠阳:《慧琳〈一切经音义〉韵类研究》,中国社会科学院研究生院博士论文2009年。

457. 赵淑华:《论梵语音节划分的规则——梵汉对音研究的基础之一》,《汉语史研究集刊》2013年第16辑。

458. 赵荫棠:《等韵源流》,商务印书馆1957年/2011年。

459. 郑张尚芳:《〈唐蕃会盟碑〉藏汉对音里小阿(ɦ)的语音意义》,《民族语文》2001年第1期。

460. 郑张尚芳:《上古音系》,上海教育出版社2003年。

461. 郑张尚芳:《中古三等专有声母非章组,日喻邪等母的来源》,《语言研究》2003年第2期。

462. 郑张尚芳:《切韵j声母与i韵尾的来源问题》,见《纪念王力先生九十诞辰文集》,山东教育出版社1992年。

463. 郑张尚芳:《郑张尚芳语言学论文集》,中华书局2012年。

464. 中村元著,林光明编译:《广说佛教语大辞典》,嘉丰出版社2009年。

465. 周傲生:《〈切韵〉的音韵格局》,浙江大学博士论文2008年。

466. 周伯戡:《佛教初传流布中国考》,《文史哲学报》1998年第4期。

467. 周达甫:《怎样研究梵汉翻译和对音》,《中国语文》1957年第4期。

468. 周达甫:《梵赞还原三种》,《语言研究》1958年第3期。

469. 周法高:《古音中的三等韵兼论古音的写法》,《史语所集刊》1948年第19本。

470. 周法高:《从玄应音义考察唐初的语音》,《学原》1948年第2卷第3期。

471. 周法高:《梵文ṭḍ的对音》,《"中央研究院"历史语言研究所集刊》1948年第14本。

472. 周法高:《玄应反切考》,《"中央研究院"历史语言研究所集刊》1948年第20本(上)。

473. 周法高:《佛教东传对中国音韵学之影响》,《中国佛教史论集》,1956年。

474. 周法高:《论"浮屠与佛"》,《"中央研究院"历史语言研究所集刊》1956年第27本。

475. 周法高:《中国语言学论文集》,台湾联经出版公司1975年。

476. 周法高:《中国音韵学论文集》,香港中文大学出版社1984年。

477. 周广荣:《梵语悉昙章在中国的传播与影响》,宗教文化出版社2004年。

478. 周广荣:《梵语悉昙章与等韵学的形成》,《古汉语研究》2001年第4期。

479. 周广荣:《悉昙学叙论》,《普门学报》2002年第9期。

480. 周广荣:《法相宗对〈悉昙章〉的传习》,《佛学研究》2002年第

11期。

481. 周广荣:《华严诸祖传习〈悉昙章〉考略》,《五台山研究》2004年第1期。

482. 周广荣:《宋元时期的佛经译勘与梵字的传习》,《世界宗教研究》2004年第2期。

483. 周季文:《藏译汉音的〈般若波罗蜜多心经〉校注》,《语言研究》1982年第1期。

484. 周美慧:《西晋竺法护译经音译词研究》,见《语言学探索:竺家宁先生六秩寿庆论文集》,商务印书馆2006年。

485. 周美慧:《梵汉对译"二合""三合"之构音方式与音韵对应研究》,台北教育大学校内研究计划成果报告2011年。

486. 周玟慧:《从中古音方言层重探〈切韵〉性质:〈切韵〉〈玄应音义〉〈慧琳音义〉的比较研究》,台湾大学出版委员会2005年。

487. 周一良:《中国的梵文研究》,见朱庆之编《佛教汉语研究》,商务印书馆2009年。

488. 朱庆之:《佛典与汉语音韵研究——20世纪国内佛教汉语研究回顾之一》,《汉语史研究集刊》2000年第2辑。

489. 朱庆之:《"泥日""泥曰"与"泥洹"》,见《纪念王力先生百年诞辰学术论文集》,商务印书馆2002年。

490. 朱庆之:《论佛教对古代汉语词汇发展演变的影响》(上、下),《普门学报》第15、16期。

491. 朱庆之:《佛教混合汉语初论》,《语言学论丛》第24辑,商务印书馆2001年。

492. 竺家宁:《佛教传入与等韵图的兴起》,《国际佛学研究年刊》1991年创刊号。

493. 竺家宁:《佛经语言初探》,台湾橡树林文化出版公司2005年。

494. 竺家宁:《〈大唐西域记〉玄奘新译的音韵特色——一千年前音译观念的两条路线》,《普门学报》2010年第57期。

495. 竺家宁:《佛经语言研究综述——音韵文字的研究》,《佛教图书馆馆刊》2009年第49期。

496. 竺家宁:《〈大唐西域记〉"讹也"所反映的声韵演化——鱼虞模与尤侯幽的音变关系》,见《"国科会"中文学门小学类研究成果发表会论文集》,2011年。

497. 竺家宁:《中古佛经音译词的来源与演化》,见《第九届通俗文学与雅正文学——“话语的流动”国际学术研讨会》,台湾中兴大学中国文学系2012年。

498. 庄淑慧:《〈玄应音义〉所录〈大般涅盘经〉梵文字母译音之探讨》,《声韵论丛》1996年第5辑。

499. Akira Yuyama(汤山明):*An Uṣṇīṣa-Vijayā Dhāraṇī Text from Nepal.Annual Report of The International Research Institute for Advanced Buddhology*, *Vol.III*, 1999年。

500. Akira Yuyama(汤山明):*Amoghavajra' s Uṣṇīṣa-Vijayā Dhāraṇī from Tunhuang*(《不空音譯敦煌出土佛頂尊勝陀羅尼》), *Annual Report of The International Research Institute for Advanced Buddhology*, *Vol.IX*, 2005年。

501. Barnabas Csongor: *A Chinese Buddhist Text in Brahmi Script*, *Unicon No10*, 1972年。

502. Daniel Bouchtr: *On Hu and Fan Again*: *the transmission of "barbarian" manuscripts to China*, *Journal of the International Association of Buddhist Studies*, 2000年第1期。

503. Daniel Boucher: *The Textual History of the Rāstrapālaparipṛcchā*: *Note on its Third-Century Chinese Translation* 93-115, *Annual Report of The International Research Institute for Advanced Buddhology*, *Vol.IV*, 2000年。

504. Frnklin Edgerton: *Buddhist Hybrid Sanskrit Grammar and Dictionary. Vol.1*: *Grammar.* New Haven: Yale University Press, 1953年。

505. Hiroshi Kanno: *Chinese Buddhist Sutra Commentaries of the Early Period*, *Annual Report of The International Research Institute for Advanced Buddhology*, *Vol.VI*, 2002年。

506. Hubert Durt: *Early Chinese Buddhist translations — Quotations from the early translations in anthologies of the sixth century*, *Journal of the International Association of Buddhist Studies*, 2008年第31卷第1-2期。

507. Richard B. Mather: *Chinese and Indian Perceptions of Each*

Other Between the First and Seventh Centuries, *Journal of the American Oriental Society*, 1992年第1期。

508. Max Deeg: *Creating religious terminology—A comparative approach to early Chinese Buddhist translations*, *Journal of the International Association ofBuddhist Studies*, 2008年第1-2期。

509. Oskar von Hinuber: *Hoary past and hazy memory. On the history of early Buddhist texts*, *Journal of the International Association of Buddhist Studies*, 2008年第2期。

510. Richard Salomon(邵瑞祺): *New Evidence for a Gandhari Origin of the Arapacana syllabry*, *JAOS110*, 1990年第2期。

511. R.H.van Gulik(高罗佩): *Siddham: an essay on the history of Sanskrit studies in China and Japan*, *Nagpur*, India, 1956年。

512. Richard D.McBride, II: *Dhāranī and Spells in Medieval Sinitic Buddhism*, *Journal of the International Association of Buddhist Studies*.2005年第1期。

513. Saroj Kumar Chaudhuri: *Siddham in China and Japan*, *SINO-PLATONIC PAPERS*, 1998年第12期。

514. Yang Jidong: *Replacing hu with fan: A Change in the Chinese Perception of Buddhism during the Medieval Period*, *Journal of the International Association of Buddhist Studies*, 1998年第1期。

附:相关佛教写本研究网站

1. 奥斯陆大学梵文佛典数据库 Thesaurus Literaturae Buddhicae
https://www2.hf.uio.no/polyglotta/index.php?page=library&;bid=2

2. 北京大学梵文贝叶经与佛教文献研究所
http://www.mldc.cn/sanskritweb/

3. 法华经数位图书馆
http://sdp.chibs.edu.tw/index.htm

4. 美国西来大学电子化梵文佛典项目
http://www.uwest.edu/sanskritcanon/dp/

5. 尼泊尔—德国写本保存项目(NGMPP)
http://www.uni-hamburg.de/ngmcp/about_ngmpp_e.html

6. 尼泊尔国家图书馆

http://www.nnl.gov.np/

7. 尼泊尔龙树学院

http://www.niem.com.np/

8. 日本东京大学南亚梵文写本资料库

http://utlsktms.ioc.u-tokyo.ac.jp/list_kh.jsp

9. 英国剑桥大学梵文写本项目

http://sanskrit.lib.cam.ac.uk/

后 记

收入本书中的十九篇小文，大致可以分为梵汉对音理论与实践、梵汉对音与汉语方音史、佛典音义与韵书史、音译词溯源、可洪音义研究及其他六个部分，多是我学习佛经语言的一点体会心得，全部是公开发表的，没有发表的没有收进来。有些东西今天看来已无甚价值，但敝帚自珍，无非是借以展示自己的成长历程，也因为此，收入的文章基本按照发表时的原貌不作改动，只是按照出版社的要求，对注释体例做了调整。这一点是要特别说明的。

我1988年本科毕业考入北京师范大学中文系，随俞敏先生攻读硕士学位。入学伊始，先生即以1936年出版的Edward D.Perry的*A Sanskrit Primer*为教材，教我们学习梵文，期间还讲解过一点《罗摩衍那》。那时候，先生虽已届七十高龄，但精神矍铄，精力充沛，每周一次课，每次三小时，中间休息二十到三十分钟，听他笑谈各种掌故，同时享用师母给我们准备的点心——一份口味、技艺超一流的荷包蛋；每课必布置作业，而且必定认真批改并讲解、点评我们的作业。这样学了大概三个学期；第四学期给我们开了一个学期的藏文，没用教材，直接拿仓央嘉措情歌给我们上课。现在想来，那是一段刻骨铭心的快乐时光，惭愧的是，先生传授的梵文已记不了多少了。

1994年，因为安徽师大与南京大学有师资培养协议，我被中文系派往南京大学进修做访问学者，我选的联系导师是鲁国尧先生，同时在鲁先生门下进修的还有黄笑山先生、芮月英老师。进修期间，随博士生一起旁听专业课，得以认识孙建元、刘晓南、张民权等诸位先生，大家起哄让我介绍介绍梵汉对音，于是勉为其难，大家在一起交流了大概六七次，讲稿后来由鲁先生推荐给蒋冀骋先生发表在《古汉语研究》上，这就是《梵汉对音研究》一文的写作由来。1997年我考取了鲁国尧先生的博士生，同门中有人提出想了解梵汉对音究竟对语音史研究有何意义，于是又写了《梵汉对音与中古音研究》《梵汉对音与上古音研究》两文；在此期间，考虑到不能只是谈宏观的问题，还需要做一些具体的对音材料的整理研究，于是整理旧稿，发表了《鸠摩罗什译音研究》《施护译音研究》两篇。前文本来是硕士期间交给俞先生的作业，后文是我的硕士论文，在进修期间曾做过比较大的改动，算是作业交给了鲁先生，鲁先生看得很仔细，做了很多修改批注。

我的博士论文做的是唐五代关中方音，用了诗文押韵、音义反切、梵汉对音三种材料，在翻阅佛典音义的时候，发现《可洪音义》在大陆汉语史学界还没有引起重视，原因是那时电脑还不普及，大家根据《佛藏子目引得》，知道这部书只见于高丽藏，当时很少有人关注到《中华大藏经》收录了这部书，于是在进入复旦大学博士后流动站后，选做的课题就是可洪音义语音系统，在联系导师吴金华先生的帮助下，我又看到了弘教藏本《可洪音义》。这段时间翻阅了不少与佛典音义相关的文献，除了完成博士论文和博士后出站报告，渐渐积累了一些材料，本书所收的除第一部分外的所有论文，初始材料基本上都是这段时间所做的读书笔记。

附录中《唐代的梵汉对音材料及其研究》是我所做的一个讲座的讲稿，基本没做改动；《梵汉对音研究论著目录》是一份比较粗糙的研究文献，大致为五四以来的研究论著，研究对象限定在汉末到宋代；虽名为"梵汉对音"，但不局限于梵汉对音，酌情收录了日译汉音与吴音、汉越语、朝鲜汉字音，以及突厥、回鹘、西夏、藏文等文献中的汉语对音研究文献，不求全，主要是本人认为比较重要的文献悉数收入，仅供有志于梵汉对音研究的学者参考。

本书在编辑的过程中，友生韩龙伟、王旭、甘国芳、徐玲玲等同学曾帮助输入文稿，同事徐建、张爱云帮助校对，谨致谢忱。特约编辑徐朝东教授、责任编辑潘安先生为文稿付出了大量心血，在此一并致谢。

储泰松

2014年11月